HISTOIRE ET LIBERTÉ : ÉCLAIRAGES KANTIENS

Ouverture philosophique

Collection dirigée par Aline Caillet, Dominique Chateau, Jean-Marc Lachaud et Bruno Péquignot

Une collection d'ouvrages qui se propose d'accueillir des travaux originaux sans exclusive d'écoles ou de thématiques.

Il s'agit de favoriser la confrontation de recherches et des réflexions qu'elles soient le fait de philosophes "professionnels" ou non. On n'y confondra donc pas la philosophie avec une discipline académique ; elle est réputée être le fait de tous ceux qu'habite la passion de penser, qu'ils soient professeurs de philosophie, spécialistes des sciences humaines, sociales ou naturelles, ou… polisseurs de verres de lunettes astronomiques.

Dernières parutions

Mahamadé SAVADOGO, *Penser l'engagement*, 2012

Françoise KLELTZ-DRAPEAU, *Une dette à l'égard de la culture grecque. La juste mesure d'Aristote*, 2012.

Julien GARGANI, *Poincaré, le Hasard et l'étude des Systèmes Complexes*, 2012.

Jean-Pascal COLLEGIA, *Spinoza, la matrice*, 2012.

Miklos VETÖ, *Explorations métaphysiques*, 2012.

Marcel NGUIMBI, *Penser l'épistémologie de Karl Popper*, 2012.

Joachim Daniel DUPUIS, *Gilles Châtelet, Gilles Deleuze et Félix Guattari. De l'expérience diagrammatique*, 2012.

Oudoua PIUS, *Humanisme et dialectique. Quelle philosophie de l'histoire, de Kant à Fukuyama ?*, 2012.

Paul DAU VAN HONG, *Paul Ricœur, le monde et autrui*, 2012.

Michel VERRET, *Les marxistes et la religion. 4e édition revue et complétée*, 2012.

François-Gabriel ROUSSEL, Madeleine JELIAZKOVA-ROUSSEL, *Dans le labyrinthe des réalités. La réalité du réel, au temps du virtuel*, 3e édition, 2012.

Pierre-Luc DOSTIE PROULX, *Réalisme et vérité : le débat entre Habermas et Rorty*, 2012.

François HEIDSIECK, *La vertu de justice*, 2012.

Jean-Louis BISCHOFF, *Conversion et souverain bien chez Blaise Pascal*, 2012.

Pascal Kolesnoré

HISTOIRE ET LIBERTÉ : ÉCLAIRAGES KANTIENS

L'Harmattan

En couverture : Monument aux martyrs à Ouagadougou.

5-7, rue de l'École-Polytechnique ; 75005 Paris

http://www.librairieharmattan.com
diffusion.harmattan@wanadoo.fr
harmattan1@wanadoo.fr

ISBN : 978-2-336-00648-2
EAN : 9782336006482

A toi qui aimes et préfères la Vérité !

A toi aussi qui te bats au front de la Liberté !

A toi enfin qui luttes pour perfectionner l'humaine nature !

AVERTISSEMENT

Par souci de facilité d'écriture et de lecture, certains titres des œuvres de Kant ont été contractés de la manière suivante dans le corps de notre texte :

- *Les Prolégomènes : Prolégomènes à toute métaphysique future qui pourra se présenter comme science*
- *L'Idée d'une histoire universelle : Idée d'une histoire universelle au point de vue Cosmopolitique*
- *Qu'est-ce que les Lumières? : Réponse à la question : qu'est-ce que les Lumières.*
- *Les Fondements : Fondements de la métaphysique des mœurs*
- *Les Conjectures : Conjectures sur le commencement de l'histoire humaine*
- *L'Annonce : L'Annonce de la prochaine conclusion d'un traité de paix perpétuelle en philosophie*
- *Métaphysique des mœurs : Métaphysique des mœurs : doctrine du droit et doctrine de la vertu*
- *L'Anthropologie : Anthropologie du point de vue pragmatique*
- *Les progrès réels de la métaphysique : Quels sont les progrès réels de la métaphysique en Allemagne depuis le temps de Leibniz et de Wolff ?*
- *La Religion : La Religion dans les limites de la simple raison*

INTRODUCTION

La pensée philosophique du XIXe siècle témoigne d'un intérêt particulier pour l'histoire ; et Kant, en la matière, fait partie des pionniers. Au cœur même du criticisme et en son point d'aboutissement, un nouveau champ philosophique s'inaugure, celui de l'histoire que des penseurs comme Fichte, Schelling, Hegel, Marx... continueront à scruter conceptuellement. Ce champ se révèle malheureusement comme l'un des domaines les plus controversés de la philosophie kantienne. Disséminée dans des textes mineurs, des opuscules, sa pensée historico-politique offre l'image d'une multiplicité difficile à cerner. Nous prenons pourtant le parti de la conviction largement partagée par beaucoup de kantiens : cette philosophie historico-politique ne se réduit aucunement à un balbutiement, à une simple étape vers une pensée plus achevée et plus systématique que serait la philosophie hégélienne de l'histoire. Elle constitue au contraire, un système à part entière qui, du point de vue de la cohérence et de la pertinence, n'a rien à envier aux philosophies ultérieures de l'histoire.

Au-delà de la multiplicité des textes kantiens et des apparences d'incohérence, il y a une rationalité kantienne de l'histoire. Aux yeux de Kant, l'histoire humaine ne se résume aucunement à une simple accumulation d'événements disparates et chaotiques, soumise au hasard, à la nécessité ou à un destin aveugle. Elle a un sens, une direction et progresse d'étapes en étapes vers un horizon ultime. A l'examen des textes kantiens, plusieurs points d'aboutissement occupent l'horizon de l'histoire humaine. Le *Projet de paix perpétuelle*, prescrit à l'humanité un idéal à réaliser, la paix perpétuelle entre les Etats, alors que *L'Idée d'une histoire universelle,* répond à *« une idée chère au professeur Kant qui est que, le but final du genre humain est d'atteindre la constitution civile la plus parfaite »* [1]. Dans d'autres œuvres du même auteur, tantôt le règne des fins détermine la destination ultime de

[1]KANT, *Idée d'une histoire universelle au point de vue cosmopolitique,* Pléiade, t. II, note 1, p. 1435.

l'humanité; tantôt la réconciliation du bonheur et de la vertu définit l'idéal du Souverain Bien. La philosophie kantienne de l'histoire se trouve comme écartelée entre plusieurs fils conducteurs. Cependant, une lecture attentive de cette philosophie nous permet de postuler la liberté comme l'enjeu fondamental de l'évolution historique. Kant peut effectivement et à juste titre, être présenté comme le philosophe de la liberté et de l'autonomie. N'affirme-t-il pas lui-même que *« le concept de liberté, forme la clef de voûte de tout l'édifice d'un système de la raison pure, y compris de la raison spéculative »*[2]. Autrement dit, la liberté forme un nœud conceptuel central à partir duquel se déploie tout le système kantien : de sa philosophie théorique à sa philosophie de l'histoire en passant par la philosophie pratique. La liberté s'affirme incontestablement comme le *Schlußstein* de l'édifice kantien au point que Georges Vlachos décèle un plan mondial de la liberté comme soubassement idéologique permanent des spéculations kantiennes[3]. Comme Vlachos, la plupart des commentateurs de Kant, ses disciples comme ses adversaires, s'accordent à reconnaître la liberté comme le foyer dynamique de toute la rationalité kantienne de l'histoire[4]. Ainsi, de l'avis d'Alain Renaut, *« l'histoire pour Kant n'est rien d'autre qu'une manifestation phénoménale de la liberté dans la nature ; la ligne directrice de sa philosophie de l'histoire reste donc les effets de la liberté dans la nature. L'histoire est phénoménalisation de la liberté »*[5].

En somme, la liberté s'affirme comme le noyau central de la philosophie historico-politique kantienne. Certes, dans la perception kantienne du devenir de l'humanité, les idéaux de paix

---

[2] KANT, *Critique de la raison pratique*, Pléiade, t. II, p. 610 (Ak. V, 4).

[3] Georges VLACHOS, *La pensée politique de Kant ; métaphysique de l'ordre et dialectique du progrès*, p. 584.

[4] Pour Yirmiyahu YOVEL, *« le but de l'histoire per se, c'est l'accomplissement de la liberté et de la rationalité » (Kant et la philosophie de l'histoire*, p. 14). Christophe Bouton lit tout l'idéalisme allemand sous le prisme de la liberté en ces termes : *« Les philosophies de l'histoire de cette période (celle de Herder, Kant, Schelling et Fichte), par delà les méandres et les revirements partiels, progressent toutes en direction d'une pensée de la liberté comme principe moteur et but final de l'histoire » (Le procès de l'histoire ; fondements et postérités de l'idéalisme historique de Hegel*, p. 80).

[5] Alain RENAUT, *Kant aujourd'hui*, p. 336.

perpétuelle par le droit, de bonheur par la réconciliation du contentement de l'individu et de la vertu, de règne des fins dans une totalité morale, trouvent chacun sa place, mais la liberté leur sert de principe de soubassement, de lien explicatif. L'histoire humaine, sous la plume de Kant, se présente donc comme un processus sensé conduisant au triomphe universel de la liberté dans une communauté mondiale pacifiée. Cela requiert l'établissement d'institutions politiques où s'épanouisse la liberté de tous, une liberté à la fois extérieure et intérieure, légale et morale. Cet idéal définit véritablement ce que Kant nomme le Souverain Bien, un idéal qui inclut tous les autres idéaux et permet leur articulation : l'institution du droit permettant la coexistence pacifique des libertés, achemine l'humanité vers sa destination morale ultime, la liberté morale de tous dans le règne des fins. A la base du progrès historique vers cet horizon ultime, se trouvent plusieurs principes de causalité parmi lesquels on compte encore la liberté. *Le Conflit des facultés* définit ainsi l'histoire comme le lieu des actions libres de l'homme en ces termes : *« Dans l'histoire, nous avons affaire à des êtres agissant librement »*[6]. *L'Idée d'une histoire universelle* se veut plus explicite : *« La Nature a voulu que l'homme tire entièrement de lui-même tout ce qui dépasse l'ordonnance mécanique de son existence animale, et qu'il ne participe à aucune autre félicité ou perfection que celles qu'il s'est créé lui-même, indépendamment de l'instinct, par sa propre raison »*[7].

Autrement dit, Kant confie à la liberté humaine la tâche de réaliser le but ultime de l'histoire. La liberté aurait donc une puissance de réalisation immanente au point que l'histoire humaine se donne comme le lieu de son autoréalisation. Le progrès de l'humanité serait le fait d'une liberté intervenant dans le monde pour y introduire ses propres exigences. Cette quête de réalisation historique de la liberté kantienne s'avère cependant problématique ; elle recèle un nœud de problèmes complexes qu'on ne saurait éluder mais qu'il conviendrait plutôt de résoudre dans une confrontation avec les écrits kantiens.

---

[6] KANT, *Le Conflit des facultés*, Pléiade, t. III, p. 892 (Ak. VII, 83).

[7] Id., *Idée d'une histoire universelle au point de vue cosmopolitique,* Pléiade, t. II, p. 190 (Ak. VIII, 19).

A en juger par les deux premières critiques, rien ne prédispose fondamentalement la liberté kantienne à une réalisation historique phénoménale. Kant y avait établi l'existence de deux sphères distinctes, le monde nouménal de la liberté et le monde phénoménal de la nature marqué par le déterminisme. Il s'agit de deux mondes séparés par un abîme incommensurable. Dans son essence pure, la liberté, selon les définitions qu'en donne la *Critique de la raison pure,* est *« un concept nécessaire de la raison auquel aucun objet qui lui corresponde ne peut être donné par les sens »*[8] *; « une Idée transcendantale pure qui, d'abord, ne contient rien d'emprunté à l'expérience, et dont ensuite l'objet ne peut même être donné de manière déterminée dans aucune expérience »*[9]. Autrement dit, l'Idée de liberté est indépendante de toute expérience, dépassant les limites de toute expérience sensible ; en un mot, c'est une causalité suprasensible qui se détermine hors du temps. Cependant, sous peine de laisser vide la forme qu'elle est comme causalité pure, elle doit s'incarner dans le monde empirique. C'est la théorie du passage, apport principal de la troisième *Critique* qui affirme : *« Bien qu'un gouffre immense existe entre le domaine du concept de la nature, en tant que sensible, et le domaine du concept de liberté, en tant que suprasensible, de sorte que du premier au second aucun passage n'est possible, tout comme s'il s'agissait d'autant de mondes différents, dont le premier ne peut avoir aucune influence sur le second, cependant ce dernier doit avoir une influence sur celui-là ; en effet le concept de liberté a le devoir de rendre effectif dans le monde sensible la fin imposée par ses lois »*[10].

Sans une inscription de la liberté dans le monde, celle-ci resterait un pur être de raison, une pure chimère étrangère au monde et à l'expérience. Mais il ne suffit pas de percevoir et de démontrer la nécessité d'une incarnation de la liberté ; encore faut-il pouvoir en penser la possibilité. Comment la liberté, d'essence intemporelle à ses yeux, pourrait-elle être en même temps d'essence historique ?

---

[8] KANT, *Critique de la raison pure,* Pléiade, t. I, p. 1036 (Ak. III, 254).
[9] *Ibid.*, p. 1168 (Ak. III, 363).
[10] Id., *Critique de la faculté de juger*, Pléiade, t. II, p. 929 (Ak. V, 176).

En outre, Kant conçoit l'inscription de la liberté dans le monde empirique sous la forme d'une autoréalisation. Autrement dit, la liberté se prend elle-même pour contenu et pour objectif ; ce qui revient à présupposer d'emblée, la liberté non pas comme une tâche mais comme une donnée immédiate ; l'histoire supposerait donc déjà ce vers quoi elle conduit, la liberté, et n'aurait donc plus logiquement de raison d'être. Malgré tout cela, l'autoréalisation a pour cadre privilégié l'histoire des hommes. Or ce cadre, loin d'être le plus approprié, oppose d'innombrables obstacles à l'inscription de la liberté dans le monde. Le monde de l'expérience souligne Eric Weil, est un monde de violence[11] ; de sorte que l'incarnation de la liberté se donne finalement comme une descente de l'Idée pure de la liberté sur la scène de l'histoire et de l'expérience.

Mais l'obstacle majeur à une efficience historique de la liberté réside ailleurs. Il s'agit du mal dont Kant découvre progressivement la radicalité. Dans la période critique, les œuvres éthico-politiques offrent à Kant l'occasion d'aborder incidemment et occasionnellement la question du mal. Il le perçoit essentiellement dans l'*Idée d'une histoire universelle* sous la forme de l'insociable sociabilité de l'homme : trois passions fondamentales (l'ambition, la soif de domination et la cupidité) induisent l'homme à abuser de sa liberté et rendent ainsi les relations interindividuelles conflictuelles et insupportables. Ce mal concerne aussi les relations interétatiques qu'il transforme en un état permanent de guerre entre les Etats, chacun cherchant à dominer l'autre. Ce sont là autant de manifestations phénoménales du mal en l'homme, qui rendent l'épanouissement historique de la liberté difficile et transforment, en fin de compte, l'histoire humaine en *« un tissu de folie, de vanité infantile, souvent même de méchanceté et de soif de destruction puériles »*[12]. La liberté de l'homme se trouve à la base même des désordres dans l'histoire. Les *Conjectures* font ainsi remarquer que : *« L'histoire de la nature commence par le Bien, car elle est l'œuvre de Dieu ;*

[11] Eric WEIL, « Kant et le problème de la politique », in *Annales de philosophie politique*, n° 4, *La philosophie politique de Kant*, p. 14.

[12] KANT, *Idée d'une histoire universelle au point de vue cosmopolitique,* Pléiade, t. II, p. 188 (Ak. VIII, 18).

l'histoire de la liberté commence par le mal, car elle est l'œuvre de l'homme »[13].

La perception de ce mal historico-politique sous-jacent à la pensée de Kant, va déboucher tardivement sur la découverte du mal radical dans *La Religion.* Cette œuvre tardive nous révèle le mal dans toute son ampleur et toute sa gravité. Ancré dans notre nature humaine, il prend la forme, à un niveau moindre de gravité, de la faiblesse, de l'impureté et de la méchanceté du cœur de l'homme. Recherchant la racine même de ce mal en l'homme, Kant découvre qu'il dérive de sa liberté, d'un libre choix intemporel du libre arbitre (*Willkür*). Ce libre arbitre ouvre le choix entre deux alternatives : réaliser la liberté par le choix du respect de la loi morale ou opter pour le mal et supprimer de quelque manière la liberté et se livrer à l'hétéronomie. L'homme choisit délibérément le mal ; il décide de ne pas écouter la voix de la raison, précisément parce qu'il est libre. Il découle de là qu'en définitive, aussi paradoxal que cela puisse être, le premier obstacle à l'épanouissement historique de la liberté s'avère être la liberté elle-même. Il y a comme l'aveu du mystère d'une liberté qui s'emploie contre elle-même, le paradoxe d'une liberté qui se renie, s'anéantit au lieu de réaliser son essence[14]. Ce que Kant détermine comme le principe de causalité du progrès de l'histoire et en même temps comme le terme du processus, se révèle comme l'obstacle premier à ce progrès. L'autoréalisation de la liberté se mue en son auto-négation. La réalisation de l'idéal kantien se trouve par le fait même sérieusement remise en cause. Serait-il vraiment réalisable ? Ne relève-t-il pas de l'utopie, du moins, d'une simple vue de l'esprit ?

Toute l'ambition de la philosophie politique de Kant consistera à résoudre cette problématique d'une liberté qui se nie elle-même alors qu'elle cherche à se réaliser. Pour surmonter l'obstacle incontournable du mal radical et ouvrir la voie au triomphe de la liberté, Kant paradoxalement verse dans une triple hétéronomie. Pour sauver la liberté de tous, il recourt à son contraire, à ce qui la nie, la contrainte du droit comme *« obstacle à l'obstacle à la*

---

[13] KANT, *Conjectures sur le commencement de l'histoire humaine,* Pléiade, t. II, p. 511 (Ak. VIII, 115).

[14] Bernard CARNOIS, *La cohérence de la doctrine kantienne de la liberté*, pp. 162-163.

liberté »[15]. On tombe ici dans le paradoxe d'une liberté contraignante. Et dans le processus de réalisation du droit, Kant fait appel à *« la ruse de la nature »* qui se sert de l'insociable sociabilité comme moyen pour engendrer la liberté politique ; mais cette ruse de la nature soumet à cette fin, les actions libres des hommes, à un déterminisme semblable à celui des phénomènes naturels : *« Quel que soit le concept que, du point de vue métaphysique, on puisse se faire de la liberté du vouloir, il reste que les manifestations phénoménales de ce vouloir, les actions humaines, sont déterminées selon des lois universelles de la nature, exactement au même titre que tout autre évènement naturel »*[16].

Enfin, pour faire entendre la voix de la loi morale malgré les forces du mal, Kant, en la figure de la Providence bienveillante, recourt à l'assistance d'une aide surnaturelle capable de renforcer le principe du bien en l'homme.

On le perçoit, le progrès historique, au lieu d'être comme l'entend Théodore Ruyssen, *"la victoire continue de la liberté"*[17] c'est-à-dire son développement logique et linéaire, est un processus dramatique. Il paraît sous l'emprise de circonstances extérieures indépendantes de lui. La liberté ne se réalise que dans un débat perpétuel avec la pression de l'insociable sociabilité et exige la médiation empirico-sensible de la contrainte[18], et même l'assistance de la Providence divine. Bien plus, la quête de liberté, du fait du mal radical, débouche finalement sur de l'hétéronomie. Tout se passe comme si la liberté, pour s'épanouir pleinement dans le monde, devait renoncer à elle-même et céder le pas à l'hétéronomie. A en juger par le déterminisme que la nature exerce sur les actions humaines, par le recours à la providence divine comme solution au mal radical, s'agit-il encore d'une histoire humaine ? Pris en tenaille entre une nature marquée par le

---

[15] KANT, *Métaphysique des mœurs*, Pléiade, t. III, p. 480 (Ak. 231).

[16] Id., *Idée d'une histoire universelle au point de vue cosmopolitique,* Pléiade, t. II, p. 187 (Ak. VIII, 17).

[17] Théodore RUYSSEN, « La philosophie de l'histoire selon Kant », in *Annales de philosophie politique*, n°4, *La philosophie politique de Kant,* p. 43.

[18] André TOSEL, « La fondation de la catégorie juridique chez Kant », in *Cahiers Eric Weil* III, *Interprétations de Kant*, p. 134.

mécanisme et un être supérieur, l'homme serait-il maître de son histoire ? Ne serait-il pas plutôt le jouet de forces qui le dépassent ? L'idéal historique kantien est-il un idéal dans les limites de la simple raison ? Est-il un idéal vraiment historique, c'est-à-dire réalisable dans le cadre de l'histoire humaine ? N'est-il pas plutôt une quête inachevée qui aboutit à une sortie hors du temps, un idéal supra-historique ? Et que nous disent deux siècles d'histoire postkantienne sur sa valeur ? Que reste-t-il de cet idéal aujourd'hui? La modernité éthico-politique valide-t-elle ou invalide-t-elle l'idéal historique kantien ? La réponse à ces questions ne va pas de soi.

On assiste aujourd'hui au triomphe quasi universel de la démocratie libérale, à l'extension de l'Etat de droit, toutes choses qui semblent confirmer l'actualité de l'idéal kantien de la République. Notre époque voit aussi l'émergence de formes multiples de mondialité politique : un espace public à l'échelle du globe, l'esquisse d'une opinion publique internationale, un ordre juridique international voire supranational naissant ; toutes choses qui sonnent comme un réveil de la pensée juridico-politique de Kant, un retour à son cosmopolitisme. De même, la sensibilité particulière des hommes de notre temps pour les droits de l'homme et la dignité de la personne humaine, l'épanouissement multiforme de la liberté (liberté de penser, de religion, de la presse…) inclinent à penser à une réalisation du projet kantien d'expansion des Lumières.

Ces consécrations multiformes de la liberté coïncident malheureusement avec les plus grands dénis de la liberté. La barbarie de deux guerres mondiales, l'horreur des camps de concentrations, la cruauté des totalitarismes, la terreur des attentats terroristes, l'atrocité des génocides et des guerres civiles, révèlent le caractère meurtrier du XXe siècle et en font un siècle de terreur au visage multiple. Ces drames de notre siècle semblent démentir le pacifisme juridique kantien et invalider son idéal historique ; mais en même temps, ils traduisent l'omniprésence au sein du devenir de l'humanité du mal radical que Kant a su déceler. Cette prépondérance du mal rappelle aussi avec acuité la pertinence de l'impératif catégorique kantien. Ainsi, selon Theodor Adorno, l'expérience des drames du XXe siècle a légué aux générations actuelles un nouvel impératif catégorique inspiré de celui de Kant : penser et agir de telle sorte que cela ne se répète plus jamais[19].

En somme, la modernité politique justifie toute la pertinence, la nécessité et même l'urgence d'une discussion avec Kant. Comment comprendre l'ambiguïté de notre temps à la fois caractérisé par autant de victoires que d'échecs dans la quête de la liberté ? Comment penser rationnellement ce déploiement concomitant du bien et du mal au cours des deux siècles d'histoire postkantienne ? Ces questionnements laissent entrevoir un postulat de base de notre entreprise ; c'est une hypothèse qui demande à être confirmée : la pensée kantienne du devenir historique, sa conception de la liberté et du mal radical, pourraient nous aider à cerner les ambiguïtés éthico-politiques de notre époque. On peut en effet réinvestir Kant dans les discussions contemporaines sur le devenir de l'humanité. Cela ne peut se faire en récusant simplement toutes les thèses de Kant, ni en souscrivant entièrement à ses vues, mais plutôt en engageant un débat avec lui. Cela passe par une reprise de certaines vues de Kant car on peut parler à la fois d'une actualité de Kant et d'un dépassement de Kant par l'actualité. L'intitulé *«Histoire et Liberté : éclairages kantiens »* exprime notre volonté de confronter l'idéal historique kantien centré sur la liberté à l'hétérogénéité du réel historique actuel. Il s'agirait, si l'on peut dire, de convoquer au tribunal de l'histoire, la liberté kantienne pour qu'elle justifie sa capacité de réalisation historique ; de comprendre philosophiquement la modernité politique à partir d'une discussion avec Kant pour déceler les signes que nous fait l'histoire, deux siècles après Kant. De quoi alors notre époque est-elle le signe ? Dans un dialogue avec Kant, on verra peut-être que si la *Begebenheit* à laquelle Kant était confrontée avait pour occasion la Révolution française, à notre époque, les occasions d'un *"sens communautaire très élevé"* seraient Auschwitz, l'ex-Yougoslavie, le Rwanda, le 11 septembre[20]… Ces événements qui ont engendré

[19] Theodor ADORNO, *Dialectique négative*, p. 284.

[20] Comme nous le verrons, pour Jean-François Lyotard, si la *Begebenheit* kantienne avait pour occasion, la Révolution française, aujourd'hui, *« les occasions données à ce "sens communautaire" très cultivé s'appelleraient : Auschwitz, un abîme ouvert quand il faut présenter un objet capable de valider la phrase de l'Idée des droits de l'homme ; Budapest 1956, un abîme ouvert devant la phrase de l'Idée du droit des peuples, la Kolyma, un abîme ouvert devant la*

une indignation générale mais aussi un consensus moral autour de valeurs communes que sont les droits de l'homme, constituent peut-être des signes que nous fait l'histoire, deux siècles après Kant, des signes dont il faut parvenir à décrypter le sens à la lumière de Kant.

L'univers intellectuel tant francophone que germanique et anglo-saxon fourmille d'essais récents sur l'actualité de la philosophie politique kantienne. Ces ouvrages rendent généralement compte d'un *« réveil de Kant au 20e siècle »* et contribuent fortement à son actualisation; mais ces analyses isolent généralement les conclusions historico-politiques de l'ensemble systématique qui les porte. Elles ne remontent pas à leurs racines et à leurs présuppositions métaphysiques. En les prenant en compte, on découvre que le concept de liberté constitue le fil conducteur, le noyau central reliant la métaphysique et la pensée historico-politique chez Kant. Nous voudrions également jeter un pont entre les diverses interprétations, faire le bilan de la réception de l'idéal historique kantien et juger après-coup de ce qui en reste aujourd'hui. En somme, c'est de la valeur et de la pertinence de toute la philosophie historico-politique kantienne qu'il nous faut juger en l'examinant dans sa rationalité interne, mais aussi, en la confrontant à la modernité postkantienne.

Cela suppose comme préalable de bien cerner l'idéal historique kantien en lui-même : l'insertion de sa philosophie de l'histoire dans le cadre rationnel de son criticisme, l'historicité de l'Idée kantienne de liberté, sa centralité dans le processus historique. Une telle relecture de toute la rationalité kantienne de l'histoire à partir de la liberté comme clef de compréhension nous permettra de confronter l'idéal historique kantien à l'historicité aussi bien l'expérience historique au temps de Kant que la nôtre.

---

phrase du concept spéculatif (illusoire) de la dictature du prolétariat » (*L'enthousiasme ; la critique kantienne de l'histoire*, p. 108).

PREMIERE PARTIE :

L'HISTOIRE DE LA LIBERTE KANTIENNE

Toute philosophie, faisait remarquer Henri Bergson, se déploie généralement à partir d'une intuition fondamentale identifiable dans un ou deux concepts qui la caractérisent et la résument adéquatement. Celle de Kant nous semble en grande partie bâtie autour du concept de liberté, qui, de l'aveu de la première *Critique* « *forme la clef de voûte (Schlußstein) de tout l'édifice d'un système de la raison pure y compris de la raison spéculative* »[21]. Cette clef vaut aussi pour sa philosophie de l'histoire. Kant, à travers divers opuscules, lit le cours de l'histoire humaine comme un processus de réalisation de la liberté dans le monde.

D'une *Schlußstein*, on est logiquement en droit d'attendre une clef de compréhension ; or la pierre de touche qu'incarne la liberté constitue une véritable pierre d'achoppement, menaçant la cohérence même de la philosophie kantienne de l'histoire. Elle fait de cette partie de sa philosophie, le terrain des controverses les plus vives. Kant se serait-il avisé de poser une clef de voûte énigmatique et problématique ? L'une des difficultés sur laquelle on achoppe reste sa grande polysémie : Kant n'a pas de la liberté une conception unique ; au contraire, différents aspects de cette notion se côtoient à l'intérieur d'une même œuvre ; d'une *Critique* à l'autre, ce concept évolue, s'enrichit de traits nouveaux quelquefois à l'exclusion des précédents. Quelle liberté s'agit-il donc de réaliser historiquement ? Est-ce la liberté transcendantale qui se donne d'emblée comme un concept cosmologique, mais s'affirme fondamentalement indépendante de toute expérience, hors de toute temporalité et donc anhistorique? Est-ce la liberté pratique, synonyme d'autonomie d'une volonté qui, cependant cède au mal radical, négation de la liberté par elle-même ? De tous les concepts kantiens de liberté, auquel peut-on véritablement attribuer, sans risque, un destin historique ?

D'un point de vue métaphysique ou pratique, rien ne prédispose la liberté kantienne à une incarnation historique effective. Sa réalisation historique se donne d'emblée sur le mode de l'impossibilité. Et cependant, Kant lui attribue un destin historique. Sa philosophie de l'histoire postule que la liberté qui est pourtant

---

[21] KANT, *Critique de la raison pratique*, Pléiade, t. II, p. 610 (Ak. V, 4).

une Idée de la raison pure, peut advenir dans le monde. On se trouve confronté au paradoxe d'une liberté transcendantale phénoménale, d'un Absolu en devenir. Tout laisse croire que *«Kant témoigne à chaque page, contre Kant qu'il est possible d'introduire de l'absolu dans le devenir »*[22]. C'est ce paradoxe d'un *Kant anti-kantien*[23], que nous voulons élucider ici à partir d'une histoire de la liberté kantienne[24]. En cernant de près l'évolution interne de sa pensée de la liberté, sans négliger ses ambiguïtés, on comprendra peut-être comment Kant arrive à sauver le destin historique des Idées de la raison pure et comment il résout la problématique du rapport de l'Être au temps, qui selon Heidegger, constitue la question fondamentale de la philosophie[25]. Le destin historique des Idées de la raison pure, tel est le problème que nous tenterons d'élucider à partir d'une histoire de l'Idée kantienne de la liberté.

---

[22] Madeleine BARTHELEMY-MADAULE, *Bergson, adversaire de Kant*, p. 141.

[23] Nous empruntons cette expression au titre d'un ouvrage collectif intitulé : *Kant anti-kantien* (Rouen, Publications de l'université de Rouen, 2004).

[24] Sur ce terrain de l'histoire de la liberté kantienne, nous devons beaucoup à des auteurs comme Bernard Carnois. Son œuvre intitulée *La cohérence de la doctrine kantienne de la liberté*, dissèque les différentes significations de ce concept kantien ; mais Carnois s'arrête dans son analyse, au seuil de la philosophie de l'histoire. Il ne s'agit nullement d'une méprise de sa part mais d'un choix délibéré de *« ne pas exposer la conception de la liberté telle qu'elle apparaît dans la pensée politique de Kant »*. (*Op. cit.*, note 1, p. 13). Quant à nous, non seulement nous faisons nôtre les préoccupations de Bernard Carnois, mais de plus, nous intégrons à notre réflexion ce qu'il s'est refusé à examiner.

[25] Martin HEIDEGGER, *De l'essence de la liberté humaine ; introduction à la philosophie*, p. 274.

CHAP. I : LA LIBERTE TRANSCENDANTALE : ENTRE ÊTRE ET DEVENIR

L'existence même d'une philosophie de l'histoire chez Kant suscite une interrogation fondamentale : comment une philosophie transcendantale se rapportant essentiellement à des Idées de la raison pure qui ne peuvent être données *in concreto* dans aucune expérience[26] peut-elle jeter les bases d'une théorie de l'histoire plutôt située du côté de l'expérience ? Comment la raison pure relevant de l'*a priori*, peut-elle avoir partie liée avec l'histoire ? Et pourtant, la théorie de l'histoire occupe une place centrale dans la philosophie transcendantale. Celle-ci ouvre un espace de réflexion au sein duquel vient se loger la première théorie philosophique moderne de l'historicité[27], mieux, la matrice originaire de toute philosophie de l'histoire[28]. Et comme si cela ne suffisait pas, cette théorie met au cœur de l'histoire une Idée transcendantale de la raison pure, la liberté, comme s'il n'était pas venu à l'esprit de Kant de se demander comment une Idée reconnue intemporelle, pouvait être en même temps d'essence historique[29].

I. AU SEUIL DE LA LIBERTE

Un seuil marque le point d'arrivée d'un cheminement, l'aboutissement d'une quête. Il représente aussi une barrière, une limite, mieux, une frontière qu'on ne peut franchir sans permission sous peine de transgression illégitime. Il suppose une porte d'entrée ; et pour notre propos, il s'agit de la porte par laquelle on accède au vaste champ du concept de liberté. C'est ce parcours jusqu'au seuil de la liberté que nous voulons entreprendre ici avec Kant, avant de découvrir avec lui ce qu'il cache. Ce cheminement kantien vers la liberté s'apparente à une série de rendez-vous manqués, de sites sans cesse déplacés. Il commence par une quête passionnée de l'inconditionné et débouche sur l'insaisissable.

---

[26] KANT, *Critique de la raison pure,* Pléiade, t. I, p. 1033, (Ak. III, 252).

[27] Luc FERRY, Préface de la *Critique de la raison pure*, Trad. de J. Barni, GF-Flammarion, p. XII.

[28] Françoise PROUST, *Kant, le ton de l'histoire*, p. 11.

[29] Theodor ADORNO, *Dialectique négative*, p. 211.

A. LA PASSION RATIONNELLE DE L'INCONDITIONNE

En remontant la généalogie du concept kantien de liberté jusqu'à ses sources les plus secrètes, on va de surprises en surprises. La liberté étant le privilège reconnu de l'être raisonnable fini, on s'attend naturellement à voir sa question surgir sur le terrain de l'anthropologie ou de la psychologie. Or Kant ne décèle pas cette propriété essentielle du sujet rationnel à partir d'une observation de l'âme humaine, ni d'un examen de la conscience humaine ou de la subjectivité transcendantale. Il la découvre au détour d'une théorie de la connaissance et comme *« une Idée cosmologique » (kosmologischen Idee)*[30]. L'Idée de liberté, contre toute attente, naît d'une tentative d'explication des événements du monde empirique. La première *Critique* nous la présente d'emblée associée à l'Idée de monde et non pas prioritairement à l'homme. Un constat s'impose alors à nous : *« La liberté se trouve là où nous nous attendions le moins à la trouver, ou à ne la trouver qu'en dernier lieu : elle est une Idée cosmologique. Elle surgit dans le contexte du problème du monde»*[31]. L'histoire de la liberté kantienne commence donc sur le socle de l'expérience. Son point de départ est empirique ; l'Idée de liberté semble de prime abord reposer sur un fond non idéel ; elle porte au départ, la trace d'une non-conceptualité. Elle s'insère dans l'entreprise de saisie de l'unité systématique de l'expérience et trouve en elle sa première raison d'être pensée.

La raison s'ouvre à son Idée à la faveur d'une insatisfaction, d'une lacune de connaissance à combler. Dans la quête d'explication de tous les événements du monde, la causalité naturelle explicative, toujours relative et partielle, s'avère insuffisante. L'expérience ne nous offre point une totalité absolue des conditions, mais un enchaînement à l'infini de causes et d'effets ; même en opérant par régression, l'entendement n'arrive jamais qu'à une condition elle aussi conditionnée, à une cause causée. Or la raison est soucieuse d'une appréhension complète des phénomènes : *« Pour un conditionné donné, elle exige une totalité absolue du côté des conditions (sous lesquelles l'entendement soumet tous les phénomènes à l'unité synthétique) et qu'elle fait ainsi de la*

---

[30] KANT, *Critique de la raison pure,* Pléiade, t. I, p. 1174, (Ak. III, 368).

[31] Martin HEIDEGGER, *De l'essence de la liberté humaine ; introduction à la philosophie*, p. 199.

catégorie une Idée transcendantale afin de donner une intégralité absolue à la synthèse empirique en la poursuivant jusqu'à l'inconditionné »[32].

Une conviction motive sa quête : *« Si le conditionné est donné, est donnée aussi la somme entière des conditions, et par conséquent l'inconditionné absolu, qui seul rendrait possible le conditionné »*[33]. Ne pouvant remonter indéfiniment la série des causes, la raison se voit obligée d'admettre l'idée d'un commencement absolument premier, d'une causalité originaire sans laquelle la série des causes et des conditions ne serait jamais achevée. La philosophie transcendantale se présente paradoxalement *« comme une philosophie des limites qui est en même temps une exigence pratique de totalisation »*[34]. Il s'ensuit que la liberté est pensée comme une nécessité cosmologique de l'appréhension complète des phénomènes. L'exhaustivité de la connaissance exige le recours à sa causalité. La liberté procède d'une nécessité, d'une obligation que l'on peut nommer l'impératif de l'inconditionné.

Bien plus, l'Idée de liberté n'apparaît nullement comme le noyau central de la philosophie critique. En sa première détermination, elle ne se révèle que comme une simple compensation d'une lacune, un complément de connaissance. Ce faisant, elle semble manquer au statut de pierre de touche de l'édifice kantien. Si l'on s'en tient à la première *Critique*, on la dirait même marginale dans le vaste chantier de reconstruction de l'empire du savoir par Kant. Dans une philosophie de l'effectivité qui part des choses, souligne Ernst Cassirer, le devoir et l'éthique ne peuvent apparaître que *« comme un phénomène secondaire, singulier, un épiphénomène »*[35]. Beaucoup d'interprètes de Kant voient d'emblée dans la liberté le nœud central de toute sa philosophie. Ceci n'apparaît pas clairement dès la première *Critique*. La liberté ici semble plutôt une clef de voûte qui couronne le système et qu'on ne perçoit qu'au sommet d'un édifice bâti au départ sur d'autres fondations.

Cette question de la place de la liberté dans le système critique est certes importante pour notre propos, mais, à ce stade de l'histoire

---

[32] KANT, *Critique de la raison pure,* Pléiade, t. I, p. 1072, (Ak. III, 283).
[33] *Ibid.*, p. 1072, (Ak. III, 283).
[34] Paul RICOEUR, *Le conflit des interprétations ; essai d'herméneutique*, p. 403.
[35] Ernst CASSIRER, Hermann COHEN, Paul NATORP, *L'école de Marbourg*, p. 30.

de la liberté kantienne, il importe pour le moment de retenir que la cosmologie est le berceau de l'Idée transcendantale de la liberté[36] et d'en examiner toutes les conséquences. Ce contexte originaire de l'émergence de la liberté kantienne, quoique surprenant, s'avère en lui-même significatif. Il porte l'annonce encore lointaine du destin historique que Kant entend assigner à son Idée de liberté. L'ancrage empirique de la question de la liberté trahit d'entrée de jeu, sa volonté d'une liberté non pas reléguée dans les sphères de l'intelligibilité, mais insérée dans le cours de monde et engagée dans le devenir.

Ce dessein sous-jacent de la liberté kantienne, on a à peine le temps d'en déceler les traits, que Kant fait opérer à son concept cosmologique de liberté un saut et un déplacement vertigineux de site qui l'éloignent vraisemblablement de ce projet. L'inconditionné (*Unbedingte*) ne se trouvant point dans l'expérience, oblige la raison à *« aller au-delà des bornes de l'empirique »*[37]. *« Ce qui nous pousse nécessairement à sortir des limites de l'expérience et de tous les phénomènes, c'est l'inconditionné, que la raison demande dans les choses en soi nécessairement et à plein droit, pour tout conditionné, ce qui est demander l'achèvement de la série des conditions »*[38].

Autrement dit, la raison cherche l'inconditionné comme son horizon en dehors de l'homme et du monde. L'Idée cosmologique de liberté ne s'atteint que par un dépassement de l'environnement pragmatique, une sortie de la sphère cosmologique et un arrachement aux conditions de l'expérience. Sa mise en évidence s'inscrit dans une prise de distance par rapport au monde sensible vers un au-delà du monde sensible ou vers un extra-mondain invisible. Elle procède d'une transgression de la frontière de l'expérience par la raison s'évadant dans le monde intelligible jusqu'à l'*Unbedingte*. Face à la finitude et aux limites de l'entendement, la raison éprouve la nécessité de son dépassement. Elle s'affirme comme un pouvoir qui fait effraction. Tout se passe comme si Kant creusait lui-même, entre nature et liberté, l'abîme qu'il s'attachera par la suite à combler. Il créerait lui-même l'énigme

---

[36] Bernard CARNOIS, *La cohérence de la doctrine kantienne de la liberté*, p. 20.
[37] KANT, *Critique de la raison pure,* Pléiade, t. I, p. 1072, (Ak. III, 283).
[38] *Ibid.*, p. 742, (Ak. III, 14).

qui mobilisera toutes ses énergies intellectuelles. De la causalité naturelle à la causalité libre, du concept cosmologique de la liberté à la liberté transcendantale, il y a un brusque saut conceptuel qui coupe subitement le concept de liberté de son ancrage empirique de départ. A travers l'image de la colombe légère, Kant faisait à la doctrine platonicienne des Idées, le reproche d'une évasion dans le suprasensible : *« La colombe légère qui, dans son libre vol, fend l'air dont elle sent la résistance, pourrait s'imaginer qu'un espace vide d'air lui réussirait mieux encore. Pareillement Platon quitta le monde sensible, parce qu'il posa de si strictes bornes à l'entendement, et se risqua au-delà, sur les ailes des idées, dans l'espace vide de l'entendement pur »*[39].

Cette critique de Kant pourrait s'appliquer à sa propre pensée de la liberté transcendantale. La transposition se révèle si rapide que d'aucuns comme Schopenhauer, mettant en doute la valeur logique de son argumentaire, croit repérer chez Kant un sophisme[40]. Son hypothèse de l'inconditionné repose sur le postulat d'une chaîne ininterrompue de causes et d'effets expliquant les phénomènes. Or, en réalité, chaque anneau de la dite chaîne constitue une rupture de la chaîne. Chaque conditionné répond en effet du principe de raison suffisante : un effet, pour survenir, exige la totalité des conditions nécessaires à sa production. Ce qui signifie que chaque conditionné endosse, ne serait-ce que momentanément, le rang d'inconditionné. Kant, au lieu de remonter pas à pas la hiérarchie des inconditionnés provisoires, s'accroche d'entrée de jeu à l'idée d'un unique inconditionné existant en dehors du monde. Du fait de ce transfert au monde suprasensible, la conjonction conceptuelle entre liberté et nature, annonciatrice du devenir historique de la liberté, connaît une diffraction ou une disjonction. La liberté qu'il nous avait présentée comme un concept cosmologique ne l'était en réalité que de façon extérieure, circonstancielle et instrumentale. Dans son essence, *« la liberté est une Idée transcendantale pure, qui d'abord, ne contient rien d'emprunté à l'expérience et dont ensuite l'objet ne peut même être donné de manière déterminée dans aucune expérience»*[41]. La cosmologie, contrairement à ce que laisse supposer l'expression

[39] KANT, *Critique de la raison pure,* Pléiade, t. I, p. 764, (Ak. III, 32).
[40] Arthur SCHOPENHAUER, *Critique de la philosophie kantienne*, pp. 116-117.
[41] KANT, *Critique de la raison pure,* Pléiade, t. I, p. 1168 (Ak. III, 363).

« l'Idée cosmologique de liberté» ne détermine pas essentiellement la liberté. Elle est une simple occasion, le terrain de sa découverte, un détour par lequel Kant parvient au continent de la liberté.

La passion de la raison pour l'inconditionné explique le saut dans le monde suprasensible. En effet, *« une pulsion à l'inconditionné »*[42] mène la raison à l'Idée transcendantale de la liberté (*Die transzendental Idee der Freiheit*). L'Idée de liberté dériverait-elle alors d'une rationalité pathologique ? Au premier abord, nous avons affaire à une rationalité pathologique : la raison est affectée par un désir de savoir absolu qui l'oriente vers un usage transcendant des concepts. A cause de sa passion pour la totalité, *« la raison humaine a un penchant naturel (einen natürlichen Hang) à dépasser ces limites (*de l'expérience) »[43], un penchant à la transgression. Mais en réalité, la pulsion vers l'au-delà, pour irrationnelle qu'elle paraisse, participe de l'essence de la raison et s'inscrit donc dans la rationalité. Cette passion participe des déterminations naturelles de la raison : la quête de la totalité, de l'absolu, compte parmi ses exigences propres. Le désir qui la pousse est une pure exigence non conditionnée par l'attente d'un résultat matériel. Il n'est rien de plus qu'un désir de savoir absolu. On peut donc difficilement accuser la raison kantienne d'irrationalité. Ce qui ne semble pas le cas lorsqu'on sonde les motivations profondes qui animent sa passion de l'inconditionné.

La *« chasse à l'inconditionné »* de la raison traduit à première vue, une faculté naturellement assoiffée de connaissance et qui refuse le sommeil de l'ignorance. Ce qui est tout à son honneur. Ceci dit, sa fixation sur l'inconditionné, à y regarder de près, peut trahir une *"paresse d'esprit"*[44]. En face de la difficulté à remonter une à une, la chaîne infinie des causes et des effets, la raison jette son dévolu sur l'hypothèse d'une cause première et d'un chaînon originaire. La raison, admet Kant, *« accablée de questions qu'elle ne peut écarter »* et *« s'apercevant que son œuvre doit toujours rester inachevée puisque les questions ne cessent jamais, se voit contrainte*

---

[42] Yves Jean HARDER, « Kant et la question de la transcendance », in *Métaphysique et philosophie transcendantale selon Kant*, p. 101.

[43] KANT, *Critique de la raison pure,* Pléiade, t. I, p. 1247 (Ak. III, 426).

[44] *« C'est la paresse d'esprit qui introduit cette hypothèse »,* ainsi s'indigne Arthur Schopenhauer à propos de l'hypothèse kantienne de l'inconditionné (*Op. Cit.*, p. 138).

de se réfugier dans des principes qui dépassent tout usage possible d'expérience »[45]. A la racine insoupçonnée de la thèse d'une causalité inconditionnée, on peut soupçonner la démission d'une faculté lassée de sa fonction de totalisation. Dans son désir de repos, *« l'illusion de la liberté offre bien à l'entendement un repos dans son investigation dans la chaîne des causes, en le conduisant à une causalité inconditionnée qui commence à agir d'elle-même »*[46]. La raison pure kantienne présente finalement l'image d'une faculté intéressée, impatiente de découvrir au plus vite l'inconditionné pour s'y réfugier et s'y reposer.

La quête de la raison connaît malheureusement la désillusion de l'échec. Dans son désir de *l'Unbedingte*, elle échoue à saisir l'inconditionné. Sa quête de connaissance totale se heurte à l'incompréhensibilité de la liberté. Symbole de la chose en soi, la liberté transcendantale censée ouvrir la voie d'une connaissance totale du réel, échappe elle-même à la connaissance. La raison, devant le seuil de la liberté, trouve la porte fermée ; l'accès au monde des choses en soi nous est interdit. A son ambition de connaissance exhaustive, à sa transgression des limites, répond le tracé d'une frontière infranchissable. La pensée de la totalité que nous avions décelée chez Kant et qui sous-tend sa pyramide du savoir[47], se réduit à une pensée des limites et de la finitude de la raison humaine. Les prétentions de la raison se voient assignées des limites bien précises. De fait, *« nous ne pouvons rien connaître du tout de la nature des objets suprasensibles, de Dieu, de notre propre pouvoir de liberté »*[48]. Déjà, les *Fondements,* traitant du monde intelligible, précisaient : *« Tout savoir se termine aux frontières de ce monde »*[49]. Au-delà, l'illusion transcendantale guette la raison. Le

---

[45] KANT, *Critique de la raison pure*, Pléiade, t. I, p. 725 (Ak. IV, 7).
[46] *Ibid.*, t. I, p. 1105 (Ak. III, 311).
[47] On peut effectivement parler d'une pyramide du savoir chez Kant : l'entendement opère une synthèse de la diversité des phénomènes perçus par la sensibilité au moyen de concepts, la raison subsume les lois de l'entendement sous des principes ; mais l'entreprise d'appréhension totale du réel ne s'arrête pas là ; la faculté de juger intervient pour expliquer ce que la législation de l'entendement et de la raison laisse indéterminé.
[48] KANT, *Quels sont les progrès réels de la métaphysique en Allemagne depuis le temps de Leibniz et de Wolff ?,* Pléiade, t. III, p. 1249 (Ak. XX, 7, 296).
[49] Id., *Fondements de la métaphysique des mœurs*, Pléiade, t. II, p. 336 (Ak. IV, 462).

domaine nouménal de la liberté échappe à l'intelligence humaine : l'espace immense du suprasensible s'emplit d'une nuit épaisse pour nous, avoue Kant[50].

Comme Platon, Kant attribue la permanence et l'identité à l'intelligible, la contingence et la relativité au sensible. Cependant, convaincu que les réalités sensibles toujours en devenir ne peuvent faire l'objet de connaissance mais d'opinion, Platon réserve la connaissance aux réalités suprasensibles stables et invariantes ; à contrario, Kant la restreint aux phénomènes. Pour lui, l'inconditionné ne peut être connu mais pensé. Aussi paradoxal que cela puisse paraître, l'intelligible est inintelligible pour l'homme, bien qu'il soit membre de ce monde ; pire, l'inconnaissable est la clef de voûte de tout le système rationnel. La raison se trouve limitée dans le champ illimité du suprasensible[51]. A sa soif de connaissance répond une impossibilité de connaissance, et à sa volonté de rationalité, l'irrationalité de la liberté. On peut s'étonner que tant d'enthousiasme aboutisse à un résultat quasi nul.

Le cheminement de la raison vers l'Idée de liberté alterne finalement exaltation et déception, espoir et désillusion. Finalement l'Idée transcendantale de liberté est l'indice d'une rencontre manquée de la raison avec elle-même, mais également avec ses propres ambitions. Le pouvoir d'effraction de la raison se retrouve confronté à une barrière infranchissable. Cet échec explique probablement le déplacement conceptuel vers un second lieu de la liberté, la liberté pratique. La fixation dont celle-ci fait l'objet dans la suite de l'œuvre de Kant et l'attachement de celui-ci à démontrer sa réalité et la possibilité de son appréhension, trahissent un transfert de l'ambition rationnelle qui a échoué dans le cas de la liberté transcendantale. La raison dans son zèle se trouve renvoyée à elle-même, à sa finitude. Pire, elle croyait trouver le repos dans l'inconditionné ; en fait, celui-ci *« la précipite dans l'obscurité et des contradictions »*, dans *« un champ de bataille de ces combats sans fin »*[52], en un mot, dans un interminable conflit avec elle-même.

---

[50] Id., *Qu'est-ce que s'orienter dans la pensée ?*, Pléiade, t. II, p. 534 (Ak. VIII, 137).
[51] Id., *Critique de la faculté de juger*, Pléiade, t. II, p. 929 (Ak. V, 175).
[52] KANT, *Critique de la raison pure,* Pléiade, t. I, *Préface de la première édition*, pp. 725-726 (Ak. IV, 7).

B. LE REPOS RATIONNEL REFUSE

La raison se retrouve en proie à une antinomie dans laquelle deux affirmations s'affrontent et se neutralisent. La thèse affirme: « *La causalité suivant les lois de la nature n'est pas la seule d'où puissent être dérivés tous les phénomènes du monde dans leur ensemble. Il est encore nécessaire d'admettre, pour les expliquer, une causalité par liberté* »[53] ; l'antithèse réfute: « *Il n'y pas de liberté, mais tout dans le monde arrive suivant les lois de la nature* »[54]. Un choix exclusif s'impose manifestement à la raison. Soit le monde phénoménal est nécessairement soumis au déterminisme, - le moindre événement spontané n'y a pas droit de cité car l'enchaînement rigoureux des causes et des effets ne laisse aucune place à une cause non causée : le déterminisme naturel exclut tout commencement spontané -, soit la liberté existe, et le déterminisme causal s'évanouit. En effet, l'intrusion de la causalité libre dans un monde physique déjà complet, saturé causalement[55], bouleverse la trame serrée des séries causales naturelles[56] puisqu'elle « *rompt le fil conducteur des règles, auquel tient seule la possibilité d'une expérience complètement liée* »[57]. Autrement dit, la spontanéité de la causalité libre brise l'ordre phénoménal et anéantit l'expérience. Conçue pour achever l'explication des phénomènes, la liberté transcendantale détruit en fait la logique explicative des faits naturels. Mise en demeure de choisir entre la spontanéité libre et l'ordre naturel, la raison pourtant ne peut renoncer à l'un au profit de l'autre. Dans l'antithèse, se trouve en jeu l'ordre ou le chaos du monde. Si l'on bouleverse l'ordre naturel par l'intrusion de la spontanéité, on livre l'homme et le monde à l'imprévisibilité. Rompre en effet la légalité naturelle, soustraire l'homme à la loi de la nécessité naturelle, « *ce serait le livrer à l'aveugle hasard* »[58] et avec lui le monde. Mais dans la thèse se trouvent aussi fortement engagés l'intérêt et même l'essence de la raison et la dignité de l'homme.

---

[53] *Ibid.*, p. 1102 (Ak. III, 308).
[54] *Ibid.*, p. 1102 (Ak. III, 308).
[55] Alain BOYER, *Hors du temps ; un essai sur Kant*, p. 118.
[56] Théodore RUYSSEN, K*ant*, p. 200.
[57] KANT, *Critique de la raison pure*, Pléiade, t. I, p. 1105 (Ak. III, 311).
[58] Id., *Critique de la raison pratique*, Pléiade, t. II, p. 723 (Ak. V, 95).

Il peut paraître contre-nature d'attribuer quelques intérêts à la raison, dans la mesure où l'intérêt s'entend généralement comme un mobile pathologique qui affecte la pureté rationnelle. Pourtant, la troisième section de la *Dialectique transcendantale* de la première *Critique* s'intitule : *« De l'intérêt de la raison dans ce conflit avec elle-même »*[59]. L'intérêt de la raison se porte ici sur elle-même, sur son désir de totalisation. Faculté de l'inconditionné, elle vise non seulement l'appréhension des phénomènes spatio-temporels, mais aussi le sens de l'être échappant à la temporalité. La dignité de l'homme se trouve aussi en jeu dans la thèse : *« suis-je libre de mes actions, ou, comme les autres êtres, suis-je conduit par le fil de la nature et du destin* ? »[60]. Si *« la chaîne naturelle »*[61] enserre complètement l'homme dans son déterminisme causal, celui-ci cesse d'être un sujet moral ; le déterminisme exclusif détruit la moralité, et partant, la dignité de l'homme.

En fin de compte, la problématique essentielle, à laquelle la raison se trouve confrontée, s'énonce ainsi : l'ordre du monde peut-il supporter le bouleversement d'un autre ordre et partant, un désordre ? Cette problématique d'apparence logique, cache un enjeu anthropologique de taille : faut-il prendre le risque d'une *« absence de lois »*[62], le risque *« d'introduire la liberté dans la science »*[63], d'ouvrir une brèche au sein du mécanisme par l'intrusion d'une causalité spontanée ? On peut penser que la causalité libre, par sa légalité, participe d'un autre ordre dont l'intrusion n'entraîne pas la suppression du déterminisme naturel, mais la pénétration de ce déterminisme par un déterminisme nouménal. L'homme n'a-t-il pas plutôt intérêt, conformément à la sagesse stoïcienne, à *« tâcher de changer ses désirs plutôt que l'ordre du monde »*[64], à se soumettre docilement à l'ordre naturel ?

---

[59] Id., *Critique de la raison pure*, Pléiade, t. I, p. 1117 (Ak. III, 322).

[60] *Ibid.*, p. 1118 (Ak. III, 323).

[61] Cette expression est proprement kantienne [*Critique de la raison pratique*, Pléiade, t. II, p. 723 (Ak. V, 95)].

[62] KANT, *Critique de la raison pure*, Pléiade, t. I, p. 1105 (Ak. III, 311).

[63] Id., *Critique de la raison pratique*, Pléiade, t. II, p. 643 (Ak. V, 30).

[64] On retrouve cette maxime d'inspiration stoïcienne (venant précisément d'Epictète) sous la plume de Descartes comme la troisième maxime de sa morale provisoire qui énonce : *« Tâcher toujours plutôt à me vaincre que la fortune, et à*

On pourrait presque souscrire à cette sagesse stoïcienne au regard des conséquences de l'intrusion de la liberté dans l'ordre du monde. Le conflit dans lequel la raison se débat dans cette antinomie, engage donc notre existence, notre essence, et le sort même du monde. Il est de l'intérêt supérieur de la raison de résoudre au mieux cette aporie. Sa solution s'avère déterminante.

On présente généralement la résolution de cette antinomie comme validant à la fois la thèse et l'antithèse, mettant ainsi fin au conflit de la raison avec elle-même. Au fond, sa solution s'apparente davantage à un *« sauvetage de la liberté »*[65]. En effet, le déterminisme naturel énoncé par l'antithèse ne souffre pas de doute et s'impose par son évidence : c'est une vérité du monde de l'expérience qui se constate et s'impose d'elle-même. En face de cette évidence, la causalité libre ressemble à un postulat logique en attente de confirmation et de démonstration. Dans l'opposition entre liberté et nature, la balance pèse du côté de la nature car *« la raison trouve le chemin de la nécessité naturelle mieux frayé et plus praticable que celui de la liberté »*[66]. Dans ce rapport de force inégal entre la thèse et l'antithèse, l'avantage se trouve du côté de la seconde. Leur ordre d'énonciation même révèle un parti pris de Kant qui réserve la priorité à l'affirmation de la thèse, c'est-à-dire au parti le plus faible, et s'étend plus longuement pour sa défense. Son grand enjeu pour toute sa philosophie explique peut-être son effort conceptuel pour la sauver.

Le sauvetage de la liberté et partant de la rationalité, de la dignité de l'homme et du sens du monde, passe par une dualité apparemment irréductible. Il se réalise au prix du transfert de la causalité libre dans *« l'espace immense, et pour nous, rempli d'une*

---

changer mes désirs plutôt que l'ordre du monde ». (*Discours de la méthode*, in *Œuvres complètes*, Coll. « Bibliothèque de la Pléiade », p. 142).

65 On retrouve cette expression sous la plume aussi bien de Heidegger (*De l'essence de la liberté humaine ; introduction à la philosophie*, p. 229) que de Theodor Adorno (*Dialectique négative*, p. 336). Elle est d'inspiration kantienne puisque les *Prolégomènes* pensent la solution de l'antinomie en termes de sauvetage : *« Par là est donc sauvée la liberté pratique »* (*Prolégomènes à toute métaphysique future qui pourra se présenter comme science*, Pléiade, t. II, p. 128 (Ak. IV, 346).

66 KANT, *Fondements de la métaphysique des mœurs*, Pléiade, t. II, p. 327 (Ak. IV, 456).

nuit épaisse, du suprasensible »[67], au prix de son inintelligibilité, laissant alors penser que *« la philosophie critique, est une philosophie de l'inintelligibilité de la liberté pour pouvoir être une philosophie de la liberté »*[68].

Les deux causalités explicatives s'excluent si on les réfère toutes deux à l'unique sphère du monde sensible. Renvoyées à deux ordres différents, le phénomène d'une part, le noumène de l'autre, le déterminisme naturel et la causalité libre s'avèrent compatibles et, quoique opposés, peuvent coexister sans contradiction. La séparation en deux mondes assure ici la coexistence des deux causalités ; cette dualité est censée mettre un terme au conflit de la raison avec elle-même. En fait, malgré cette solution, l'antinomie reste irrésolue. Loin de mettre fin au conflit de la raison avec elle-même, cette solution l'aggrave en appuyant l'hypothèse la moins évidente. Elle est en effet un verdict en faveur de la thèse qui stipulait déjà la conclusion à laquelle la solution de l'antinomie parvient : *« La causalité suivant les lois de la nature n'est pas la seule d'où puissent être dérivés tous les phénomènes du monde dans leur ensemble »*[69].

Ce verdict en faveur de la thèse exacerbe le conflit en plongeant la raison dans un nœud problématique inextricable. En définissant la liberté transcendantale comme la puissance de commencer d'elle-même une série d'événements, la solution kantienne oublie que, à moins de se résoudre à l'idée paradoxale d'un événement nouménal, la causalité libre ne peut s'effectuer que dans le domaine temporel de la nature. Bien qu'il y ait deux domaines, il n'y a qu'un seul terrain d'application. Or la solution dualiste n'envisage pas la compénétration de l'un et de l'autre, mais leur mise à l'écart réciproque. Elle ne concilie pas véritablement liberté et nécessité, mais se contente de les juxtaposer ; pire, elle creuse un abîme entre ces deux réalités qui continuent à se disputer un même terrain d'application. La problématique du fossé créé entre sensible et suprasensible occupera les trois Critiques, preuve que la solution

---

[67] Id., *Qu'est-ce que s'orienter dans la pensée ?*, Pléiade, t. II, p. 534 (Ak. VIII, 137).

[68] Jean-Michel MUGLIONI, *La philosophie de l'histoire de Kant ; Qu'est-ce que l'homme ?*, p. 33.

[69] KANT, *Critique de la raison pure,* Pléiade, t. I, p. 1102 (Ak. III, 308).

de la troisième antinomie soulève autant de problèmes qu'elle n'en résout[70] et se révèle en elle-même antinomique.

Si elle ne résout pas véritablement l'antinomie, la distinction des deux mondes tempère tant soit peu la contradiction de la raison avec elle-même : thèse et antithèse ne s'excluent plus et peuvent être maintenues toutes deux dans des registres différents. Cette solution de la non-contradiction et de la compossibilité au prix de la dualité radicale reste malheureusement à mi-chemin. La dualité entre liberté et nature sous la forme d'un fossé infranchissable s'avère inopérante pour penser l'historicité de la liberté. Elle se limite à la simple coexistence des opposés sans aller jusqu'à penser leur convergence et leur compénétration.

La nécessaire effectuation de la liberté dans le monde temporel exige de jeter un pont entre le monde suprasensible et le monde sensible. La raison kantienne aspirant à réaliser pleinement ses Idéaux dans le monde ne peut se satisfaire de l'alternative stérile de la causalité naturelle et de la causalité libre ; un dépassement de cette alternative exclusive s'impose. Il y va du destin historique que Kant assigne aux idées transcendantales, de la possibilité d'une réconciliation de la raison pure et de l'expérience et partant de l'essence même de sa philosophie de l'histoire. Eu égard à la solution de la troisième antinomie, il nous faut en effet renoncer à cette idée d'une effectuation de l'Idée de liberté dans le monde, qui définit proprement aux yeux de Kant le processus historique. L'historicité de la liberté exige de penser au-delà de la coexistence entre les deux ordres, un passage de l'un à l'autre. Le paradoxe à dénouer ici s'énonce en ces termes : *« Tant que l'on maintient un clivage entre la temporalité comme forme de la sensibilité et une liberté suprasensible donc intemporelle, on s'interdit de penser la temporalité de la liberté ; alors même que l'Idée de liberté transcendantale qui la fonde et la plupart des commandements qui en dérivent se définissent justement en termes temporels »*[71].

Si l'on s'en tient strictement à la solution de la troisième antinomie, la réalisation historique de la liberté s'avère impossible.

---

[70] Luc FERRY, *Philosophie politique*, t. II, *Le système des philosophies de l'histoire,* p. 212.

[71] Jacob ROGOZINSKI, *Le don de la loi ; Kant et l'énigme de l'éthique*, p. 59.

La liberté transcendantale manque manifestement de consistance et de positivité pour prétendre à une effectivité historique. Par-delà ces insuffisances, la solution du problème cosmologique a tout de même le mérite de nous mener au seuil de la liberté, à l'Idée de liberté transcendantale. Celle-ci signe le premier remplissement du concept kantien de liberté si tant est qu'elle ait un réel contenu.

II. LA PERCEPTION D'UNE REALITE INSAISISSABLE

Le seuil symbolise certes, comme nous venons de l'expliciter, le point d'arrivée d'un cheminement, mais également un point de départ. Il offre la possibilité d'une découverte, si la porte s'ouvre et présente à notre investigation ce qu'elle cache. L'accès à la liberté, c'est-à-dire le franchissement du seuil, comme une frontière indépassable, nous est malheureusement refusé. A défaut d'une donation exhaustive de ce qu'il abrite, le seuil de la liberté nous laisse tout de même percevoir quelques-uns des aspects de celle-ci[72]. Il s'agit d'une réalité insaisissable : elle n'est ni une fiction métaphysique, ni une réalité tangible, mais une simple possibilité. On a autant de la peine à lui donner un contenu qu'à lui attribuer un site précis d'ancrage.

A. LA LIBERTE TRANSCENDANTALE, UNE POSSIBILITE VIDE

De la porte entrouverte du monde de la liberté par la question cosmologique, on perçoit de l'extérieur une dimension avant tout négative de la liberté. Elle fait partie des concepts problématiques dont les caractéristiques sont l'absence de contradiction et l'impossibilité de la preuve : *« J'appelle problématique,* énonce Kant, *un concept qui ne renferme pas de contradiction, qui aussi, comme limitation de concepts donnés, s'enchaîne à d'autres connaissances, mais dont la réalité objective ne peut être connue en aucune manière »*[73].

---

[72] Quoi de plus normal puisque nous n'en sommes qu'au seuil d'un concept à qui il faut laisser le temps de dévoiler toute sa fécondité.

[73] KANT, *Critique de la raison pure,* Pléiade, t. I, p. 984 (Ak. III, 211).

En un mot, en tant qu'Idée transcendantale, la liberté compte au nombre de ce que Kant nomme, les *« concepts factices »*[74]. De fait, la réflexion cosmologique n'établit pas sa réalité objective (*Objektive Realität*) mais simplement son caractère non-contradictoire et sa compatibilité[75] ou sa "compossibilité"[76] avec la causalité naturelle. Grâce à la solution de la troisième antinomie, la causalité libre quitte l'ordre de l'impossible pour celui du possible et du pensable. Cette possibilité logique reconnue à la liberté transcendantale annonce un trait commun à toutes les dimensions du concept kantien de liberté, sa contingence. On entend par contingent, *« ce dont la non-existence est possible* ou *se laisse penser »*[77]. La liberté est une possibilité qui peut ne pas être, un idéal qui peut ne pas se réaliser.

Cette perception extérieure de la liberté ne permet, pour le moment, que sa détermination essentiellement relative quant à son contenu. Elle n'est pas définie pour elle-même, mais relativement à la nature. La liberté transcendantale en son indépendance par rapport au déterminisme naturel causal est une liberté dessaisie de tout le poids du réel. Soustraite à la détermination de la causalité naturelle, elle l'est aussi du sujet rationnel par son statut transcendantal qui la situe en dehors de l'expérience et donc hors de toute prise du sujet connaissant. Cette insaisissable causalité semble échapper finalement à toute prise et s'entend comme *« Independent ab omni causa externa necessitante »*[78].

Le sens transcendantal de la liberté ne s'arrête cependant pas à cette définition négative. On manquerait la perception kantienne de la liberté si on en restait là. Au-delà de sa définition négative, la liberté transcendantale recèle une détermination positive qui est celle du *« pouvoir de commencer absolument un état et par conséquent aussi une série de conséquences de cet état »*[79]. En sa dimension

---

[74] Id., *Quels sont les progrès réels de la métaphysique en Allemagne depuis le temps de Leibniz et de Wolff ?*, Pléiade, t. III, p. 1248 (Ak. XX, 7, 295).

[75] Christophe BOUTON parle même d'un *« compatibilisme fort »* entre nature et liberté (*Temps et liberté*, p.73).

[76] Alain BOYER, *Hors du temps ; un essai sur Kant*, p. 280.

[77] KANT, *Critique de la raison pure*, Pléiade, t. I, p. 967 (Ak. III, 199).

[78] *« Indépendante de toutes causes externes nécessitantes »* (Id., *Réflexions sur l'anthropologie*, n° 1032 (Ak. XV, p. 462).

[79] KANT, *Critique de la raison pure* Pléiade, t. I, p. 1103 (Ak. III, 309).

positive, elle s'entend comme surgissement originaire, puissance de commencement spontané d'une série causale temporelle. Elle s'affirme comme une causalité inconditionnée (*unbedingte Kausalität*), originaire. Cause non causée, cause non seulement de ses effets, mais probablement aussi d'elle-même, elle rappelle la *causa sui* de la métaphysique classique ou l'idée aristotélicienne de cause première. En ses caractéristiques essentielles de *« commencement absolument premier »* et de *« premier moteur »*[80], la liberté transcendantale s'apparente à l'Être suprême tel qu'il est visé par la preuve cosmologique de la théologie rationnelle. "*L'Être nécessaire*"[81] semble être le seul être capable de spontanéité absolue.

Malgré cela, Kant n'ose pas explicitement l'identification de la liberté transcendantale et de l'Absolu divin. Une telle identification ferait de la quatrième antinomie[82] une tautologie de la troisième, même si le soupçon de tautologie demeure. La proximité entre les deux saute pourtant aux yeux ; il est surprenant que Kant n'établisse pas de lien évident entre les deux inconditionnés. La causalité inconditionnée de la liberté a des allures quasi divines : c'est un démiurge source originaire de toutes les conditions phénoménales, de la chaîne de causes et d'effets, de la régularité même de la nature. En quelque sorte, *« l'Idée transcendantale de la liberté retire à Dieu le monopole de l'intelligible »*[83]. Ces traits inclinent à percevoir en elle, une sécularisation de l'acte libre de création divine,[84] ou le sceau de la causalité divine.

La liberté transcendantale se laisse ainsi définir positivement alors que la connaissance du suprasensible nous avait été présentée comme impossible ; contre toute attente, dans la même *Critique*, la raison kantienne l'appréhende conceptuellement. L'indicible se dévoile finalement et se laisse définir comme causalité inconditionnée. *« Pousser jusqu'au bout, la Critique qui conteste*

---

[80] *Ibid.*, p. 1108 (Ak. III, 312).

[81] *Ibid.*, p. 1186, (Ak. III, 378).

[82] La thèse de la 4e antinomie affirme l'existence d'un être absolument nécessaire, cause du monde (KANT, *Critique de la raison pure*, Pléiade, t. I, p. 1108 (Ak. III, 314).

[83] Edwige MARZOLF, « L'athéisme philosophique de la théologie de l'*Opus postumum* », in *Kant anti-kantien*, p. 50.

[84] Theodor ADORNO, *Dialectique négative*, p. 241.

objectivement la validité de la connaissance de l'Absolu, se prononce par là-même justement comme sur quelque chose d'absolu »[85]. Ce dire de l'indicible doit cependant justifier la légitimité de sa définition de la liberté. Kant attribue la notion de causalité à une Idée de la raison qui déroge à la règle selon laquelle "*tout effet a une cause*": inconditionnée, la liberté transcendantale est une cause non causée. L'application du schème de causalité à la liberté semble donc illégitime et traduit au jugement de Schopenhauer, *« une incroyable inconséquence commise par Kant »*[86].

Tel que défini par la seconde analogie, le principe de la causalité énonce que : *« Tous les changements arrivent suivant la loi de la liaison de la cause et de l'effet »*[87]. Cette règle causale régit les rapports des événements du monde sensible. Catégorie de l'entendement lui servant à *« épeler les phénomènes »*, son usage se restreint à l'expérience. L'*Analytique de la raison pure* exclut l'usage des catégories là où n'existe aucune relation au temps : *« Dans le noumène cessent entièrement tout usage et même toute signification des catégories (...). L'usage des catégories ne peut en aucune manière s'étendre au-delà des limites des objets de l'expérience »*[88]. Une causalité libre transcendantale et intemporelle reste donc en stricte rigueur logique kantienne inconcevable et dévoile une contradiction sémantique tant il apparaît bien que *« transcendental freedom is contrary to the principle of causality itself »*[89]. Bien plus, Kant avait trouvé dans l'hétérogénéité fondamentale entre nature et liberté, la solution de l'antinomie ; cette hétérogénéité se révèle apparemment fallacieuse puisque toute deux partagent la catégorie de la causalité.

L'extension kantienne de la catégorie de la causalité au suprasensible est surprenante et le reproche de Schopenhauer semble de prime à bord fondé. Mais à y regarder de près, bien que paradoxale, elle ne traduit pas *« une incroyable inconséquence de*

---

[85] *Ibid.*, p. 366.

[86] Arthur SCHOPENHAUER, *Critique de la philosophie kantienne*, p. 143.

[87] KANT, *Critique de la raison pure,* Pléiade, t. I, p. 925 (Ak. III, 166).

[88] *Ibid.*, pp. 982-983 (Ak. III, 210).

[89] *« La liberté transcendantale est contraire au principe même de causalité»* (Gary BANHAM, *Kant's practical philosophy ; from Critique to Doctrine*, p. 42).

Kant ». Celui-ci justifie cette application illégitime du schème de la causalité à la liberté. Il conçoit prioritairement la loi de la causalité comme naturelle et la liberté transcendantale comme *« une espèce particulière de causalité »*[90], voire une exception de la causalité, "*une causa noumenon*"[91]. Il ne transpose pas tel quel le principe naturel causal au noumène. Sa détermination de la liberté transcendantale comme une causalité n'est pas une identification pure et simple, mais une caractérisation par analogie. Pour traiter des choses en soi, reconnaît la *Dialectique transcendantale de la raison pure*, *« il ne reste plus autre chose que l'analogie, suivant laquelle nous employons les concepts de l'expérience pour nous faire quelques concepts des choses intelligibles dont nous n'avons pas en soi la moindre connaissance »*[92]. La causalité libre procède ainsi d'une transposition au niveau transcendantal de la causalité naturelle ou d'une élévation de la causalité naturelle à l'inconditionné. La liberté compte parmi *« les concepts transcendants de la nature »*[93] ; elle est une sorte de causalité naturelle absolument pensée[94].

A cette causalité particulière, on a malheureusement de la peine à donner un contenu, tant elle reste indéterminée. *« Le concept d'une causa noumenon est, pour l'usage théorique de la raison, un concept sans doute possible et pensable mais cependant vide »*[95]. On peut même en l'absence d'une intuition correspondante, douter de sa possibilité car sa non-contradiction avec la causalité naturelle n'est pas une preuve de son existence : *« La possibilité d'une chose ne peut jamais être prouvée simplement à partir de la non-contradiction d'un concept que l'on s'en fait mais, seulement en changeant le concept par une intuition qui lui corresponde »*[96]. Partant de là, ce pouvoir de commencement originaire, qu'inaugure-

[90] KANT, *Critique de la raison pure*, p. 1103 (Ak. III, 309).

[91] On retrouve cette expression successivement dans la *Critique de la raison pratique* [Pléiade, t. II, p. 675 (Ak. V, 55)] ou encore dans l'œuvre *Quels sont les progrès réels de la métaphysique en Allemagne depuis le temps de Leibniz et de Wolff ?*, [Pléiade, t. III, p. 1249 (Ak. XX, 7, 291)].

[92] KANT, *Critique de la raison pure*, Pléiade, t. I, p. 1192 (Ak. III, 382).

[93] *Ibid.*, p. 1080 (Ak. III, 289).

[94] HEIDEGGER, *De l'essence de la liberté humaine ; introduction à la philosophie*, p. 204.

[95] KANT, *Critique de la raison pratique*, Pléiade, t. II, p. 675 (Ak. V, 55).

[96] Id., *Critique de la raison pure*, p. 983 (Ak. III, 210).

t-il concrètement dans le monde et de quelle manière ? La *Logique transcendantale de la raison pure* n'en dit rien de précis. Dépourvue de tout contenu objectif, le *« premier commencement dynamique »*, mais non temporel[97], court le risque de se réduire à un "*ens rationis*"[98], un pur être de raison, c'est-à-dire un concept vide et sans objet.

Kant hérite de Platon la notion d'Idée et le postulat du monde intelligible caractérisé par sa permanence et son identité à soi, contrastant avec la contingence et la relativité du monde sensible. L'Idée kantienne et l'Idée platonicienne partagent aussi la non-congruence avec un objet de la réalité empirique. Ceci dit, les Idées platoniciennes semblent garder plus de contact avec le sensible que celles de Kant, séparées de l'existence réelle. Platon les entendait comme des types éternels, imparfaitement visibles dans des réalités sensibles. Kant dénonce cette tendance à considérer les Idées pour les concepts des choses effectives comme une illusion transcendantale. Les Idées kantiennes éloignées de toute intuition sensible paraissent chimériques et vides. Ne définit-il pas la liberté transcendantale comme *« une Idée qui, d'abord, ne contient rien d'emprunter à l'expérience, et dont ensuite l'objet ne peut même être donné de manière déterminée dans aucune expérience »*[99] ?

En définitive, le premier chemin[100] de Kant vers une appréhension précise du concept de liberté ne nous mène qu'au seuil d'une liberté au contenu indéterminé. Cet apport n'est cependant pas négligeable. Si modeste soit-elle, la tentative de détermination théorique de la liberté laisse attendre son "exhibition positive"[101]. La liberté transcendantale dans sa possibilité logique comme dans sa puissance de commencement absolu, annonce la possibilité d'une liberté dans le monde. Grâce à elle, un avenir de la liberté se dessine. La possibilité transcendantale de la liberté ouvre un devenir de la liberté qui ne s'arrête pas à son acception cosmologique et

---

[97] *Ibid.*, p. 1103 (Ak. III, 309).
[98] *Ibid.*, p. 1011, (Ak. III, 233).
[99] *Ibid.* p. 1168, (Ak. III, 363).
[100] HEIDEGGER dans son œuvre, *De l'essence de la liberté humaine ; introduction à la philosophie,* décèle dans la philosophie kantienne trois chemins vers la liberté.
[101] Jean-Luc NANCY, *L'expérience de la liberté*, p. 27.

transcendantale. Le caractère intelligible de la liberté transcendantale est l'ouverture de l'avenir éthique de la liberté[102]. En attendant cet avenir de la liberté, la philosophie théorique présente la liberté sous les traits d'une réalité que l'on pourrait dire apatride, sans lieu précis d'ancrage.

B. L'ENTRE DEUX DE LA LIBERTE TRANSCENDANTALE

Kant appelle *« lieu transcendantal, la place que nous assignons à un concept, soit dans la sensibilité ou dans l'entendement pur »*[103]. Idée transcendantale de la raison pure, la place de la liberté semble de toute évidence bien déterminée et indiscutable. A l'analyse, son concept, dans ses déterminations, se prend plutôt entre plusieurs limites, se trouve écartelé entre plusieurs sites. Elle se trouve dans l'entre-deux de l'empirique et du transcendantal, de la fiction métaphysique et de la réalité concrète, de l'être et du non-être, de la supra-temporalité et de la temporalité. A son sujet, se pose la problématique essentielle de l'Absolu : *« Ou bien l'Absolu est un non-être ou bien il n'est pas l'Absolu »*[104]. Dans ce dilemme, la liberté transcendantale manque doublement à l'être. Elle ne s'identifie pas clairement – nous l'avons déjà abordé –, à l'Être au sens substantiel d'Absolu divin. Elle n'est pas non plus l'être au sens phénoménal d'existant réel dont on peut avoir une intuition. En fait, ce qui lui fait manquer à l'être, c'est justement son élévation presqu'à la hauteur de l'Être (de l'Absolu). Kant, fait remarquer Bergson, en élevant la liberté à la hauteur des noumènes, la rend inaccessible et quasi inexistante[105] ; une liberté qu'on ne perçoit pas se réduit à une liberté qui n'existe presque pas. Autant Kant refuse d'en faire un non-être au sens de non-existant, autant il n'en fait pas une réalité perceptible par les sens.

La liberté transcendantale se situe à la frontière entre l'être (existant) et le non-être (le néant). Pas plus qu'elle ne saurait relever d'une intuition sensible, elle ne saurait non plus être un mirage de la pensée ou une pure chimère. Elle ne prend place ni exclusivement

---

[102] Alexis PHILONENKO, *L'œuvre de Kant : la philosophie critique*, T.2 *Morale et politique*, p. 279.

[103] KANT, *Critique de la raison pure*, Pléiade, t. I, p. 994, (Ak. III, 219).

[104] Jacques HAVET, *Kant et le problème du temps*, p. 209.

[105] Henri BERGSON, *Essai sur les données immédiates de la conscience*, p. 175.

dans l'intelligible ni dans le sensible mais *« uniquement dans la relation de l'intelligible comme cause au phénomène comme effet*[106]. Elle est tension entre deux limites, l'intelligible et le sensible et ainsi répond bien à sa définition de *« causalité intelligible à effet phénoménal »*. La cosmologie, comme nous l'avons vue, se présente de prime abord comme le berceau de la question de la liberté ; mais en son essence, celle-ci se présente comme une Idée transcendantale pure se dégageant de toute subordination au mécanisme naturel. Comme Idée transcendantale, son site reste le monde suprasensible. Quoique relevant du suprasensible, la liberté transcendantale ne peut couper tout lien avec la cosmologie et le monde, sous peine de devenir une illusion ; sa causalité doit s'exercer sur le monde sensible. *« Tant que nos concepts de la raison n'ont pour objet que la totalité des conditions dans le monde sensible (...) nos idées sont à la vérité transcendantales mais cosmologiques. Mais dès que nous plaçons l'inconditionné dans ce qui est tout à fait en dehors du monde sensible, par conséquent en dehors de toute expérience possible, les idées deviennent transcendantes »*[107].

Cette double appartenance définit proprement le transcendantal chez Kant. Il se situe entre deux limites : le transcendant d'une part et l'empirique d'autre part. L'Idée, par sa non-congruence avec les objets sensibles, comporte une dimension transcendante ; mais elle court le risque de se réduire à un *« simple être de raison »*[108] si elle n'inclut pas une dimension empirique. Au mouvement de montée vers le suprasensible doit répondre un mouvement de descente vers le sensible. La liberté transcendantale procède effectivement d'une transgression exigée, celle de la raison dépassant les limites de l'expérience à la recherche de l'inconditionné nécessaire. Cette transgression comporte cependant une limite à ne pas franchir : l'usage purement et uniquement transcendant lui est interdit. L'élévation de la raison jusqu'à l'inconditionné comporte le danger pour elle de sombrer dans l'illusion transcendantale. L'Idée de liberté doit pouvoir s'appliquer à l'expérience. Kant nomme *« les principes dont l'application se tient entièrement dans les limites de*

---

[106] KANT, *Prolégomènes à toute métaphysique future qui pourra se présenter comme science*, Pléiade, t. II, p. 126 (Ak. IV, 344).
[107] KANT, *Critique de la raison pure,* Pléiade, t. I, p. 1191, (Ak. III, 382).
[108] *Ibid.*, p. 1191, (Ak. III, 382).

l'expérience possible, immanents » et *« ceux qui sortent de ces limites, transcendants »*[109]. La liberté transcendantale se trouve donc à mi-chemin entre le concept transcendant et le concept immanent, empruntant quelque peu à chacun d'eux.

Prescription et proscription de transcendance[110], usage transcendant et immanent se retrouvent dans la liberté transcendantale comme les deux versants d'une même frontière, comme deux facettes limitatives de la même exigence rationnelle. Bien que transcendantes, les Idées, dont celle de la liberté, doivent avoir un usage empirique et non transcendant. On comprend alors cette assertion tautologique de Geoffrey Bennington : *« Le transcendantal ne peut être transcendantal qu'à la condition de ne pas être transcendantal, sinon il serait nécessairement transcendant »*[111]. En définitive, le transcendantal a une destinée empirique, et la liberté transcendantale, une vocation temporalisante. Elle inclut une dimension temporelle, bien qu'inscrite dans la supra-temporalité du suprasensible.

Un autre point de tension se perçoit et s'énonce encore ici. Le temps, rappellent constamment la *Dialectique de la raison pure*, l'*Esthétique* ou l'*Analytique « est la condition formelle a priori de tous les phénomènes en général »*[112], le lot universel et nécessaire des objets de l'expérience, c'est-à-dire *« la condition des phénomènes mais non des choses en soi »*[113] qui ne sont pas temporelles. Le suprasensible kantien exclut en principe toute détermination spatio-temporelle. Identique à lui-même, il s'inscrit en dehors du changement et de la contingence. Ainsi, l'Idée transcendantale de liberté implique qu'au sommet du flux incessant

---

[109] *Ibid.*, p. 1014, (Ak. III, 236).

[110] Yves Jean Harder définit ainsi la notion kantienne d'usage transcendant : *« La transcendance n'est pas autre chose que la transgression à la fois interdite (à l'entendement) et prescrite (à la raison) »* (Yves Jean HARDER, « Kant et la question de la transcendance », in *Métaphysique et philosophie transcendantale selon Kant*, p. 88). Cette ligne de partage entre transcendance interdite et désirée ne se situe pas seulement entre l'entendement et la raison ; elle se retrouve aussi à l'intérieur même de la raison.

[111] Geoffrey BENNINGTON, *Frontières kantiennes*, p. 176.

[112] KANT, *Critique de la raison pure*, Pléiade, t. I, p. 795, (Ak. III, 60).

[113] *Ibid.*, pp. 1172-1173, (Ak. III, 367).

du vécu phénoménal, il existe quelque chose de permanent qui ignore le temps et l'espace.

Partant de là, on voit mal comment une liberté étrangère au temps et à l'espace peut avoir vocation en même temps de s'insérer dans le cours spatio-temporel. Il ne s'agit ni plus ni moins que de penser la temporalité d'un supra-temporel. Celle-ci reste difficilement concevable, à moins de définir l'intemporalité comme la détermination fondamentale de la liberté et de confiner la temporalité à l'extériorité de ses effets. Cette temporalisation se révèle pourtant tout aussi essentielle à la liberté transcendantale que sa dimension suprasensible ; sans elle, elle manquerait à son statut de *« causalité intelligible à effet phénoménal »* et on tomberait dans la contradiction d'un commencement spontané dans un monde qui n'a ni avant ni après. Temporalité et intemporalité, quoique s'excluant mutuellement, doivent être maintenues toutes deux comme caractéristiques essentielles de l'Idée transcendantale de la liberté.

Comment penser cette coexistence des opposés, leur conjonction dans la liberté transcendantale ? On peut supposer que la temporalité et la liberté transcendantale se rejoignent dans l'idéalité transcendantale commune aux deux. Le temps en son idéalité comporterait une dimension transcendantale. Le temps, quoiqu'il soit le mode de donation des objets de l'expérience, se donne non comme une réalité empirique, mais comme une forme *a priori*, objet d'intuition pure[114] ; c'est ce qu'on a appelé la doctrine kantienne de l'idéalité du temps. De son côté, le transcendantal partage une des modalités du temps. Des trois modes temporels que sont la succession, la simultanéité et la permanence[115], cette dernière modalité définit proprement le temps et sert de *« substratum de tout changement des phénomènes »*[116]. Cette dimension fondamentale du temps, le suprasensible en porte la marque puisque l'une de ses caractéristiques essentielles consiste en l'immuabilité. La liberté transcendantale se loge dans cette modalité du temps. Le transcendantal déploie donc une forme de temporalité propre, la temporalité originaire sans laquelle il serait un pur néant. Il y aurait

---

114 *Ibid.*, p. 796, (Ak. III, 61).
115 *Ibid.*, p. 915, (Ak. III, 159).
116 *Ibid.*, p. 937, (Ak. III, 177) ou encore p. 921 (Ak. III, 164).

un temps de l'intelligible, sous la forme d'un éternel présent et qui serait la racine même du temps ; *La fin de toutes choses* ne parle-t-elle pas d'une "*duratio noumenon*"[117] ? Derrière cet oxymore, s'énonce l'idée d'une durée éternelle comme temporalité propre à la liberté. La permanence immuable du suprasensible maintient le hors-temps dans la mouvance du temps[118].

En définitive, on ne peut penser la temporalité de l'intemporelle liberté transcendantale, c'est-à-dire sa réalité qu'au prix d'une quasi temporalisation du suprasensible et d'une élévation du temps des phénomènes au transcendantal. Malgré cette tentative de résolution du dilemme de la temporalité et de l'intemporalité par reconstruction de la pensée de Kant, sa liberté reste tout de même sans site précis, en tension entre deux pôles d'une dualité toujours maintenue. Ainsi, au sortir de ce premier parcours de l'histoire de la liberté kantienne, une question demeure : où situer la liberté transcendantale dans l'alternative de l'être et du devenir ?

Il nous semble que l'être de la liberté se trouve justement dans le devenir. *« La liberté* - Cassirer et Heidegger s'y accordent, *n'est et ne peut être que dans l'acte de libération »*[119]. Elle doit se libérer du mécanisme naturel ; *« La liberté,* Kant lui-même en convient, *est à l'égard de la nature une libération qui, il est vrai, affranchit de la contrainte »*[120]. Bien plus, elle doit se libérer d'elle-même, de son usage transcendant en prenant pied dans le devenir. Ni être, ni non-être, elle est une simple possibilité d'être. Tant qu'elle n'a pas réussi à se présenter de quelque façon dans le sensible, elle n'est pas encore. Le second chemin de Kant vers la liberté contient la promesse de cette objectivité de la liberté.

---

[117] Id., *La fin de toutes choses*, Pléiade, t. III, p. 309 (Ak. VIII, 327).

[118] Cf. Jacob ROGOZINSKI, *Le don de la loi ; Kant et l'énigme de l'éthique*.

[119] C'est le consensus auquel sont parvenus Cassirer et Heidegger dans un débat rapporté dans un ouvrage intitulé *Débat sur le kantisme et la philosophie,* p. 39.

[120] KANT, *Critique de la raison pure,* Pléiade, t. I, p. 1103, (Ak. III, 309).

CHAP. II : LA LIBERTE PRATIQUE : DU FAIT AU DEVOIR DE SE FAIRE

La notion de liberté transcendantale n'épuise pas le concept général de liberté. *« L'Idée transcendantale de la liberté, est à la vérité loin de former le contenu entier du concept psychologique de ce nom, concept qui est en grande partie empirique »*[121]. Sa destinée empirique laisse la porte ouverte à un autre sens de ce concept. Ce qu'annonce ainsi la première *Critique*, n'est rien d'autre que la liberté pratique qui contient la promesse d'une réalisation historique chère à Kant. Nous voulons soumettre ici, à une analyse critique, son caractère empirique, pour juger de son objectivité.

I. LA POSITIVITE DE LA LIBERTE

A. LA DIMENSION IMMANENTE DE LA LIBERTE, UNE POSITIVITE NON REALISEE

La vocation temporalisante de l'Idée transcendantale de liberté trouve sa réalisation dans le versant pratique de la raison pure qui *« convertit l'usage transcendant des idées en usage immanent »*[122]. Avec la liberté pratique, nous effectuons en effet, un pas supplémentaire vers une détermination plus concrète de l'Idée de liberté ; nous franchissons le seuil de la liberté par un autre côté de son concept. Son sauvetage par la raison théorique, avait laissé son concept vide, indéterminé et sans réel contenu objectif. La philosophie pratique, à commencer par la première *Critique*[123] puis les *Fondements,* tente de trouver un contenu à son Idée transcendantale. Ce que la philosophie théorique nous enjoignait de ne pas considérer comme une pure chimère, la raison pratique lui confère un contenu pratique par transfert de sa causalité

[121] *Ibid.*, p. 1104, (Ak. III, 310).

[122] Id., *Critique de la raison pratique*, Pléiade, t. II, p. 666 (Ak. V, 48).

[123] Il peut paraître surprenant de parler de philosophie pratique dans la première *Critique* ; on oublie que l'exposition du concept pratique de liberté commence dès la première *Critique* et culmine dans les *Fondements* et surtout dans la seconde *Critique*.

intemporelle dans le monde de l'expérience. L'intemporelle causalité de la liberté transcendantale trouve son application et sa manifestation concrète dans la causalité libre de l'être raisonnable. Au commencement absolument premier, situé hors du temps et de l'espace, correspond la spontanéité d'une volonté déterminée par la raison et commençant d'elle-même une série d'événements dans le cours des phénomènes. Tandis que dans la première *Critique* la raison cherche l'inconditionné hors d'elle-même, dans l'horizon suprasensible, dans la seconde, elle le trouve en elle-même. Alors que la liberté transcendantale est davantage relative au suprasensible, la liberté pratique se rapporte à un être du monde.

Le monde phénoménal comporte effectivement des êtres capables de commencer d'eux-mêmes une série d'événements, des *« étants sous la main agissant librement »*[124]. L'homme, en son autonomie morale, constitue en quelque sorte la manifestation de l'intemporelle causalité inconditionnée. Le monde empirique porte la trace du noumène et celui-ci accueille à son tour un être du monde sensible, l'homme en son caractère intelligible. Tout se passe comme si, sur le plan pratique, la frontière entre le sensible et l'intelligible s'estompait en permettant de multiples passages de l'un à l'autre. Dans l'usage pratique de la raison, le transcendant et l'immanent ne semblent pas séparés par une ligne statique, encore moins par un abîme.

Ainsi, au mouvement rationnel de montée vers le suprasensible, occasionné par la quête de l'inconditionné, fait place un mouvement inverse de descente de l'inconditionné dans l'intériorité de l'homme et dans le sensible. La liberté du vouloir définit *« le suprasensible en nous »*[125] ; et notre insertion dans le monde phénoménal installe l'intelligible dans le sensible. Le mouvement ne s'arrête pas là. Une remontée vers le suprasensible se produit. En sa liberté, l'homme possède un pouvoir de s'élever au-dessus de lui-même jusqu'au monde intelligible. *« L'Idée de liberté fait de moi un membre d'un monde intelligible »*[126]. Le

---

[124] Martin HEIDEGGER, *De l'essence de la liberté humaine ; introduction à la philosophie*, p. 208.

[125] KANT, *Quels sont les progrès réels de la métaphysique en Allemagne depuis le temps de Leibniz et de Wolff ?*, Pléiade, t. III, p. 1248 (Ak. XX, 7, 295).

[126] Id., *Fondements de la métaphysique des mœurs*, Pléiade, t. II, p. 325 (Ak. IV, 454).

monde intelligible, jusque-là peuplé de concepts vides, peut se remplir d'êtres. Le sujet de l'impératif catégorique en devient l'occupant car, grâce à la loi morale, l'homme accède au monde des Idées; elle l'introduit et l'installe dans le monde des intelligibles. La dimension immanente de la liberté comporte donc une part transcendante ; et l'homme, par sa double appartenance au sensible et au suprasensible, définit le sens transcendantal de la liberté en tension entre son usage transcendant et son usage immanent.

La réalité de la liberté tient finalement à la nature de l'homme et dépend de lui. Cette présentation humaine de la liberté met la raison en tension avec elle-même. Avec la liberté pratique, la raison est affectée par la tension de l'intelligible et du sensible. Ecartelée entre ces deux pôles, elle paraît s'opposer à elle-même à l'intérieur d'elle-même. *« Au pur intelligible de la raison 'en soi', qui est la liberté du suprasensible de l'Absolu, fait face, comme son autre, une raison intrinsèquement relativisée par la dualité des mondes dont elle participe, l'intelligible et le sensible et qui la divise en (ou contre) elle-même selon les deux côtés du noumène et du phénoménal »*[127].

Outre cette tension rationnelle, la présentation humaine de la liberté court le risque que l'homme ne soit pas à la hauteur de l'idéal de la liberté ; la positivité de la liberté manquerait de se réaliser concrètement. Faute d'assise empirique, elle resterait purement idéelle. Les *Fondements* ne manquent pas d'en émettre l'hypothèse : et si l'impératif catégorique se révélait chimérique et l'autonomie du sujet raisonnable, illusoire ? Bien avant les *Fondements*, le *Canon de la raison pure* émet un soupçon d'illusion sur la pureté morale de nos actions et se demande *« si la raison même, dans ces actes, par lesquels, elle prescrit des lois, n'est pas déterminée à son tour par des influences étrangères, et si ce qui s'appelle liberté par rapport aux impulsions sensibles ne pouvait pas être à son tour nature par rapport à des causes efficientes plus élevées et plus éloignées »*[128].

---

[127] Pierre OSMO, « Kant et la liberté de l'arbitre » in Michèle COHEN-HALIMI, *Kant et la rationalité pratique*, p. 79.
[128] KANT, *Critique de la raison pure*, Pléiade, t. I, p. 1363, (Ak. III, 521).

Par ces mots, Kant soupçonne que des mobiles sensibles, secrets, cachés derrière nos actes apparemment moraux, présupposent un déterminisme sensible. L'amour propre peut en effet prendre tous les déguisements et tuer toute moralité en nous. Ce doute exprimé dans le *Canon*, s'approfondit dans les *Fondements*. Au regard de la pureté d'intention que requiert l'acte moral, Kant doute que quelque véritable vertu se rencontre réellement dans le monde. *« En fait, il est absolument impossible d'établir par expérience, avec une entière certitude, un seul cas où la maxime d'une action, d'ailleurs conforme au devoir, ait uniquement reposé sur les principes moraux et sur la représentation du devoir »*[129].

Aux yeux de Kant, l'observation extérieure des actions humaines s'avère incapable de nous assurer de leur réelle moralité. L'expérience n'est pas le meilleur critère pour juger de la moralité ; elle est la mère des apparences. Or, en l'absence de preuves concrètes de la pureté d'intention, nous ne pouvons véritablement affirmer la réalité objective de la liberté. Il ne suffit pas de donner à l'Idée de liberté un contenu pratique, encore faut-il l'établir avec certitude. Kant parvient pourtant à établir la certitude de la liberté en faisant fi de l'expérience. Le doute kantien à l'instar du doute cartésien se révèle à l'analyse, méthodique. De l'incertitude sur la valeur morale de nos actes, Kant tire la certitude de l'existence du devoir et de la moralité non pas dans le domaine empirique visible mais dans sa pureté idéale. Qu'aucune action faite par devoir ne soit certaine, la raison n'en continue pas moins d'appeler à l'obéissance de la loi morale. A l'injonction de l'impératif catégorique appelant la volonté au respect, le destinataire de la loi peut bien répondre « je ne le ferai pas », n'empêche qu'il a d'abord été saisi par l'obligation[130]. Qu'on lui obéisse ou non, l'impératif demeure, dans sa pureté, indépendamment des faits.

La liberté ici, s'abstrait de ses effets concrets ; on peut ne pas la chercher en dehors d'elle-même. *« Ce qui fait la pureté de la bonne volonté, ce ne sont pas ses œuvres ou ses succès, ce n'est*

---

129 Id., *Fondements de la métaphysique des mœurs*, Pléiade, t. II, p. 267 (Ak. IV, 407).

130 Jean-François LYOTARD, *L'enthousiasme ; la critique kantienne de l'histoire*, p. 177.

pas son aptitude à atteindre tel ou tel but proposé, mais seulement le vouloir, autrement dit c'est en soi qu'elle est bonne »[131]. A en croire cette assertion des *Fondements*, la liberté se suffit à elle-même dans sa pureté et se définit par elle-même comme causalité indépendamment de ses effets. La certitude de la liberté ne se mesure pas à son effectivité. Cette pureté suffit-elle vraiment à la certitude de la liberté ? Que serait alors une causalité sans effets ? Contrairement à ce que laissent entendre les *Fondements*, la nécessité d'une effectivité de la liberté s'impose. Seuls les effets concrets attestent de sa causalité. En fait, la liberté kantienne se trouve confrontée à la dialectique de la pureté et de l'impureté, de l'idéalité et de l'effectivité, de la subjectivité et de l'objectivité[132]. Sa présentation humaine comporte le risque d'une impureté menaçant la pureté de son intelligibilité. A la pure représentation de la loi, peuvent se mêler des mobiles, des intérêts humains dus à la sensibilité de l'homme. L'éthique kantienne se trouve en face d'un dilemme : ou bien elle accepte un contenu réel au risque de perdre sa pureté ou bien elle se conserve dans la pure intelligibilité sous peine de vacuité[133]. Elle est *« obligée de se frayer un chemin entre deux illusions, deux défaillances possibles de la loi : entre le leurre d'une loi impure et l'inconsistance d'une loi vide »*[134]. Comme causalité et finalité, elle aspire à l'acte et à être confirmée par lui ; mais en même temps, son essence ne se fonde jamais uniquement dans le simple résultat de l'action.

Les *Fondements* rendent compte de ce dilemme de la liberté kantienne mais inclinent davantage à la défense de sa pureté et, ce faisant, peinent à prouver sa réalité. Kant conclut en effet ainsi : *« Nous avons, en fin de compte, ramené le concept déterminé de la moralité à l'Idée de liberté, mais il ne nous était pas possible de montrer celle-ci comme quelque chose de réel pas même en nous et*

---

131 KANT, *Fondements de la métaphysique des mœurs*, Pléiade, t. II, p. 252 (Ak. IV, 394).

132 Ernst CASSIRER dans son œuvre *Liberté et forme,* formule bien cette dialectique (p. 152ss).

133 Alfred FOUILLEE, « Kant a-t-il établi l'existence du devoir ? », in *Revue de Métaphysique et de Morale*, 1904, p. 509.

134 Jacob ROGOZINSKI, *Le don de la loi ; Kant et l'énigme de l'éthique*, p. 79.

dans la nature humaine ; nous nous sommes borné à voir qu'il faut la supposer »[135].

De fait, au sortir des *Fondements*, le concept de la liberté, quoique doté d'un contenu pratique pur, *« est une Idée de la raison dont la réalité pratique objective est en soi douteuse »*[136]. La positivité de la liberté manque d'objectivité et reste par conséquent non réalisée. Elle ne le sera que dans les œuvres ultérieures qui mettent l'accent sur la réalité effective (*Wirklichkeit*) de la liberté par la reconnaissance de la loi comme fait de la raison *(factum rationis)*.

B. LA FACTUALITE PROBLEMATIQUE DE LA LIBERTE PRATIQUE

Dans l'entreprise kantienne de détermination concrète de la liberté, la seconde *Critique* apporte une nouveauté fondamentale. Ce qui ne pouvait qu'être pensé sans contradiction dans l'usage théorique[137], ce dont la réalité restait jusque-là douteuse, se trouve confirmé par un fait. Le fait de la loi morale manifeste, atteste et prouve même la réalité de la liberté : *« La loi morale prouve sa réalité d'une manière suffisante, même pour la critique de la raison spéculative, en ajoutant une détermination positive à une causalité pensée d'une manière purement négative (...), c'est-à-dire en y ajoutant le concept d'une raison qui détermine immédiatement la volonté (...), en se montrant ainsi capable de donner pour la première fois de la réalité objective, bien que seulement pratique, à la raison, toujours transcendante dans ses Idées lorsqu'elle voulait procéder spéculativement »*[138].

On a de la peine à déterminer si c'est la loi morale elle-même ou la conscience de la loi qui a le statut de fait. Indistinctement, Kant affirme tour à tour *« On peut appeler la conscience de cette loi fondamentale, un fait de la raison »*[139] ou encore *« La loi morale nous est donnée en quelque sorte comme un fait de la*

---

[135] KANT, *Fondements de la métaphysique des mœurs*, Pléiade, t. II, p. 318 (Ak. IV, 449).
[136] *Ibid.*, p. 327 (Ak. IV, 456).
[137] Id., *Critique de la raison pratique*, Pléiade, t. II, p. 612 (Ak. V, 6).
[138] *Ibid.*, pp. 665-666 (Ak. V, 48).
[139] *Ibid.*, p. 644 (Ak. V, 31).

raison pure »[140]. Il en viendra même dans la dernière *Critique,* comme nous le verrons, à inscrire la liberté elle-même parmi les faits. Par reconstruction de sa pensée, il apparaît que ce ne sont pas tant la loi ou la liberté elles-mêmes qui relèvent d'emblée du fait, mais la conscience du devoir, par laquelle la loi morale acquiert le statut de fait. Par elle, la liberté devient une réalité. Tout tourne donc autour de la conscience du devoir. Nous constatons en nous la présence effective de l'obligation morale ; et comme depuis les *Fondements*, une *« volonté libre et une volonté soumise à des lois morales sont une seule et même chose »*[141], la loi en nous, témoigne de notre liberté. Grâce à elle, nous nous savons libres. La *« certitude apodictique »*[142] de la loi assure le *Darstellung* de l'Idée de liberté, sa présentation. Son inscription dans l'être passe par sa venue à une forme d'apparaître et celle-ci se réalise par l'intermédiaire du fait de la loi morale. Sa sortie du néant dépend de ce fait incontestable que la raison la plus commune trouve d'emblée à portée d'intuition. La réalité de la liberté est pour Kant, un donné dont l'évidence s'impose, dans la conscience du devoir. *« La loi morale est la ratio cognoscendi de la liberté ».*[143] La liberté reste certes une Idée, mais une Idée dont nous avons l'intuition, grâce à la conscience du devoir[144].

Au-delà du fait de la loi morale dont nous avons conscience immédiatement, Kant présente aussi la loi morale comme accessible voire intuitionnable (*Anschaulich*) dans l'exemple qu'est autrui pour moi. En m'apparaissant comme digne de respect pour sa fidélité à la loi morale, il représente *« la loi rendue visible par un exemple »*[145]. Le "*factum rationis*" nous est certes intérieur, mais on peut aussi en faire l'expérience par autrui dans le sentiment du respect. En autrui, se réalise une présentation de la

---

[140] *Ibid.*, p. 664 (Ak. V, 47).
[141] Id., *Fondements de la métaphysique des mœurs*, Pléiade, t. II, p. 316 (Ak. IV, 447).
[142] Le qualificatif apodictique, dans son sens kantien, qualifie ici ce qui est immédiatement certain. [(Cf. KANT, *Critique de la raison pratique*, Pléiade, t. II, p. 664 (Ak. V, 47)].
[143] *Ibid.*, p. 610 (Ak. V, 4).
[144] Georges VLACHOS, *La pensée politique de Kant ; métaphysique de l'ordre et dialectique du progrès*, p. 256.
[145] KANT, *Critique de la raison pratique*, Pléiade, t. II, p. 702 (Ak. V, 77).

loi. En lui, *« le devoir m'est réellement présenté et l'est comme faisable »*[146].

Ces fondements du *Darstellung* de la liberté que sont le *factum rationis* et le respect, à y regarder de près, n'ont pas en toute vraisemblance, l'évidence et l'apodicticité que Kant leur reconnaît. La prise de conscience de l'impératif catégorique en nous, relève d'une expérience vécue dans l'intériorité la plus intime. Expérience avant tout intérieure et subjective, le fait de la loi morale n'est pas de l'ordre d'un fait objectif empiriquement constatable. Nous n'en avons la conscience qu'*a priori*[147]. Kant fait reposer toute la certitude apodictique de la loi morale sur un fragile *"factum rationis"* et toute son objectivité sur une expérience subjective. Par ailleurs, Kant considère la conscience du devoir comme accessible à l'entendement le plus commun[148] ; en réalité, elle procède beaucoup plus d'une introspection, de la réflexion que de l'intuition immédiate.

En effet, lorsque nous nous observons nous-mêmes tout à fait concrètement et immédiatement, sans le secours d'un savoir et de connaissance philosophique, découvrons-nous en nous l'impératif catégorique comme un fait ? s'interroge Heidegger avant de répondre par la négative[149]. L'impératif catégorique relève donc davantage d'une construction rationnelle et de la psychologie, plutôt que d'un donné d'expérience perceptible par les sens. L'objectivité lui fait défaut, à moins de considérer l'universalité de sa prise de conscience comme la preuve de son objectivité mais une objectivité non empirique. Partant de là, la réalité de la liberté que fonde le fait de loi morale, ne s'entend pas comme sa présentation intuitive. L'expérience de la liberté qu'il sous-tend n'est pas expérimentale mais intérieure. Par finir, le 'tu dois' ne pouvant être établi dans la réalité[150], la certitude apodictique de la

---

[146] François MARTY, *La naissance de la métaphysique chez Kant ; une étude sur la notion kantienne d'analogie, p. 271.*

[147] *« La loi morale,* affirme Kant, *nous est donnée en quelque sorte comme un fait de la raison pure dont nous avons conscience a priori » (*KANT, *Critique de la raison pratique*, Pléiade, t. II, p. 664 (Ak. V, 47).

[148] KANT, *Critique de la raison pratique*, Pléiade, t. II, p. 652 (Ak. V, 36).

[149] Martin HEIDEGGER, *De l'essence de la liberté humaine ; introduction à la philosophie*, p. 263.

[150] Jean-François LYOTARD, *Le différend*, p. 176.

loi morale, et partant, la réalité de la liberté, n'ont pas de preuve empirique.

Plus que l'évidence douteuse du fait de la loi morale, c'est la notion même de fait, référée à cette expérience intérieure qui ne paraît pas la plus appropriée. Elle évoque d'emblée la facticité des données sensibles. Kant lui-même ne reconnaissait-il pas que *« tout factum (fait) est objet dans le phénomène (des sens) »*[151] ? La facticité va généralement de pair avec la contingence, la relativité et le déterminisme. Ces caractéristiques s'appliquent difficilement à la loi morale, encore moins à sa forme impérative et catégorique qui exclut toute relativité. A moins d'attribuer à la manifestation de la liberté une facticité spécifique, la pensée kantienne ne peut éviter l'aporie d'une loi qui ne doit rien au sensible et pourtant acquiert sa réalité par le sensible[152]. La subtilité du vocabulaire kantien le sauve de cette aporie. Deux termes allemands traduisent le mot français "*f*ait" : "*Tatsachen*" qui renvoie à une donnée concrète, palpable, un fait empirique, et " *Faktum* " qui définit ce qui est, sans relever nécessairement du sensible. On comprend alors que le substantif *Faktum* utilisé pour désigner l'élément de réalité du concept de liberté, n'est pas à prendre dans le sens d'un événement empirique. La liberté, insiste Kant *« n'est pas un concept de l'expérience, et ne peut même pas l'être, puisque ce concept subsiste toujours, bien que l'expérience montre le contraire de ce qui, dans la supposition de la liberté, en est nécessairement représenté comme la conséquence »*[153].

Conscient de cela, Kant réfère le fait de la loi morale, non au domaine empirique, mais à la rationalité. Pour éviter toute équivoque, il prend soin de préciser que *« lorsqu'on considère cette loi comme donnée, il faut bien remarquer que ce n'est pas un fait empirique, mais uniquement le fait de la raison pure qui se proclame par là comme originairement législatrice »*[154]. On l'aura compris, il ne s'agit nullement, à propos de la loi morale, d'une empiricité massive ni même à proprement parler d'une facticité mais d'une factualité rationnelle. Non seulement le mot *Faktum*

---

[151] KANT, *Métaphysique des mœurs*, Pléiade, t. III, p. 649 (Ak. VI, 372).

[152] Eric WEIL, *Problèmes kantiens*, p. 59.

[153] KANT, *Fondements de la métaphysique des mœurs*, Pléiade, t. II, p. 327 (Ak. IV, 455).

[154] Id., *Critique de la raison pratique*, Pléiade, t. II, p. 645 (Ak. V, 31).

utilisé écarte l'empiricité matérielle mais plus encore ce qui lui est prédiqué, la raison.

Cette question de la factualité de la loi tant soit peu élucidée, un autre problème subsiste, celui de l'association entre fait et raison. Kant attribue un fait à une faculté des principes, une faculté étrangère aux faits. Lévy-Bruhl perçoit là une des contradictions essentielles du kantisme : *« Un fait de la raison est un véritable monstre dans une philosophie comme la sienne où tout ce qui est "fait" appartient au monde des phénomènes et tout ce qui est "raison" au monde intelligible. Le caractère hybride de l'impératif catégorique trahit l'artifice de la conception. Ce fait, s'il est vraiment un fait, nous est donné de la même façon que les autres »*[155].

Cette critique ne manque pas de pertinence, quand on sait que Kant lui-même considérait le "*factum rationis*" comme *« absolument inexplicable par toutes les données du monde sensible et par tout usage de notre raison théorique »*[156]. En réalité, on ne peut appréhender l'étrangeté de cette association que dans la limitation réciproque des notions qui la constituent. Pas plus que la factualité de la loi morale n'en fait un fait empirique, la rationalité de ce *factum* n'en fait un principe discursif déduit d'un raisonnement *a priori*[157]. *« On ne peut la déduire, même par un sophisme, de données antérieures de la raison »*[158]. Le *Faktum der Vernunft* et partant, le concept de liberté ne relèvent pas de la rationalité évanescente du "*ens rationis*". Il est un "*ens*" existant réellement, mais dans la conscience de chaque être raisonnable, un fait qui dérive de sa raison. Il s'ensuit que dans la loi morale, factualité et rationalité se combinent, se limitent réciproquement pour donner à la liberté un mode d'effectivité exceptionnel. Le *factum rationis*, à défaut d'être une synthèse rationnelle, est formé de la conjonction de deux concepts limitatifs qui font de la loi morale un fait suprasensible, un donné *a priori*, en un mot un concept hybride. Ni empiricité massive dans le sens d'une facticité (*Tätsachlichkeit*), ni idéalité évanescente, la liberté pratique relève

155 Lucien LEVY-BRUHL, *La morale et la science des mœurs*, p. 58.
156 KANT, *Critique de la raison pratique*, Pléiade, t. II, p. 659 (Ak. V, 43).
157 *Ibid.*, p. 645 (Ak. V, 31).
158 *Ibid.*, p. 645 (Ak. V, 31).

d'une factualité (*Faktualität*) rationnelle. Dans cette association notionnelle, factualité et rationalité ne s'opposent ni ne se nient mais s'autolimitent réciproquement.

Cette effectivité particulière de la loi morale convainc Kant que *« de tout l'intelligible, il n'y a absolument que la liberté qui ait de la réalité (au moyen de la loi morale) »*[159] et qu'ainsi « *nous est donnée la réalité du monde intelligible »*[160]. Il va même jusqu'à soutenir que : *« Tous les autres concepts (ceux de Dieu et de l'immortalité), qui, en tant que simples Idées, restent sans appui dans la raison spéculative, se rattachent maintenant à ce concept et acquièrent, avec lui et par lui, consistance et réalité objective ; autrement dit, leur possibilité est prouvée par le fait que la liberté est réelle ; car cette Idée se manifeste par la loi morale »*[161].

Cette objectivité reconnue à l'Idée de liberté est cependant à prendre à sa juste valeur. Avec la raison pratique, le concept de liberté gagne en consistance, en contenu ; mais elle ne revêt cependant pas le statut de fait constatable empiriquement. La liberté n'est pas une réalité pour notre connaissance, mais pour notre action. Un passage de la *Métaphysique des mœurs* résume le chemin parcouru jusque-là par le concept de liberté : *« Le concept de liberté est un pur concept de la raison qui, précisément de ce fait, est transcendant pour la philosophie théorique, c'est-à-dire qu'il est tel qu'on ne peut en fournir aucun exemple adéquat dans une quelconque expérience possible : c'est donc un concept qui ne constitue pas un objet d'une expérience qui soit pour nous possible, et qui ne peut valoir aucunement comme principe constitutif, mais exclusivement comme principe régulateur – à vrai dire, uniquement négatif – de la raison spéculative ; en revanche, dans l'usage pratique de la raison, il fait preuve de sa réalité par des principes pratiques qui, comme lois d'une causalité de la raison pure, déterminent l'arbitre indépendamment de toutes conditions empiriques (indépendamment du sensible en général) et démontrent en nous la présence d'une volonté pure dans laquelle les concepts et les lois morales trouvent leur origine»*[162].

---

[159] *Ibid.*, p. 693 (Ak. V, 70).
[160] *Ibid.*, p. 736 (Ak. V, 105).
[161] *Ibid.*, p. 610 (Ak. V, 4).
[162] Id., *Métaphysique des mœurs*, Pléiade, t. III, p. 467 (Ak. VI, 221).

Kant a bâti une doctrine de la liberté de moins en moins transcendante, de moins en moins métaphysique. De la simple possibilité logique, non attachée à un être concret, il en vient à une liberté rattachée à l'être raisonnable concret. Entre ces deux stades de la liberté kantienne, il y a à la fois rupture et continuité. La liberté pratique, grâce à l'effectivité de la loi morale assure la *« monstration de la liberté »*[163]. En cela, elle est *ratio cognoscendi* de la liberté transcendantale. La réalité humaine de la première assure l'exposition de la seconde et sa manifestation dans l'expérience. Elle pallie le défaut de consistance et de positivité de la liberté transcendantale. En sauvant ainsi l'Idée de liberté de la vacuité, la liberté pratique contribue à établir plus solidement ce qui la fonde.

Un sens transcendantal la parcourt de bout en bout, celui d'abord de l'indépendance (par rapport aux mobiles de la sensibilité), celui ensuite de la spontanéité d'une volonté libre (déterminée par la raison). Ce sens transcendantal constitue pour ainsi dire le fond essentiel de signification de la liberté pratique, preuve que c'est bien *« sur cette Idée transcendantale de la liberté que se fonde le concept pratique »*[164]. La liberté transcendantale s'entend ainsi comme la *ratio essendi* de la liberté pratique au point que sa suppression *« anéantirait en même temps toute liberté pratique »*[165]. La première représente le concept d'une absolue perfection de la liberté, formant la matrice originaire d'où dérive le concept pratique de la liberté et servant de référence originaire à la liberté singulière du sujet raisonnable. En un mot, la liberté transcendantale est le modèle idéal de la liberté humaine. Entre les deux, existe donc un rapport de détermination réciproque révélateur d'une certaine cohérence de la pensée kantienne de la liberté. Derrière ces liens substantiels, se cachent tout de même des points de rupture problématiques.

Sur le plan théorique, nous tenions pour acquis que la liberté, comme toute Idée, ne saurait être connue (*erkennen*), mais pensée (*denken*) ; au plan pratique, *« nous connaissons par l'expérience la*

---

[163] Henri d'AVIAU DE TERNAY, *Traces bibliques dans la loi morale chez Kant*, p. 19.
[164] KANT, *Critique de la raison pure*, Pléiade, t. I, p. 1168 (Ak. III, 363).
[165] *Ibid.*, p. 1169 (Ak. III, 364).

liberté comme une des causes naturelles »[166]. Ce qui se parait d'un voile d'inintelligibilité s'ouvre maintenant à l'intelligibilité humaine parce qu'ayant partie liée à l'expérience qui est le domaine du connaissable. Par un curieux renversement, la théorie de la connaissance aboutit à un noumène inconnaissable alors que la pratique ouvre le concept de liberté à l'appréhension rationnelle. Sur le terrain de l'expérience, alors que la liberté transcendantale reste une Idée problématique[167] et ne peut faire l'objet d'aucune expérience, la liberté pratique *« peut être démontrée par l'expérience »*[168].

Faut-il prendre à la lettre ces oppositions kantiennes difficilement conciliables ? Sur le plan théorique, Kant dénie la possibilité d'une appréhension de l'Idée transcendantale de liberté, mais il finit par se prononcer tout de même sur cet absolu, par l'appréhender tant soit peu dans la même *Critique*. Et sur le plan pratique, la liberté que la première *Critique* affirmait connaissable, s'avère en dernier ressort *« un pouvoir insondable qu'aucune expérience ne peut prouver »* [169]. Tout ceci nous semble participer des ambiguïtés de la philosophie de Kant. De la raison théorique à la raison pratique, et même à l'intérieur de chacune, un même concept change radicalement de statut. Qu'il y ait un double usage de la raison traduit la fécondité de cette faculté de l'homme, mais que ces deux usages s'opposent et se remettent en cause, pose le problème de l'unité de la raison. Comment une raison aux *« lois éternelles et immuables »*[170], peut-elle changer radicalement de statut en changeant d'usage ? Certains pensent que ce n'est pas tant la raison elle-même qui s'incarne dans le devenir, mais ses

---

[166] *Ibid.*, p. 1364 (Ak. III, 522).

[167] Rappelons pour mémoire ce que recouvre la notion de concept problématique : *« J'appelle problématique, un concept qui ne renferme pas de contradiction, qui aussi, comme limitation de concepts donnés, s'enchaîne à d'autres connaissances, mais dont la réalité objective ne peut être connue en aucune manière »* (KANT, *Critique de la raison pure,* Pléiade, t. I, p. 984 (Ak. III, 211)).

[168] KANT, *Critique de la raison pure,* Pléiade, t. I, p. 1363 (Ak. III, 521).

[169] Id., *Critique de la raison pratique*, Pléiade, t. II, p. 665 (Ak. V, 47).

[170] Id., *Critique de la raison pure,* Pléiade, t. I, p. 728 (Ak. III, 9).

productions ou l'usage que l'homme en fait[171]. S'il en est ainsi, l'histoire de la raison serait-elle alors l'histoire de ses productions contradictoires ? Le double point de vue théorique et pratique ou la distinction entre la raison et son usage ne suffisent pas à lever facilement ce soupçon d'incohérence.

Pour ce qui est de la liberté, ce concept s'enrichit certes de traits nouveaux ; toutefois, malgré une certaine continuité d'ensemble entre liberté théorique et liberté pratique, on éprouve quelques difficultés à concilier certaines affirmations kantiennes. Une constante cependant demeure ; le passage de l'une à l'autre participe d'une volonté de donner à l'Idée de liberté un réel contenu objectif. Il reste à savoir si l'identification kantienne de la liberté à la moralité répond véritablement à son souci d'une liberté réelle incarnée dans le monde des phénomènes.

II. LA FICTION KANTIENNE D'UNE LIBERTE POSITIVE[172]

Avec le *Faktum der Vernunft*, Kant croit détenir l'élément de réalité de l'Idée de liberté. Le fait de la loi morale tire l'Idée de liberté d'une modalité du néant. Cette sortie du néant ne semble malheureusement pas coïncider avec sa position dans l'être. La réalité de la liberté défendue par Kant se réduit à une potentialité de réalisation, plutôt qu'à une réalisation déjà effective, factuelle. Le *factum rationis* ouvre à l'Idée de liberté la possibilité d'une réalisation dans la moralité de l'être raisonnable. Loin d'être un fait relevant de la preuve comme le laissent entendre certains passages de la seconde *Critique*[173], la liberté est un devoir de se faire, soumis à l'épreuve difficile de sa réalisation.

---

[171] Jean SEIDENGART, « Kant et le problème de la constitution d'une histoire de la raison d'un point de vue transcendantal », in *Kant et les kantismes dans la philosophie contemporaine 1804-2004*, p.68.

[172] Nous empruntons cette idée à Theodor ADORNO qui dénonce chez Kant la fiction d'une liberté positive (*Dialectique négative*, p. 224).

[173] *« Le concept de liberté en tant que la réalité en est prouvée par une loi apodictique de la raison pratique, forme la clef de voûte de tout l'édifice d'un système de la raison pure, y compris de la raison spéculative »* [KANT, *Critique de la raison pratique*, Pléiade, t. II, p. 610 (Ak. V, 4)].

A. L'EPREUVE DIFFICILE DE LA LIBERTE

L'exposition de la liberté par le fait de la loi morale annonce d'entrée de jeu que la liberté se trouve du côté de l'épreuve. La prise de conscience de notre liberté passe par un sentiment d'obligation, par l'épreuve contraignante de la soumission au devoir. La liberté kantienne s'atteste et se manifeste dans la contrainte d'une loi. Avec ce lien entre liberté et loi, nous nous trouvons confrontés d'emblée au paradoxe d'une liberté dans la contrainte. La loi morale commande impérativement respect et soumission inconditionnelle. Son commandement ne souffre point de discussion ; le devoir ne se discute pas[174]. Face à l'impératif catégorique, nous n'avons guère de choix. *« Quand la loi morale parle, il n'y a en effet plus objectivement de choix libre concernant ce qu'on doit faire »*[175]. L'indépendance à l'égard du déterminisme naturel se supprime dans la dépendance à l'égard de la loi morale. Tout se passe comme si l'homme se libérait de la servitude des mobiles sensibles pour se soumettre à celle de la loi morale.

Notre liberté semble s'arrêter au seuil de la loi et se réduire au libre arbitre ; avant d'en franchir le seuil, nous pouvons effectivement contester, désobéir à la loi morale. Une égale possibilité des choix contraires s'offre au choix de notre libre arbitre qui peut opter pour le respect ou la transgression. *« Seul l'arbitre peut donc être dit libre »*[176] admet Kant lui-même. En réalité, cette liberté de la *Willkür* se révèle une illusion de liberté ; l'on se croit libre parce qu'on a le choix entre des possibilités contraires. Certes, ce libre arbitre sert de base première à la liberté mais ne la définit pas fondamentalement. La soumission à la loi morale définit véritablement la liberté. La volonté n'est authentiquement libre que si elle se confond avec la nécessité de la légalité morale. La vraie liberté exclut l'alternative et l'indétermination dans laquelle se trouve la *Willkür* en face de la loi. Elle suppose la suppression de son alternative, le dépassement

[174] Lucien LEVY-BRUHL, *La morale et la science des mœurs*, p. 55.
[175] KANT, *Critique de la faculté de juger*, Pléiade, t. II, p. 966 (Ak. V, 210).
[176] Id., *Métaphysique des mœurs,* Pléiade, t. III, p. 473 (Ak. VI, 226).

de la *"libertas indifferentiae"*[177] de la *Willkür* pour une *freie Willkür*[178].

A l'illusion de la liberté de la *Willkür* s'oppose la véritable liberté de la *freie Willkür*, celle d'un arbitre libéré de l'alternative stérile et épousant la docile obéissance de la loi morale. L'option de la transgression et du mal, option qui manifeste notre liberté de choix, mène hors de la liberté et l'anéantit. En choisissant le mal, l'homme supprime en quelque sorte sa liberté. Pour être libres, nous sommes donc tenus à la loi morale.

Jusqu'ici nous concevions, avec Kant, la liberté comme agir et non comme pâtir. Des concepts actifs la définissaient : causalité libre, spontanéité à l'action, autonomie entendue comme propriété de la volonté à se donner à soi-même sa propre loi[179]. Une dimension de la liberté pratique nous restait jusque-là cachée, celle d'un pâtir. Le respect introduirait un élément de passivité au cœur de la praxis d'ensemble de la liberté kantienne. Il signe l'affection de la liberté par un sentiment, l'intrusion d'un élément quasi pathologique dans la pureté du concept kantien de l'autonomie. En lui-même, le respect n'a pas la pureté de la loi morale, son objet ; mélange ambivalent d'exaltation et d'humiliation, il se caractérise par une divergence des éléments et une dualité irréductible. La promesse de grandeur qui y reste attachée fait qu'on en oublie presque la dimension d'épreuve et de souffrance. Du fait de l'autonomie, le respect de la loi est respect à l'égard de soi-même, soumission à moi-même. La sujétion me rend digne de respect. *« Le respect est le mode d'être soi du moi, qui lui défend de rejeter le héros hors de son âme*[180] *»*. Il conditionne en effet la grandeur

---

[177] *Ibid.*, p. 474 (Ak. VI, 226).

[178] Kant, dans son œuvre *Métaphysique des mœurs* [Pléiade, t. III, p. 457 (Ak. VI, 213)], distingue nettement la "*Willkür*", généralement rendue en français par "libre arbitre" de la "freie Willkür" qu'il sied de traduire par "arbitre libre" pour le distinguer du premier. Symboliquement exprimée, la différence entre les deux se prend au fait que la première représente comme la porte d'entrée de la liberté et la seconde le point d'arrivée, celle d'une volonté libre de toute détermination sensible.

[179] KANT, *Fondements de la métaphysique des mœurs*, Pléiade, t. II, p. 316 (Ak. IV, 447).

[180] Martin HEIDEGGER, *Kant et le problème de la métaphysique*, p. 216.

du sujet raisonnable, en l'élevant à la dignité de la personnalité[181], de membre du règne des fins[182], à la hauteur d'un universel auquel il participe par son autonomie[183]. Le respect contient la promesse d'une réalisation de l'individu moral. Ce contentement de la vertu ou sa récompense concerne surtout le moi intelligible ; le moi sensible n'y participe pas. Bien au contraire, l'accomplissement dans la perfection morale est atteint à ses dépens.

En effet, même si le respect élève et grandit l'homme comme le prétend Kant, il se caractérise par une réceptivité. Le devoir renvoie à l'astreinte d'un commandement humiliant pour le moi sensible. Un sentiment d'humiliation accompagne la soumission au devoir au point qu'on ne s'y abandonne qu'à contrecœur ; Kant lui-même ne s'en cache pas : *« La liberté, dont la causalité n'est déterminable que par la loi, consiste précisément en ceci qu'elle limite toutes les inclinations, et, par conséquent, l'estimation de la personne même à la condition de l'observation de sa loi pure. Or, cette limitation produit un effet sur le sentiment, et suscite une sensation de peine qui peut être connue a priori à partir de la loi morale. Mais, comme cette limitation n'est dans cette mesure qu'un effet négatif, qui, résultant de l'influence d'une raison pure pratique, porte surtout préjudice à l'activité du sujet en tant qu'il a des inclinations pour principes déterminants, et, par conséquent, à l'idée qu'il se fait de sa valeur personnelle, l'effet de cette loi sur le sentiment n'est qu'humiliation »*[184].

En résumé, le respect ne s'accorde nullement avec la part sensible de l'homme. La sujétion éthique anéantit toute présomption du sujet, bat en brèche son estime de soi, bafoue son amour propre. Autrement dit, *« je ne me sais un moi libre qu'au travers du terrassement de mon moi propre »*[185]. L'éthique impérative kantienne, pour reprendre une expression de Max

---

[181] KANT, *La Religion dans les limites de la simple raison*, Pléiade, t. III, p. 37 (Ak. VI, 26).

[182] Id., *Fondements de la métaphysique des mœurs*, Pléiade, t. II, p. 300 (Ak. IV, 434).

[183] La 1re formule de l'impératif catégorique énonce effectivement : *« Agis uniquement d'après la maxime qui fait que tu peux vouloir en même temps qu'elle devienne une loi universelle » (Fondements de la métaphysique des mœurs*, Pléiade, t. II, p. 285 (Ak. IV, 421).

[184] KANT, *Critique de la raison pratique*, Pléiade, t. II, p. 703 (Ak. V, 78).

[185] Françoise PROUST, *Kant, le ton de l'histoire*, p. 150.

Scheler, porte quelque peu la trace d'une haine de soi[186], d'une aversion envers le "*cher moi*". Elle présente *« un caractère négatif, critique, répressif et cultive une méfiance constitutionnelle à l'égard de la nature humaine »*[187]. Dans l'éthique kantienne, le soi se trouve quelque peu évacué au profit du nous impersonnel de l'universalité morale et le sujet, au profit de l'objectivité de la loi. On sait que la critique de rigorisme et de formalisme a souvent été adressée à l'éthique kantienne ; on se méprend par contre sur leur portée, beaucoup plus grave qu'on ne le pense souvent. Max Scheler, l'un des tenants de cette critique, définit cette éthique comme *« l'expression la plus achevée et la plus rigoureuse de l'idée même d'une éthique formelle »*[188]. L'obligation morale dans son exigence de pureté exclut toute référence à la vie émotionnelle. L'application rigide de la loi du devoir ne laisse pas de place pour les sentiments : ni amour de soi ou de l'humanité, ni même amour du bien, recherche de gloire ou désir de bonheur, rien de tout cela ne doit motiver l'agir moral. Tout ceci anéantit la pureté morale et doit en être évacué. *« Il est très beau de faire du bien aux hommes par amour pour eux et par bienveillante sympathie ou d'être juste par amour de l'ordre, mais ce n'est pas là encore la vraie maxime morale qui doit diriger notre conduite »*[189]. Toute fin et tout mobile matériels exclus, seule la pure représentation de la loi doit déterminer la volonté sans addition d'aucune matière. La valeur de l'action morale tient uniquement dans la forme de l'universalité de la loi. L'exigence rationnelle de pureté morale incline Kant à un rigorisme qui débouche sur une éthique formelle incontestable.

La moralité de l'être raisonnable, censée donner corps au concept de liberté menacé d'évanescence et de vacuité, se retrouve elle-même formelle et sans consistance. Kant semble échouer dans sa volonté de donner corps à l'Idée de liberté par son identification à la moralité. La garantie même de l'exposition de la liberté, la moralité de l'être raisonnable, brille par son caractère formel. On a en mémoire l'affirmation de Charles Péguy ironisant sur ce

---

[186] Alain BOYER, *Hors du temps ; un essai sur Kant*, p. 229.

[187] Max SCHELER, *Le formalisme en éthique et l'éthique matériale des valeurs ; essai nouveau pour fonder un personnalisme éthique*, p. 227.

[188] *Ibid.*, p. 32.

[189] KANT, *Critique de la raison pratique*, Pléiade, t. II, p. 708 (Ak. V, 82).

formalisme vide de l'éthique kantienne : *« Le kantisme a les mains pures mais il n'a pas de mains. Et nous, nos mains sont calleuses, nos mains noueuses, nos mains pécheresses, nous avons quelquefois les mains pleines »*[190]. Ce formalisme vide joint au rigorisme quasi inhumain de l'éthique kantienne a une portée et des implications graves.

Pour être libre, il faut en quelque sorte mourir à soi, du moins en partie. Le respect s'éprouve dans le sentiment du mépris de soi, de honte de soi. L'éthique kantienne présente *« un caractère négatif et répressif et cultive une méfiance à l'égard de la nature humaine »*[191]. L'acte vraiment moral exige un vide de soi et suppose de se vider de soi pour faire place à la transparence de la loi. Avec Kant, le moi concret cède la place au sujet éthique pur, qui n'est plus vraiment un "je". En ceci, l'éthique kantienne n'annonce-t-elle pas les égicides de la pensée philosophique contemporaine ?[192]

En définitive, la liberté kantienne est doublement contraignante, en la figure de la loi assujettissante et du respect humiliant. La loi morale comme *"factum rationis"*, au lieu d'être une preuve de la liberté, situe plutôt la liberté du côté d'une épreuve difficile. Au travers du devoir, l'homme passe par le chemin difficile d'une exaltation par abaissement, d'une glorification par humiliation, un chemin de croix pour ainsi dire. La positivité de la liberté s'accompagne et se réalise par l'intermédiaire d'une négation de soi. Bien plus, l'autonomie qui la définit positivement n'est pas à l'abri d'une menace d'hétéronomie.

---

[190] Charles PEGUY, *Cahiers XII*, in *Œuvres en prose complètes*, Coll. « Bibliothèque de la Pléiade », pp. 331-332.

[191] Max SCHELER, *Op. Cit.*, p. 227.

[192] Un livre de Jacob ROGOZINSKI s'attaque à la tendance contemporaine de la philosophie à la destruction ontologique de l'égo cogito qu'il qualifie d'égicide. Et parmi les nombreux précurseurs de cet égicide, se trouve, dans une certaine mesure, Kant (*Le moi et la chair ; introduction à l'ego-analyse*, p. 13).

B. L'ALTERITE DE L'AUTONOMIE

La tentative kantienne d'appréhension concrète de l'Idée de liberté trouve dans la notion d'autonomie sa détermination la plus positive. Cette notion constitue un nœud central dans la théorie kantienne de la liberté. Elle définit l'essence même de la liberté pratique. *« Propriété qu'a la volonté d'être à elle-même sa loi »*[193], elle consiste en l'autoposition de la loi, en son auto-donation par la volonté même qui s'y soumet. Poussé plus loin, ce principe reconnaît au sujet raisonnable un pouvoir *« de se faire soi-même »*[194]. Elle le définit comme *« sujet s'autodéterminant »*[195] *et « se constituant lui-même »*[196]. Ce pouvoir de se faire connaît cependant quelques limites. L'autonomie du sujet moral n'est pas auto-suffisante ; la souveraineté de l'autoposition de la loi n'est pas toute puissante. Elle connaît d'abord la limite d'une objectivité de la loi. L'autonomie kantienne diffère d'une auto-législation subjective qui répondrait au principe : *« A chacun sa loi morale »*. Une telle subjectivation de l'autonomie signifierait, en l'absence de principes communs de repères, le règne de l'arbitraire. Une loi que chaque volonté prise isolément créerait, serait un décret contingent et arbitraire[197]. Toute interprétation subjectiviste de l'autonomie en manque gravement tout le sens et toute la portée. Elle sonne même le glas de l'éthique par l'institution du désordre. L'éthique kantienne, en ses formules successives de l'impératif catégorique, débouche au contraire sur une dé-subjectivation éthique du sujet concret au profit de la personnalité et de l'universalité éthique abstraite.

Sans renier l'auto-donation, la seconde *Critique* présente la loi morale comme un donné, fût-il rationnel. Nous la trouvons d'emblée posée en nous sous la forme d'un *Faktum* lié à notre rationalité. Ce donné dérive toutefois de notre raison qui la tient de sa rationalité et à ce titre ne représente pas un fait pour notre raison, mais un fait de notre raison. L'autoposition de la loi reste

---

[193] KANT, *Fondements de la métaphysique des mœurs*, Pléiade, t. II, p. 316 (Ak. IV, 447).

[194] Id., *Opus postumum*, p. 233, (Ak. XXI, 93).

[195] *Ibid.*, p. 233 (Ak. XXI, 93).

[196] *Ibid.*, p. 233 (Ak. XXI, 94).

[197] KANT, *Réflexions sur la philosophie morale,* n° 6680 (Ak. XIX, 131).

apparemment sauve malgré la factualité de la loi. Ceci dit, si la loi dérive de la rationalité du sujet moral, d'où lui vient cette rationalité ? Faut-il se contenter d'admettre avec Kant que la *« raison pure est pratique à elle seule »*[198]. Lorsqu'on s'interroge sur l'origine de la rationalité, on se rend à l'évidence : la raison ne tient pas d'elle-même le pouvoir originaire de sa praxis[199] ; elle le reçoit. L'autonomie comporte une dimension d'extériorité et d'étrangeté[200] au premier abord imperceptible. La fière proclamation de l'autonomie dissimule une certaine réceptivité[201]. L'autoposition de la loi n'est pas celle d'un souverain créateur de la loi, encore moins créateur de soi ; et on ne saurait entendre l'autonomie de la volonté en termes de créativité existentielle[202] ou d'auto-engendrement de soi[203].

L'acte créateur renvoie spécifiquement et exclusivement à Dieu et non à la créature finie. Au rang de souverain éthique nous ne pouvons prétendre : *« Nous sommes, il est vrai, des membres législateurs d'un royaume moral possible par liberté, et que la raison pratique nous représente comme un objet de respect, mais en même temps nous en sommes les sujets, non le souverain, et méconnaître l'infériorité du rang que nous occupons comme créatures, et refuser par présomption l'autorité de la sainte loi, c'est déjà commettre une infraction à l'esprit de cette loi, quand bien même on en remplirait la lettre »*[204].

Kant distingue ainsi le législateur que nous sommes du souverain, l'auteur même et le créateur de la loi. A la dimension d'extériorité de l'autonomie, s'ajoute une altérité reconnue à la loi. Autrui qui assure la présentation sensible de la loi morale et devant qui j'éprouve un sentiment de respect représente, en y regardant de près, l'un des symboles de cette altérité. L'autre qui m'apparaît plus fidèle à la loi morale me révèle l'extériorité de la loi voire son

---

198 Id., *Critique de la raison pratique*, Pléiade, t. II, p. 645 (Ak. V, 31).

199 Jean-Luc NANCY, *L'impératif catégorique,* 1983, p. 21.

200 Henri d'AVIAU DE TERNAY, *La liberté kantienne, un impératif d'exode*, p. 60.

201 Paul RICŒUR s'interroge ainsi : *« N'y a-t-il pas plutôt là dissimulé sous la fierté de l'assertion d'autonomie, l'aveu d'une certaine réceptivité dans la mesure où la loi, en déterminant la liberté, l'affecte ?* (*Soi-même comme un autre*, p 248).

202 Alain BOYER, *Hors du temps ; un essai sur Kant*, p. 114.

203 Françoise PROUST, *Kant, le ton de l'histoire*, p. 84.

204 KANT, *Critique de la raison pratique*, Pléiade, t. II, p. 708 (Ak. V, 82).

étrangeté. La loi m'est certes intérieure mais en autrui, elle m'apparaît doublement comme le tout autre : autrui représente une intériorité que je ne puis pénétrer et une fidélité révélatrice de mon infidélité par rapport à la loi morale. L'exemple d'autrui devant lequel je m'incline *« me rappelle une loi qui confond ma présomption quand je la compare à ma conduite »*[205] ; devant son exemple, *« on ne peut plus se lasser d'admirer la majesté de la loi morale et l'âme croit même s'élever d'autant plus qu'elle voit cette sainte loi plus sublime au-dessus d'elle et de sa fragile nature »*[206].

Quoiqu'intimement liée à notre volonté, la loi morale se présente pour l'être raisonnable fini, comme une voix lointaine le conviant à l'obéissance. En notre for intérieur, elle s'adresse à notre volonté comme venant de notre rationalité, mais l'impersonnalité de sa voix l'apparente à une injonction venant du dehors de la raison[207]. Si la loi morale nous était immédiatement donnée, nous y coïnciderions naturellement sans peine. Malheureusement, notre volonté se laisse déterminer non par la pure représentation de la loi, mais par des mobiles sensibles. Il ressort de là, qu'une grande distance nous sépare de la sainteté, état d'une volonté incapable de maximes en opposition avec la loi morale[208]. La dimension d'altérité de la loi traduit la finitude humaine ; le respect envers la loi exprime l'acceptation de notre infériorité de créature. Si donc la créature finie n'a pas le statut de créateur de lui-même et de la loi, à qui peut-on attribuer ce statut ?

Par son impersonnalité, son universalité, la loi morale kantienne présente des allures suprahumaines. Sa majesté, sa sainteté et sa sublimité excèdent les limites de l'humain, au point qu'on peut la comprendre comme la présence de l'absolu en nous[209]. Reconnue

---

[205] *Ibid.*, p. 701, (Ak. V, 77).

[206] *Ibid.*, p. 702, (Ak. V, 78).

[207] Jean-Luc Nancy, tente de saisir cette extériorité dans l'intériorité de la liberté en termes limitatifs ; parlant de la loi morale et de la raison, il affirme : *« Elle lui vient du dehors d'elle-même ; il s'agit d'une injonction dans la raison à la raison, autre que la raison dans la raison même »* (*L'impératif catégorique,* p. 26).

[208] KANT, *Critique de la raison pratique,* Pléiade, t. II, p. 646 (Ak. V, 32).

[209] Jean-Louis Bruch va jusqu'à soutenir que chez Kant, la transcendance de Dieu est compensée par la loi morale, sorte d'immanence de Dieu en nous (*La philosophie religieuse de Kant*, p. 265).

sainte[210], la loi morale en son *"prestige impérieux"*[211] est pour l'homme *"objet de vénération"*[212]. Ces traits divins l'apparentent au logos divin en nous. L'altérité de la loi prend alors des allures d'une divinité de la loi. « *Divines sont toutes les sentences de la raison éthico-pratique* »[213], affirme l'*Opus postumum* qui, en un autre passage, considère les devoirs humains « *comme des commandements surhumains, c'est-à-dire divins* »[214]. Fort de ces attestations kantiennes, plusieurs interprètes de Kant voient dans l'impersonnalité de la voix qui parle en moi, celle de Dieu. Ainsi pour Gerhard Krüger, il n'y a pas de doute, la loi morale vient de Dieu[215]. Comme lui, Alain Boyer affirme : « *L'impératif catégorique est un ordre divin* ». Pour rendre compte de l'étrangeté et de l'extériorité de la loi, ces penseurs n'ont pas trouvé mieux que de la rapporter purement et simplement à Dieu. Sans aller jusqu'à une telle identification, il faut reconnaître que, par son étrangeté et surtout par sa sublimité, la loi morale porte les marques de la divinité. Il y a de la sainteté dans les commandements moraux.

Cette divinité de la loi ne détermine-t-elle pas l'intrusion insidieuse de Dieu dans l'éthique rationnelle de Kant au point d'en faire une morale théologique[216] ? Alors que la liberté transcendantale retire à Dieu le monopole de l'intelligible, dans la liberté pratique, Dieu semble ravir à l'homme le monopole de la loi et partant, son autonomie. L'homme se réduirait-il alors à « *une marionnette ou un automate de Vaucanson, construit et mis en mouvement par le maître suprême de toutes les œuvres de l'art ?* »[217], s'interroge Kant lui-même. L'autonomie kantienne cacherait ainsi une hétéronomie qui ne s'avoue pas comme telle,

---

210 KANT, *Critique de la raison pratique*, Pléiade, t. II, p. 708 (Ak. V, 83) ou encore *La Religion dans les limites de la simple raison*, Pléiade, t. III, p. 19 (Ak. VI, 7).

211 Id., *Métaphysique des mœurs,* Pléiade, t. III, p. 472 (Ak. VI, 225).

212 Id., *Critique de la raison pratique*, Pléiade, t. II, p. 708 (Ak. V, 82).

213 Id., *Opus postumum,* p. 212 (Ak. XXI, 26).

214 *Ibid.,* p. 224 (Ak. XXI, 37).

215 Gerhard KRÜGER, *Critique et morale chez Kant*, p. 267.

216 Tel est l'avis de Schopenhauer qui qualifie l'éthique kantienne de théologie à rebours et de Krüger qui la tient pour une théodicée morale.

217 KANT, *Critique de la raison pratique*, Pléiade, t. II, p. 731 (Ak. V, 101).

celle d'une volonté déterminée par une causalité supérieure. L'indépendance, fièrement proclamée à l'égard de la causalité naturelle, se ruinerait en dépendance de la causalité divine. Au déterminisme naturel succède un déterminisme nouménal. Le caractère intelligible intemporel, par son immuabilité qui fixe une fois pour toutes l'essence de l'homme, *« signe la mort de la bonne volonté »*[218] par sa prédétermination à la loi morale. En un mot, la liberté connaît *« la menace d'une ruine entière »*[219]. En fait, le rapport entre l'impératif et Dieu reste chez Kant fort complexe voire ambigu. Tantôt les affirmations kantiennes tendent à l'identification comme dans l'*Opus postumum* ; tantôt il se refuse à établir clairement une relation de cause à effet entre l'impératif et Dieu. Il lui arrive d'identifier Dieu comme le souverain législateur de la communauté éthique, mais il s'empresse de nuancer : *« Les lois éthiques ne peuvent être conçues comme dérivant originairement que de la volonté de cet Être supérieur, car elles ne seraient plus alors des lois éthiques et le devoir qui leur serait conforme ne serait plus une libre vertu, mais un devoir juridique, susceptible d'une contrainte*[220] ».

L'identification de la loi morale au décret divin n'est pas récurrente mais passagère, et généralement affirmée sans argumentation. Le rapport entre les deux s'énonce souvent de façon analogique. Ainsi *La Religion,* au lieu d'identifier communauté éthique et peuple régi par des lois divines, les met en parallèle : « *On ne peut penser comme possible un corps éthique que tel un peuple sous des commandements divins c'est-à-dire comme un peuple de Dieu soumis à des lois morales »*[221]. La récurrence ici du *als* (comme) ou ailleurs du *als ob* (comme si) montre bien que Kant raisonne par analogie. Kant, en définitive, regarde le devoir comme un commandement divin sans affirmer explicitement son origine divine. *« La loi qui nous oblige a priori et inconditionnellement par le biais de notre propre raison peut*

---

218 Léon BRUNSCHVICG, *Le progrès de la conscience dans la philosophie occidentale*, p. 324.

219 KANT, *Critique de la raison pratique*, Pléiade, t. II, p. 730 (Ak. V, 100).

220 Id., *La Religion dans les limites de la simple raison*, Pléiade, t. III, p. 120 (Ak. VI, 99).

221 *Ibid.*, p. 120 (Ak. VI, 99).

également être exprimée comme procédant de la volonté d'un législateur suprême, c'est-à-dire tel qu'il a exclusivement des droits et n'a aucun devoir (procédant par conséquent de la volonté divine), ce qui toutefois signifie simplement l'idée d'un être moral dont la volonté fait loi pour tous, sans qu'on le pense pourtant comme auteur de cette loi »[222].

La loi morale se trouve finalement à la croisée de deux chemins entre l'homme et Dieu : ni créée par l'homme, ni imposée par Dieu, elle possède quelque chose de divin tout en étant relative à l'homme. L'impératif kantien porte la trace d'un mystère. Avec lui, nous nous trouvons confrontés à l'énigme *« d'une loi qui se fait proche dans la distance, reste lointaine et étrangère même dans la proximité »*[223]. Cette étrangeté de la loi justifie que Kant mobilise les ressources de l'analogie pour en percer le mystère. Ainsi, la référence à Dieu est davantage pour lui un moyen de concevoir l'altérité de la loi que de déterminer son origine : *« Nous ne pouvons pas bien nous rendre sensible l'obligation (la coercition morale) sans penser en même temps un autre être et sa volonté (dont la raison universellement législatrice n'est que le porte-parole), je veux dire, Dieu. Seulement ce devoir relatif à Dieu (...) est un devoir de l'homme envers lui-même »*[224].

Si l'on ne peut affirmer avec forte conviction que la loi morale vient de Dieu, on sait par contre que l'obligation morale vient du sujet : c'est l'être raisonnable qui s'oblige à la loi. Par son autonomie, il est l'auteur même de l'obligation morale sans être l'auteur de la loi morale. Ni autonomie absolue, ni hétéronomie, l'autonomie morale en son sens kantien authentique est une autonomie hétéronome[225]. Le sujet moral fait sienne une loi dont il n'est pas le créateur. L'auto-donation se réduit modestement à

---

[222] KANT, *Métaphysique des mœurs*, Pléiade, t. III, p. 475 (Ak. VI, 227).

[223] Henri d'AVIAU DE TERNAY, *La liberté kantienne, un impératif d'exode*, p. 56.

[224] KANT, *Métaphysique des mœurs*, Pléiade, t. III, p. 786 (Ak. VI, 487).

[225] C'est la conclusion à laquelle parvient Jacob ROGOZINSKI à la suite de Gerhard Krüger : *« L'autonomie en son sens kantien authentique, ne serait pas l'autonomie absolue d'un sujet souverain créateur de la loi (hypothèse strictement impossible selon Kant) mais une autonomie « hétéronome », l'auto-hétéronomie d'un sujet se soumettant à une loi dont il n'est pas l'auteur, qu'il n'a pas créée, qu'il reçoit et fait sienne comme si c'était sa loi »* (*Le don de la loi ; Kant et l'énigme de l'éthique*, p. 189).

l'appropriation d'une réceptivité et en l'adoption d'une légalité que nous découvrons en nous et qui devient nôtre. L'autonomie répond bien à la logique du *« soi-même comme un autre »*[226]. Elle n'est pas tant la position de la loi ou son autoposition mais auto-positionnement par rapport à la loi. En résumé, une lecture rapide des *Fondements* nous révèle l'autonomie comme une donnée originaire ou un pouvoir d'avance originairement acquis et une propriété déjà effective, réelle de notre volonté. Derrière cette apparence de fait, se cache un devoir de positionnement constant face à la loi morale.

De notre interrogation sur l'histoire de la liberté kantienne, il ressort que Kant ne possède pas un concept unique de l'Idée de liberté. Au premier abord, on se trouve confronté à une polysémie apparemment irréductible du concept de liberté. Cela tient au fait que Kant n'a pas une pensée figée de la liberté. Sa pensée s'est progressivement construite au fil des œuvres et a connu de multiples évolutions. En outre, autour de la question de la liberté, l'idéalisme transcendantal donne l'impression de se débattre avec lui-même. La problématique fondamentale autour de laquelle s'organise ce débat reste le conflit de la nature et de la liberté. Ce conflit d'abord théorique, oppose la raison avec elle-même ; il prend ensuite la figure d'un drame humain, celle d'une lutte entre la volonté et les inclinations sensibles pour l'indépendance. L'enjeu de ce débat et de ces combats n'est rien d'autre que celui du destin historique de l'Idée de liberté.

---

[226] *« Soi-même comme un autre »*, tel est le titre de l'ouvrage de Paul Ricœur où il montre que l'autonomie qui ne saurait être auto-suffisante, est tributaire de l'hétéronomie, l'autre de la liberté sous la figure de la loi que pourtant la raison se donne.

DEUXIEME PARTIE :

L'HISTORICITE DE LA LIBERTE KANTIENNE

Du parcours, jusque-là effectué dans les deux versants de la raison, il ressort que la philosophie pratique vient au secours de la philosophie théorique, pour donner au concept de liberté une dimension plus concrète incluant une part de réalité. Elle transforme l'usage transcendant de l'Idée de liberté en usage immanent. En dépit de quelques doutes sur sa réalité, une certitude demeure : la liberté existe indubitablement mais comme une simple possibilité réelle offerte à l'homme, une possibilité en attente d'être effectivement réalisée dans les faits. Bien plus, avant même qu'elle ne le soit, nous pouvons faire une expérience intérieure de la liberté. Chacun, en son for intérieur, l'expérimente sous la forme d'une loi qu'il doit s'approprier. La dynamique conceptuelle du penseur de Königsberg ne s'arrête pas là ; au concept cosmologique puis psychologique de la liberté, s'ajoute l'idée d'une liberté historique.

La détermination de la liberté comme une propriété de l'homme n'est pas inadéquate et fausse ; il lui manque cependant une dimension essentielle et existentielle de la liberté pratique, qui est son historicité. Avec le concept historique de la liberté, celle-ci n'est plus seulement une propriété de l'homme ; elle devient également la figure d'une destinée de l'homme. L'être libre devient le sujet d'une histoire : un "je" historique remplace le "je" transcendantal des catégories de l'entendement pur[227]. L'historicité de l'Idée de liberté ne se réduit pas uniquement à sa vocation historique ; la liberté constitue aussi l'un des principes dynamiques du processus historique. Parmi les principes assurant l'évolution historique, Kant compte en effet l'action libre des hommes. Or l'effectivité historique de la liberté ne va pas de soi. Kant le découvre progressivement : la liberté humaine se nie elle-même dans le mal radical. Comment une telle liberté peut-elle assurer le progrès historique ?

Kant appelle au secours de la liberté humaine, un autre principe, la Nature, dont le caractère final et providentiel semble ravir à l'homme son rang de sujet de l'histoire. On voit mal alors,

---

[227] Cf. François MARTY, *La naissance de la métaphysique chez Kant ; une étude sur la notion kantienne d'analogie*, p. 247.

comment le devenir historique peut obéir à un dessein ou à une nécessité naturelle et constituer par ailleurs, un espace offert à l'action de la liberté. L'homme demeure-t-il encore le véritable sujet de l'histoire ? S'agit-il encore d'une histoire proprement humaine si la réalisation de la liberté dépend d'une instance supérieure ? Quel type de philosophie de l'histoire Kant développe-t-il ? Une philosophie de l'histoire dominée par la nécessité ou une philosophie centrée sur la liberté humaine ? En nous confrontant à ces questions, nous nous attacherons dans cette partie, à interroger la cohérence de la philosophie kantienne de l'histoire.

CHAP. I : LA LIBERTE EN DEVENIR

La liberté pratique, dans sa dimension existentielle, cache une part de devenir et d'historicité qu'on ne peut véritablement déceler que par son analyse approfondie. Celle-ci excède les cadres habituels dans lesquels on range généralement les différentes significations du concept kantien de liberté. L'historicité de la liberté se prend d'abord à sa vocation d'immersion dans le devenir historique des hommes.

I. LE DEVENIR HISTORIQUE DE LA LIBERTE

A. LA VOCATION HISTORIQUE DE L'IDEE DE LIBERTE

L'autonomie kantienne, contrairement à ce que sous-entend la définition qu'en donnent les *Fondements*, n'est pas une propriété d'avance gagnée : elle relève plutôt de la conquête. Bien plus, loin d'être comme on l'a cru avec la seconde *Critique*, un fait et une réalité donnée, la liberté se révèle pour l'être raisonnable fini, comme un devoir-être. Le *Factum* kantien n'est pas en vérité un *datum* ; il est davantage ce qui doit se faire que ce qui est donné, un devoir de se faire plutôt qu'un état. *« La factualité propre de la liberté est la factualité propre de ce qui n'est pas fait, mais qui est à faire »*[228]. Il n'y a pas de liberté disponible et désignable avant l'application de l'injonction : « Sois libre » ! Il n'y a pas en réalité d'être de la liberté mais simplement le devoir d'accomplissement d'une tâche. La liberté kantienne est l'indication d'une vocation, d'une destination ou d'un horizon à atteindre. Associant devoir et devenir[229], le concept historique de la liberté se comprend finalement comme un devoir-être, une tâche d'accomplissement soumise à l'épreuve difficile de sa réalisation, à l'épreuve du devenir. Le devoir prescrit en effet au sujet moral une double tâche à assumer : celle de se faire et celle de façonner le monde pour en faire *« un monde conforme à toutes les lois morales »*[230].

---

[228] Jean-Luc NANCY, *L'expérience de la liberté*, p. 38.

[229] Le sous-titre de l'œuvre de Bernard Rousset *« l'autonomie comme devoir et devenir »* prend ici tout son sens.

[230] KANT, *Critique de la raison pure,* Pléiade, t. I, p. 1367, (Ak. III, 524).

L'éthique kantienne commande avant tout à l'individu de réaliser la première composante du Souverain Bien, la sainteté, qui consiste dans une entière et parfaite conformité à la loi morale. Or, une grande distance nous sépare de cet idéal d'une *« volonté incapable de maxime en opposition avec la loi morale »*[231]. La possible sortie du devoir ou sa transgression, c'est-à-dire le mal, est le signe de ce grand écart et de la distance qui lui reste à parcourir pour atteindre sa destination. Cette distance, entre l'idéal de sainteté et les limites de l'homme, annonce clairement une tâche d'accomplissement : la finitude constitue la marque, en l'homme, d'un creux à combler. L'imperfection de l'homme lui ouvre la voie de l'historicité, l'oblige à la traversée d'un processus et le lance sur le long et difficile chemin de la perfectibilité. On comprend alors que l'éthique kantienne commande à l'homme un constant et multiforme dépassement.

Nous l'avons déjà évoqué, l'homme doit assurer en lui le triomphe de la rationalité sur la naturalité et l'animalité. L'impératif catégorique fonctionne comme une loi programme qui place la liberté dans une dynamique du progrès[232] aux bornes successives de l'humanité et de la personnalité. C'est un programme de dépassement et d'exode incessant. Le sujet moral doit sans cesse sortir de lui-même (de son animalité) tout en restant en soi, (puisque en son intimité se trouve la loi qui lui est intérieure) pour un ailleurs (l'humanité, la personnalité) qu'il est déjà potentiellement par essence. La liberté définit bel et bien la transcendance (en un sens heideggérien) de soi vers soi, ou de soi à soi[233]. L'homme kantien est finalement en projet ; derrière la loi morale se cache un projet humain, contrairement à ce que sous-entend la notion de fait qui lui est attachée. L'homme n'est pas encore ce qu'il est, il doit le devenir. *« L'être libre est expérimenté comme un devenir-libre »*[234] ; C'est la destinée singulière d'un être qui est libre et qui cependant doit se faire libre ou le paradoxe d'un être qui doit être ce qu'il est déjà en puissance. L'homme se présente finalement comme un

---

[231] Id., *Critique de la raison pratique*, Pléiade, t. II, p. 646 (Ak V, 32).

[232] Henri d'AVIAU DE TERNAY, *La liberté kantienne, un impératif d'exode*, p. 73.

[233] Jean-Luc NANCY, *L'expérience de la liberté*, p. 37.

[234] Martin HEIDEGGER, *De l'essence de la liberté humaine ; introduction à la philosophie*, p. 30.

pèlerin éthique, le pèlerin de la loi ; sa marche prend malheureusement les allures d'un pèlerinage sans terme terrestre.

Le devoir d'accomplissement se révèle effectivement comme une tâche jamais entièrement réalisée. Toujours à faire, *« l'humanité, n'est jamais vraiment mienne ; elle est bien plutôt l'impossibilité de coïncider avec moi-même, d'être à moi-même identique »*[235]. Cette non-coïncidence de l'homme avec lui-même, cette distance de soi à soi, ouvre la possibilité d'une évolution. La finitude humaine est la condition de possibilité d'une histoire individuelle de la liberté et de son progrès. L'histoire de la liberté qui s'ouvre ainsi ne se restreint pas à l'auto-accomplissement du sujet moral seul ; elle intègre un projet pour l'ensemble du monde, celui de sa destinée morale. Outre l'obligation de se faire, le devoir prescrit à l'homme la tâche de façonner le monde, pour en faire un monde raisonnable. La tâche anthropologique de se réaliser se double d'une obligation d'ampleur mondiale, voire cosmique. C'est l'impératif du Souverain Bien que la raison pure pratique nous commande de réaliser. *« La loi morale, comme condition rationnelle formelle de notre liberté, nous lie par elle-même sans dépendre d'une quelconque fin comme condition matérielle ; mais elle nous détermine aussi et certes a priori, un but final, auquel elle nous oblige à aspirer et celui-ci est le Souverain Bien possible dans le monde par la liberté »*[236].

L'impératif du Souverain Bien qui s'énonce ici, requiert, outre la moralité individuelle, la solidarité éthique de tous. Sa réalisation exige un support moins fragile que l'individu. La distance qui nous sépare de cette fin ultime laisse, à l'espèce humaine, le temps d'une longue marche faite d'efforts, de luttes, de dépassement de soi, d'épreuves ponctuées de victoires et d'échecs. La civilisation se révèle le cadre où s'éprouve la liberté humaine en sa puissance instituante[237]. Aviau de Ternay, s'inspirant de l'expérience du peuple juif soumis à l'épreuve de la libération par la traversée du désert vers la terre promise, conçoit le processus de réalisation de la liberté dans

---

[235] Michaël FOESSEL, « Le sujet du sublime : un antihumanisme pratique ? », in *Kant anti-kantien*, p. 42.

[236] KANT, *Critique de la faculté de juger*, Pléiade, t. II, p. 1256 (Ak. V, 450).

[237] Alain RENAUT partant du fait que les effets de la liberté prennent la forme d'une réalisation du droit dans l'histoire, qualifie la liberté d'instituante (*Kant aujourd'hui*, p. 356).

le monde, sous le paradigme de l'exode. Cet exode oriente vers une terre promise à la possession définitive, malheureusement incertaine. *« La garde du trésor de la loi projette vers "une terre promise" tout en laissant entendre, au moment où est murmurée la promesse, qu'il n'y aura sans doute jamais de possession définitive de la terre »*[238]. Au terme de la marche plane donc l'incertitude d'une possession définitive de la visée ; déjà au niveau individuel, la sainteté demeure une perfection dont aucun n'est capable de son vivant[239], encore moins lorsque l'idéal de perfection s'étend au monde entier.

En somme, la raison kantienne, par-delà son apparence d'immuabilité, inclut une part de devenir et d'historicité. Elle traverse l'histoire en faculté dynamique à la conquête du monde empirique. Par le truchement de l'agir moral de l'homme, elle aspire à réaliser pleinement son idéal dans le cours de l'histoire humaine. Ainsi, que ce soit au niveau individuel ou collectif, une dimension du progrès caractérise fortement la liberté kantienne. Elle prend la figure d'une Idée dynamique, d'un concept actif[240], au caractère offensif[241]. Dotée d'une telle puissance d'agir dans le monde, la liberté réalise sa vocation à l'historicité sous la forme d'événements qui en portent le sceau. Dès la *Critique de la raison pure*, Kant admet la possibilité d'une expérience historique de la liberté en ces termes : *« La raison pure contient donc, non pas, à la vérité, dans son usage spéculatif, mais pourtant dans un certain usage pratique, à savoir dans l'usage moral, des principes de la possibilité de l'expérience, c'est-à-dire d'actions qui, conformément aux prescriptions morales, pourraient être trouvées dans l'histoire de l'homme »*[242].

La dimension de facticité de l'Idée de liberté entrevue ici, sera nettement affirmée dans la dernière *Critique* qui, dans la quête d'un contenu réel au concept de liberté, va plus loin que les précédentes.

---

238 Henri d'AVIAU DE TERNAY, *La liberté kantienne, un impératif d'exode*, p. 66.

239 KANT, *Critique de la raison pratique*, Trad. de L. Ferry et H. Wismann, Paris, Gallimard, 1985, p. 167.

240 Lewis BECK, *A commentary on Kant's Critique of practical reason*, p. 194.

241 Martin HEIDEGGER, *De l'essence de la liberté humaine ; introduction à la philosophie*, p. 36.

242 KANT, *Critique de la raison pure,* Pléiade, t. I, p. 1367, (Ak. III, 524).

B. LA DIMENSION DE FACTICITE DE LA LIBERTE

A la factualité reconnue à la liberté par la seconde *Critique*, s'ajoute une quasi facticité de la liberté affirmée par la troisième *Critique*. Outre l'expérience intérieure par la médiation du *factum rationis*, la *Méthodologie de la Faculté de juger* admet la possibilité d'une expérience externe, concrète de la liberté. Elle manifeste non seulement sa réalité en nous, mais aussi dans l'expérience. Elle s'annonce d'abord en nous par la loi morale puis dans l'expérience sous la forme de faits constatables. Le paragraphe 91 de la *Critique de la* faculté *de juger* pose la liberté comme présentable dans l'expérience : *« Ce qui est remarquable, c'est que parmi les faits, il se trouve même une Idée de la raison ; c'est l'Idée de liberté dont la réalité en tant qu'espèce particulière de causalité peut être démontrée par des lois pratiques de la raison pure et, conformément à celle-ci dans les actions réelles, par conséquent dans l'expérience. Parmi toutes les Idées de la raison pure, c'est la seule dont l'objet soit un fait et qui doive être comptée parmi les scibilia »*[243].

Ce constat de la troisième *Critique* se retrouve quelques années plus tard dans l'*Annonce de la prochaine conclusion d'un traité de paix perpétuelle en philosophie* : *« Il y a quelque chose dans la raison humaine qui ne peut être connu de nous par aucune expérience et qui pourtant fait voir sa réalité et sa vérité dans des effets qui peuvent être présentés dans l'expérience. C'est le concept de la liberté et la loi, qui en émane, l'impératif catégorique »*[244].

Kant place ainsi l'Idée de liberté parmi les faits. Elle expose sa réalité dans des actions concrètes, les *« res facti »*[245] de la liberté. La causalité libre de l'être raisonnable produit en effet certains événements dans la nature. Les choix volontaires et libres de l'homme déterminent des actions concrètes, repérables dans la série des événements du monde empirique. Ces événements portent la marque de la liberté, l'expriment et en sont la manifestation dans le monde phénoménal. Le concept de liberté ne se meut plus

243 Id., *Critique de la faculté de juger*, Pléiade, t. II, p. 1279 (Ak. V, 469).

244 Id., *Annonce de la prochaine conclusion d'un traité de paix perpétuelle en philosophie,* Pléiade, t. III, p. 423 (Ak. VIII, 416).

245 Id., *Critique de la faculté de juger*, Pléiade, t. II, p. 1278 (Ak. V, 468).

exclusivement, ni dans la pure intelligibilité, cas de la liberté transcendantale, ni dans la pure intériorité à l'image de la liberté du *factum rationis*. Loin de s'exercer indépendamment de tout point d'application, elle trouve dans la nature, dans le sensible et dans le monde empirique, un terrain d'effectuation de sa causalité spontanée. L'Idée de liberté se retrouve alors immergée dans le flot du monde phénoménal, engagée dans le mouvement des faits empiriques, dans *« le flot des apparences »* (*"In the stream of appearances"*[246]) précise Gary Banham.

Cette facticité de la liberté sauve l'impératif catégorique de l'inconsistance et la morale, de l'illusion. Sans elle, l'impératif catégorique se réduirait à une idée chimérique. Le double caractère reconnu à la liberté, à savoir la factualité et la facticité, permet d'inscrire l'Idée de liberté dans le domaine empirique. Le caractère immanent de la causalité rationnelle s'accentue, faisant descendre la causalité libre du ciel intelligible sur la terre où elle trouve un champ d'application[247]. Elle devient pour ainsi dire phénoménale[248], sa réalité ne faisant plus l'objet d'aucun doute.

Cette certitude affirmée de la réalité de la liberté peut étonner. Les œuvres antérieures avaient pourtant, comme nous l'avons vu, émis un soupçon d'illusion sur la moralité de nos actes. Ici, on ne perçoit aucune trace de ce doute. L'objection que Kant s'adressait à lui-même disparaît comme par enchantement. Or, le doute sur la réalité de la liberté dans l'agir concret de l'homme, n'avait pas été levé et restait tout entier. La *Critique de la faculté de juger* élude et ignore cette question comme si elle était déjà résolue. La réalité de la liberté qu'elle affirme certaine, partant de ses effets, se fonde sur des *res facti* dont on n'est pas sûr qu'ils représentent véritablement des faits de la liberté. L'ancrage empirique de la liberté qu'elle postule pose d'ailleurs question. Est-ce vraiment la liberté elle-

---

[246] Gary BANHAM, *Kant's practical philosophy from Critique to Doctrine*, p. 48.

[247] Léon BRUNSCHVICG, *Le progrès de la conscience dans la philosophie occidentale*, p. 323.

[248] La caractérisation de la liberté comme phénoménale est défendue tour à tour par Jean-Marc Ferry *(La question de l'histoire*, p. 52), Françoise Proust (*Kant, le ton de l'histoire*, p. 145) et M.F. EVELLIN (« Sur la théorie kantienne de la liberté », in *Bulletin de la Société française de philosophie*, n°1, 1905, p.19). Sans être proprement kantienne, l'expression se défend en elle-même mais dans le contexte de la phénoménologie, elle peut prêter à confusion.

même qui a rang de fait ? A-t-elle réellement en soi et pour soi une réalité objective empirique ? La seconde *Critique* la disait en grande partie empirique[249]. Et Kant tente par exemple de démontrer la réalité de la spontanéité libre, à travers la décision d'un homme de se lever de son siège tout à fait librement[250]. Il croit localiser la liberté dans la sphère empirique, une sphère dont elle est en principe soustraite[251]. En réalité, ce que l'on perçoit, ce ne sont que les effets empiriques d'une essence suprasensible. La liberté ne saurait se réduire à un concept purement empirique. Elle n'est pas une réalité expérimentale ; elle produit simplement des faits dans l'expérience. C'est un pouvoir d'agir dans la nature sans être naturel, un suprasensible uniquement mondain par ses effets, une causalité qui « *agit bel et bien dans le monde mais elle n'est pas du monde* »[252].

Ceci dit, que la liberté ne se réduise pas à un concept de l'expérience n'empêche pas qu'une part de mondanéité la définisse. Sans définir toute l'essence de la liberté, cette mondanéité, jointe à la facticité, caractérise une des dimensions importantes de la liberté kantienne, son historicité. Bien plus qu'une simple dimension, on décèle là, un troisième lieu de la notion kantienne de liberté. Sous-jacente à la liberté pratique, notamment en son contenu de devoir-être, se trouve la liberté historique[253]. Comparativement aux autres concepts, celui-ci tranche par sa spécificité : on n'en trouve ni le concept unifié ni la synthèse conceptuelle dans aucune des œuvres de Kant. Concept au

---

[249] « *L'Idée transcendantale de la liberté, est à la vérité loin de former le contenu entier du concept psychologique de ce nom, concept qui est en grande partie empirique* » (KANT, *Critique de la raison pure,* Pléiade, t. I, p. 1104, (Ak. III, 310).

[250] KANT, *Critique de la raison pure* Pléiade, t. I, p. 1106, (Ak. III, 312).

[251] Cette critique a été judicieusement formulée par Theodor ADORNO, *Dialectique négative*, p. 217.

[252] Paul CLAVIER, *Les idées cosmologiques*, p. 97.

[253] A cette idée de liberté historique, souscrit Victor Delbos qui l'identifie à la détermination kantienne de la liberté comme autocratie (« Sur la théorie kantienne de la liberté », in *Bulletin de la Société française de philosophie*, n°1, 1905, p.19). Pour Françoise Proust également, Kant introduirait l'idée d'une autre liberté qui s'éprouve à l'occasion des spectacles de la nature sauvage ; c'est la liberté du sublime *(Kant, le ton de l'histoire*, p. 145) ; Aviau de Ternay lui, décèle une troisième traversée vers la liberté kantienne.

visage multiforme, il se laisse plutôt deviner dans le corpus kantien ou se déduire de la liberté pratique. En sus des trois *Critiques* où Kant déploie essentiellement sa doctrine de la liberté transcendantale et pratique, d'autres œuvres définissent la liberté comme autocratie. *Les Progrès réels de la métaphysique* déduit cette nouvelle notion de la liberté, de l'autonomie de la raison en ces termes : *« L'autonomie de la raison pure pratique doit être en même temps considérée comme autocratie c'est-à-dire pouvoir d'atteindre dès maintenant dans la vie terrestre, ce qui a trait à la condition formelle de ce pouvoir, la moralité, malgré tous les empêchements que peuvent exercer sur nous, en tant qu'êtres sensibles, les influences de la nature, et parce que nous sommes en même temps des êtres intelligibles ; ce pouvoir c'est la foi en la vertu, comme étant en nous le principe nous permettant de parvenir au Souverain Bien »*[254].

On retrouve cette définition de la liberté dans la *Métaphysique des mœurs* qui l'entend aussi comme *« conscience du pouvoir de se rendre maître des penchants réfractaires à la loi »*[255]. Dans le sillage de la *Critique de la faculté de juger,* les opuscules historico-politiques laissent aussi transparaître nettement l'idée d'une *« liberté temporelle et militante »*[256] dont le penseur décèle la poussée dans les événements qui déchirent l'histoire des hommes faisant de celle-ci, *« la collection et la recollection des expériences sublimes de liberté »*[257].

Ces traits multiformes du concept de liberté historique recèlent quelques constantes. Une dimension existentielle forte la caractérise. Elle se donne comme une liberté insérée dans l'ordre naturel, dans le cours du monde et s'affirme ainsi comme une liberté mondaine. Comme le laisse entendre sa longue définition par *Les progrès réels de la métaphysique,* qui la situe du côté de la foi en la vertu, une espérance la soutient : l'espérance de parvenir à l'idéal de la vertu, et partant, à celui du Souverain Bien. La liberté

---

[254] KANT, *Quels sont les progrès réels de la métaphysique en Allemagne depuis le temps de Leibniz et de Wolff ?,* Pléiade, t. III, p. 1248 (Ak. XX, 7, 295).
[255] Id., *Métaphysique des mœurs*, Pléiade, t. III, p. 662 (Ak. VI, 383).
[256] Alain RENAUT, in Kant, *Critique de la raison pratique*, Pléiade, t. II, Introduction, p. 600.
[257] Françoise PROUST, *Kant, le ton de l'histoire*, p. 21.

devient la figure du destin de l'homme. Mais le chemin conduisant au terme de ce destin est semé d'embûches. La transgression par effraction, du domaine de l'expérience vers l'inconditionné, avait entraîné la raison dans des contradictions insurmontables ; de même, son immersion ou sa descente dans le monde empirique l'entraîne dans une conquête difficile. Soumise à l'épreuve difficile de sa réalisation, elle doit affronter l'épaisseur du réel et l'épreuve du devenir.

II. A L'EPREUVE DE L'*UNÜBERSEHBARE KLUFT*

La descente de l'Idée de liberté dans le monde des phénomènes doit surmonter des obstacles majeurs, dont le fossé abyssal entre nature et liberté. Faisant le bilan des deux premières *Critiques*, la troisième constate : *« qu'un gouffre immense existe entre le domaine du concept de la nature, en tant que sensible, et le domaine du concept de liberté, en tant que suprasensible, de sorte que, du premier au second, aucun passage n'est possible, tout comme s'il s'agissait d'autant de mondes différents, dont le premier ne peut avoir aucune influence sur le second »*[258].

Le terme employé par Kant, "*Unübersehbare*", définit un *Kluft* tellement grand, un gouffre tellement immense que par-dessus (*über*), on ne peut rien voir (*sehen*). C'est un abîme sans fond. *La Critique de la faculté de juger* prend donc acte, dès le départ, d'une dualité fondamentale qu'un abîme sépare. Elle s'empresse cependant d'ouvrir une nouvelle perspective. Malgré l'*unübersehbare Kluft* entre le domaine du concept de la nature et le domaine du concept de la liberté, « *ce dernier doit avoir une influence sur celui-là ; en effet, le concept de liberté a le devoir de rendre effectif dans le monde sensible la fin imposée par ses lois »*[259]. Sous-jacent à ces mots de l'introduction de la Troisième *Critique,* se trouve énoncé l'impératif de passage ou de communication[260]. En témoigne l'emploi du mot *"soll"*, expressif

[258] KANT, *Critique de la faculté de juger*, Pléiade, t. II, p. 929 (Ak. V, 176).
[259] *Ibid.*, p. 929 (Ak. V, 176).
[260] La liberté kantienne comme impératif de passage et de communication occupe le centre des ouvrages d'Aviau de Ternay qui, après sa thèse intitulée, *Une approche herméneutique de la problématique de la liberté dans les trois Critiques*

d'un devoir de même exigence impérative que celle de l'impératif catégorique. Cet impératif de passage constitue la problématique centrale de la *Critique de la faculté de juger*. Cette œuvre se préoccupe de surmonter le gouffre théoriquement insurmontable, séparant les deux sphères, pour permettre le passage de la liberté dans la nature. L'enjeu ici est de taille : il y va de l'unité du monde humain, de celle de la philosophie théorique et pratique et, par ricochet, de l'unité de la raison au-delà de son double usage.

Ceci étant, il n'est pas totalement vrai de soutenir, comme beaucoup de commentateurs kantiens, que le souci du passage se concentre dans la troisième *Critique* seule. Nous devons certes, à la première *Critique,* la dualité fondamentale à surmonter, mais on oublie que cette *Critique* bien avant la troisième, malgré l'hétérogénéité fondamentale du monde sensible et du monde intelligible, ébauche leur rencontre possible. Entre les deux, s'établit un rapport de fondation : les phénomènes n'ont pas d'existence fondée en soi ; ils trouvent leur fondement dans les choses en soi. Outre ce rapport de détermination, la *Dialectique transcendantale* envisage même la *« possibilité de l'union de la causalité libre avec la loi générale de la nécessité naturelle »*[261]. Il situe en l'homme dans sa *« double-mondanéité »*[262], ce point de rencontre et de coexistence entre sensible et suprasensible. De même, dans la seconde *Critique,* la notion de *"fait de la raison"* qui définit la loi morale, associe les deux éléments hétérogènes dans une conjonction limitative. La loi morale en sa définition de *Faktum der Vernunft* signe un point de rencontre entre le sensible et le suprasensible.

Quoique la raison pure et pratique explore la possibilité d'un accord entre les deux causalités, le souci de Kant dans ces œuvres n'est pas tant l'unité des deux sphères, mais leur compatibilité sans contradiction. La *Critique de la faculté de juger* prend en charge spécifiquement cette préoccupation d'unité, et en fait sa touche particulière. La théorie du passage (*Übergang*) qui s'y déploie, dégage des médiations susceptibles d'établir un réel pont entre

---

de Kant (1978), a publié tour à tour, *La liberté kantienne, un impératif d'exode* (1992) et *Un impératif de communication* (2005).

[261] KANT, *Critique de la raison pure,* Pléiade, t. I, p. 1171, (Ak. III, 366).

[262] Michel PUECH, *Kant et la causalité*, p. 460.

liberté et nature. Les médiations conceptuelles s'imposent d'emblée et prioritairement. Les deux concepts de liberté et de nature partagent la catégorie de la causalité, en dépit des difficultés d'application de cette catégorie à la liberté. Ils se rencontrent aussi dans la notion de légalité ; celle de la nature fait signe vers celle de la liberté, par son objectivité et son universalité ; la première sert même de modèle de mesure et d'appréciation à la seconde : *« Agis comme si la maxime de ton action devait être érigée par ta volonté en loi universelle de la nature »*[263]. A ce partage conceptuel, s'ajoutent les médiations esthétiques du beau et du sublime. Dans le sentiment esthétique du beau, nous vivons subjectivement une réconciliation entre nature et liberté. Il se rapporte aux formes de la nature, mais naît du libre jeu harmonieux des facultés de connaître. Bien plus, le jugement du goût postulant au caractère universel et désintéressé[264] symbolise la loi morale. *« Le beau est le symbole du bien moral »*[265].

En outre, le sublime éprouvé à l'occasion des manifestations de grandeur et de puissance des éléments naturels devant lesquels l'imagination jointe à l'entendement se voit dépassée, engendre en l'homme la prise de conscience de sa destination suprasensible. Le sublime rend possible une expérience esthétiquement vécue de notre destination morale. En ce sentiment esthétique, nature et moralité se rejoignent. Ces médiations révèlent qu'un pont peut être jeté entre les deux versants de l'abîme. Ce pont, à y regarder de près, est à sens unique. Il va de la liberté à la nature. La prescription d'incarnation de la liberté s'accompagne d'une proscription de détermination naturelle de la liberté. *« Du premier* (domaine du concept de la nature) *au second* (domaine du concept de la liberté), *aucun passage n'est possible tout comme s'il s'agissait d'autant de mondes différents, dont le premier ne peut avoir aucune influence sur le second, cependant ce dernier doit avoir une influence sur celui-là »*[266]. A l'activité transformatrice

---

[263] KANT, *Fondements de la métaphysique des mœurs*, Pléiade, t. II, p. 285 (Ak. IV, 421).

[264] *« Est beau ce qui plaît universellement sans concept »* ou *« plaît indépendamment de tout intérêt »* soutient Kant [*Critique de la faculté de juger*, Pléiade, t. III, p. 978 et 1144 (Ak. V, 354)].

[265] KANT, *Critique de la faculté de juger*, Pléiade, t. II, p. 1144 (Ak. V, 353).

[266] *Ibid.*, p. 929 (Ak. V, 176).

d'une raison dynamique doit se prêter une nature réceptive. La liberté attend de celle-ci les conditions formelles de sa réalisation.

On en arrive à se demander si la réceptivité exigée de la nature n'est pas une prescription de passivité. Les restrictions kantiennes du passage entre les deux domaines laissent croire qu'il n'appartient pas tant à la nature de se dénaturer. Elle reste en son essence fondamentalement déterminisme ; c'est l'entendement plutôt qui se prescrit une nature appropriée à l'effectivité de la liberté, en lui attribuant de la finalité. Kant l'admet : *« Si exagéré, si absurde qu'il paraisse de dire que l'entendement est lui-même la source des lois de la nature, et par conséquent de l'unité formelle de la nature, une telle affirmation n'en est pas moins parfaitement exacte et conforme à l'objet, c'est-à-dire à l'expérience »*[267].

La conquête du monde empirique par la causalité libre rencontre l'obstacle de l'épaisseur du réel, en la figure du mécanisme d'une nature d'avance saturée causalement. Le monde de *l'Analytique de la raison pure* se révèle en son essence rebelle à la légalité de la liberté. Comment la liberté peut-elle produire des effets dans le temps, si le temps se réduit à la succession causale prédéterminée ? Ne court-elle pas le risque d'être prisonnière d'un ordre prédéterminé où tout commencement spontané d'une cause non causée est impossible ? L'inscription du suprasensible au sein du monde empirique commande le dépassement du déterminisme de celui-ci. Promesse ou quête de donation de sens, l'incarnation de la liberté suppose que son lieu d'effectuation soit sensé, du moins pensé comme capable de sens[268]. La *Critique de la faculté de juger,* en s'appliquant à l'appréhension des phénomènes naturels dans leur hétérogénéité, attribue un sens et une finalité à la nature. Derrière l'ordre et la régularité naturels, la réflexion sur la nature décèle comme un dessein sous-jacent, le signe d'une intentionnalité, la marque d'un entendement supérieur organisateur. C'est le concept de finalité de la nature : *« la nature est représentée par ce concept, comme si un entendement contenait*

---

[267] Id., *Critique de la raison pure,* Pléiade, t. I, p. 1426, (Ak. III, 93).

[268] Eric Weil l'a bien compris, quand, commentant la troisième *Critique*, il écrit : *« Si l'intention morale doit agir dans le monde, si elle doit produire et vouloir produire ses effets dans la réalité sensible, cette réalité doit tout d'abord être comprise comme sensée » (Problèmes kantiens*, p. 115).

le principe de l'unité du divers de ses lois empiriques »[269]. Le concept de finalité postule un ordre téléologique des choses ; en tant que jugement rationnellement conçu s'appliquant à la nature, il connote l'idée d'un suprasensible naturel, par lequel le sensible fait signe vers un intelligible et celui-ci peut se dire dans le sensible. Ce faisant, il permet une traversée du monde intelligible vers le monde empirique.

Le principe de finalité couronne la série de médiations entre nature et liberté et marque ainsi l'apogée de la théorie du passage. Le pont ainsi jeté entre les deux versants de l'abîme satisfait-il à l'exigence d'unité ? Peut-être parce qu'il est à sens unique, le pont remplit simplement sa fonction première qui est d'ouvrir quelques passages de la liberté vers la nature. L'abîme entre les deux, loin d'être comblé, demeure, et la dualité, loin d'être résorbée en une unité indissoluble, persiste[270]. La dernière œuvre restée en chantier, au titre suffisamment évocateur *« Passage des principes métaphysiques de la science de la nature à la physique »*, revient à la question de l'*Übergang*. Conscient que derrière la théorie du passage, se trouve en jeu la cohérence de toute sa philosophie, Kant, dans un dernier effort, tente de jeter les bases de l'unité de la philosophie théorique et pratique, comme si la troisième *Critique* n'avait pas pleinement satisfait à cette exigence. De fait, au sortir de la *Critique* censée venir à bout de la dualité, l'articulation en l'homme de la causalité libre et de la loi naturelle de la nécessité, ne semble pas parfaite. L'homme kantien demeure marqué par une dualité irréductible jamais définitivement surmontée. En lui, s'affrontent noumène et phénomène, une volonté tout entière orientée vers le bien (*Wille*) et un vouloir capable de choisir le mal (*Willkür*). Le *factum rationis,* qui, logiquement assure la conjonction entre les deux mondes (transcendant et immanent), comporte en fait deux pôles qui se limitent : la factualité et la rationalité qui renvoient aux deux domaines de l'objectivité. A défaut d'opérer une synthèse des deux en un seul concept, Kant se contente de les associer.

---

[269] KANT, *Critique de la faculté de juger*, Pléiade, t. II, p. 935 (Ak. V, 181).

[270] On peut même soupçonner que l'*unübersehbare Kluft* non comblé, annonce l'abîme qui, au niveau éthico-politique, menace d'engloutir définitivement l'homme à mi-chemin entre les deux ou la société dans son combat pour la liberté.

En fin de compte, l'homme, loin d'être le lieu de la réconciliation entre liberté et nature, reste un terrain de combat où la liberté doit triompher de la naturalité. Malgré la solution de la troisième antinomie, la correction par la troisième *Critique* de sa dualité, et en dépit des médiations décelées entre liberté et naturalité, la philosophie morale de Kant tout comme son anthropologie, restent traversées par une antinomie.

III. A L'EPREUVE DU DEVENIR

L'*unübersehbare Kluft* surmonté, il subsiste une figure de la nécessité historique que l'Idée kantienne de liberté doit affronter. Le processus d'instauration du règne de la liberté au sein du monde, définit proprement l'histoire humaine. Celle-ci circonscrit le domaine où les deux sphères de l'objectivité doivent se rencontrer[271]. Or, ce lieu de rencontre présente en sa dimension concrète, un contraste frappant avec l'idéal de la liberté. L'histoire empirique semble faire obstacle à la réalisation historique de l'Idée de liberté. Alors que la philosophie critique postule le progrès de la conscience de la liberté, la réalité historique semble consacrer le triomphe de la nécessité. L'histoire de la raison pure et l'histoire empirique ne coïncident pas. La raison dans l'histoire se retrouve aux prises avec une antinomie, moins explicite et moins formalisée que dans la première *Critique,* mais sous-jacente aux œuvres historico-politiques. Cette antinomie quoique sous-jacente, s'avère beaucoup plus radicale et problématique ; la liberté se trouve en jeu aussi bien du côté de la thèse que du côté de l'antithèse. L'histoire doit témoigner d'une réalisation effective de la liberté, sa finalité ultime ; or, la liberté humaine participe au chaos et au non-sens du devenir historique[272].

Dans l'antinomie historique, un conflit oppose sens et non-sens de l'histoire, liberté et nécessité, idéal et réalité, progrès et décadence. Ou bien l'histoire suit un cours sensé et évolue vers l'épanouissement de la liberté, ou elle reste soumise au hasard, à l'absurdité, en manque d'intelligibilité et de sens. Où situer Kant

---

[271] Alain RENAUT, *Kant aujourd'hui*, p. 338.

[272] Tout le mérite de Kant, comme nous le verrons, sera justement de contrer cet obstacle en lui opposant la force d'un autre obstacle, la force du droit.

dans cette alternative ? En observant le cours de l'histoire, il se rend à l'évidence : il offre à première vue un spectacle désolant. *« On ne peut se défendre d'une certaine humeur lorsqu'on voit exposés leurs faits et gestes sur la grande scène du monde et que, à côté de quelques manifestations de sagesse ici ou là pour certains cas particuliers, on ne trouve pourtant dans l'ensemble, en dernière analyse, qu'un tissu de folie, de vanité infantile souvent même de méchanceté et de soif de destruction puériles »*[273].

Le comportement des hommes sur la grande scène du monde ne répond vraisemblablement d'aucune rationalité ou légalité, les affaires humaines étant *« d'une contingence désolante »*[274]. Si l'on s'en tient au donné intuitif immédiat, le cours de l'histoire n'est qu'un tissu de non-sens ou encore *« une succession incohérente d'événements absurdes »*[275], réfractaires à la rationalité. En somme, le désordre, le chaos et la violence s'imposent à l'observation des conduites humaines. La réalité historique perçue par Kant, semble confirmer la thèse qu'il appelle "terroriste", celle d'une régression inexorable de l'humanité, de sa décadence irréversible. Pour les tenants du "terrorisme" en effet, l'humanité n'a d'avenir éthique que dans le mal et de devenir politique que dans la violence. Dans un tel contexte de *« déraison de l'histoire »*[276], la rationalité n'a manifestement pas droit de cité.

Kant pourtant ne s'inscrit pas dans cette thèse qui affirme l'absurde et entraîne au désespoir. Pour lui, le penseur ne doit point s'arrêter uniquement au donné intuitif immédiat. L'histoire, par-delà l'apparence de chaos, est porteuse d'une signification. Ainsi, *Qu'est-ce que les Lumières ?* décrit l'histoire humaine comme un passage de la minorité à la majorité[277], un mouvement d'émancipation du genre humain vers une époque éclairée. Les *Conjectures* scrutant le passé de l'homme, concluent que, par-delà ses vicissitudes, le cours des affaires humaines dans son ensemble

---

[273] KANT, *Idée d'une histoire universelle au point de vue cosmopolitique*, Pléiade, t. II, p. 188 (Ak. VIII, 18).
[274] Françoise PROUST, *Op. cit.*, p. 82.
[275] Eric WEIL, *Problèmes kantiens*, p. 131.
[276] Jacob ROGOZINSKI, *Le don de la loi ; Kant et l'énigme de l'éthique*, p. 219.
[277] KANT, *Réponse à la question :* Qu'est-ce que les Lumières ?, Pléiade, t. II, p. 209 (Ak. VIII, 35).

« ne va pas du bien pour aller vers le mal, mais se déroule lentement vers le mieux, selon un progrès auquel chacun dans sa patrie et dans la mesure de ses forces est lui-même appelé par la nature à contribuer »[278]. A l'encontre donc de la thèse terroriste, Kant appréhende l'histoire comme orientée vers le progrès du genre humain.

Cette option semble le rapprocher de ce qu'il appelle "l'eudémonisme". L'histoire, pour les tenants de cette vision, témoigne d'une constante progression vers le meilleur, repérable dans une amélioration morale progressive de l'espèce humaine. Cette conception, que Kant qualifie ironiquement *"d'opinion héroïque"*[279], comporte cependant une lacune fondamentale : elle ne se fonde sur aucune expérience historique. Ce qui l'empêche de se rendre à l'évidence : *« L'histoire universelle s'élève là contre, trop puissamment »*[280]. Kant n'adhère pas non plus à l'hypothèse eudémoniste qui ne tient pas suffisamment compte des facteurs de régression. Sans souscrire à l'une ou l'autre, la conception kantienne de l'histoire emprunte aux deux hypothèses dont elle porte les traces. Cette ambivalence l'apparente-t-elle au syncrétisme[281], à ce qu'il appelle "l'abdéritisme", à mi-chemin entre le terrorisme et l'eudémonisme ? Pour cette troisième voie, l'histoire alterne progrès et régressions, oscille entre grandeur et décadence, semblable au rocher de Sisyphe[282] dévalant la pente d'une montée sans cesse recommencée. Derrière ce mouvement de chute et de relèvement, la conception abdéritaine consacre l'inertie humaine, le retour à l'identique. *« L'humanité oscille constamment entre deux bornes fixes, vers le haut, vers le bas ; mais elle conserve à peu près, si l'on considère l'ensemble, le même niveau de moralité dans tous les temps, la même mesure de religion et d'irréligion, de vertu et de vice, de bonheur et de misère »*[283].

---

[278] Id., *Conjectures sur le commencement de l'histoire humaine,* Pléiade, t. II, p. 520 (Ak. VIII, 123).
[279] Id., *La Religion dans les limites de la simple raison*, Pléiade, t. III, p. 30 (Ak. VI, 20).
[280] *Ibid.*, p. 30 (Ak. VI, 20).
[281] *Ibid.*, p. 33 (Ak. VI, 22).
[282] KANT, *Sur le lieu commun : il se peut que ce soit juste en théorie mais, en pratique, cela ne vaut point*, Pléiade, t. III, p. 293 (Ak. VIII, 308).
[283] *Ibid.*, p. 293 (Ak. VIII, 308).

Autrement dit, l'humanité se trouve dans un marécage où se mêlent bien et mal, comme le laisse entendre l'affirmation ci-dessus de Moses Mendelssohn. A l'instar du "terrorisme", il s'agit d'une conception irrationnelle de l'histoire, consacrant une totale indétermination du futur qui est livré à un destin sans destination. Son caractère irrationnel est une négation de toute philosophie de l'histoire par négation de toute possibilité d'intelligibilité du réel historique. La rationalité kantienne de l'histoire ne pouvait que le récuser.

En définitive, la pensée historique kantienne reste étrangement inclassable. Il ne trouve pas sa place dans la trilogie des réponses classiques à l'antinomie historique. Il n'adhère exclusivement, ni à la thèse qui postule *a priori* que l'histoire recèle un sens, ni à la théorie opposée qui, de l'observation des conduites humaines, conclut *a posteriori* au règne du chaos dans le cours des affaires humaines. Il n'opte pas davantage pour la synthèse abdéritaine. Comment Kant parvient-il à sortir la raison de son conflit avec elle-même sur le terrain de l'histoire ? En fait, sa philosophie de l'histoire ne résout pas l'antinomie de l'histoire. Entre la rationalité absolue et l'irrationalité, Kant considère que le réel historique n'est ni parfaitement rationnel, ni radicalement irrationnel. Il l'appréhende comme un non-rationnel à rationaliser. Ce devenir rationnel de l'histoire définit un processus dont la tonalité dramatique est bien loin de l'euphorie eudémoniste.

Théodore Ruyssen croyait que *« l'histoire aux yeux de Kant, n'est rien d'autre que la victoire continue de la liberté »*[284]. En réalité, loin d'être un *continuum* de victoires successives, le progrès historique suit une courbe sinueuse faite de chutes et de relèvements. L'histoire humaine se trouve placée sous le signe de la lutte et du combat de l'être raisonnable, pour transformer la nécessité en règne de la liberté et l'absurdité en sens. Le progrès historique s'inscrit dans une dimension conflictuelle : le conflit du bien et du mal structurant à la fois l'histoire individuelle, communautaire et religieuse, le conflit de l'insociable sociabilité, le conflit aussi entre l'être humain aspirant au repos et la nature qui

[284] Théodore RUYSSEN, « La philosophie de l'histoire selon Kant », in *Annales de philosophie politique*, n°4, *La philosophie politique de Kant*, p. 43.

lui impose la discorde[285]... Pour Kant, on ne saurait fonder une histoire du progrès sur la bonté originelle de l'homme défendue par Rousseau. La lutte incessante est le lot de l'espèce humaine engagée dans la bataille pour le triomphe de la liberté. Dans cette bataille, chaque chute ou retombée sert de leçon féconde et de point de départ à une nouvelle avancée.

Le progrès historique postulé par Kant dissimule un drame, où se cache l'omniprésence du mal qui menace l'accomplissement historique de la liberté. Sa philosophie de l'histoire se révèle au moins aussi tragique que celle de Hegel. Pour le philosophe de Königsberg, une succession infinie de batailles jamais achevées tisse la trame du devenir historique. La liberté kantienne est une liberté en souffrance perpétuelle d'accouchement. Celui qui entendait établir la paix sur tous les fronts des enjeux humains, en philosophie, en métaphysique, en politique[286], échoue manifestement sur le terrain historique. Bien et mal s'y affrontent sans cesse. Il y a dans la philosophie kantienne de l'histoire, une souffrance de la pensée, déchirée entre plusieurs hypothèses contradictoires, mais aussi une souffrance réelle dans le processus historique même. De ce présent conflictuel, Kant attend un devenir du bien et de la liberté. Malheureusement, l'issue de cette dynamique conflictuelle reste incertaine. La perception kantienne du devenir manque de certitude sur le futur, parce que l'histoire est toujours en train de se faire ; bien plus, sphère de la liberté[287], elle dépend de la volonté libre de l'homme. Ce faisant, elle se présente comme un domaine qui n'autorise pas de certitude prophétique : *« De la liberté, on ne peut rien prédire avec certitude »*[288]. S'y

---

[285] L'*Idée* énonce effectivement ceci : *« L'homme veut la concorde, mais la nature sait mieux que lui ce qui est bon pour son espèce ; elle veut la discorde »* (KANT, *Idée d'une histoire universelle au point de vue cosmopolitique,* Pléiade, t. II, p. 193 (Ak. VIII, 21).

[286] Kant a tour à tour écrit les trois Critiques pour résoudre le conflit de la raison avec elle-même sur le terrain de la métaphysique, le *Projet de paix perpétuelle* pour la paix en politique, l'*Annonce de la proche conclusion d'un traité de paix perpétuelle en philosophie* et *Le Conflit des facultés,* pour venir à bout des dissensions intellectuelles et philosophiques de son temps.

[287] *« La nature est la sphère de la nécessité, l'histoire est la sphère de la liberté »* (CASSIRER, *L'idée de l'histoire*, p. 134).

[288] KANT, *Réflexions sur la philosophie du droit*, n° 8077 (Ak XIX, 603-612).

aventurer revient à postuler l'existence d'un *« mécanisme de la liberté, dont le concept est contradictoire de lui-même »*[289]. Il en est ainsi parce que sur le terrain de l'histoire : *« Nous avons affaire à des êtres agissant librement, auxquels, certes, se peut à l'avance dicter ce qu'ils doivent faire, mais ne se peut prédire ce qu'ils feront et qui, du sentiment des maux qu'ils s'infligèrent à eux-mêmes, savent, si cela empire vraiment, retirer un motif renforcé de faire désormais mieux que ce n'était en tout cas avant cette situation »*[290].

De là, la complainte empruntée par Kant à l'abbé Coyer : *« Pauvres mortels, parmi vous rien n'est constant, si ce n'est l'inconstance »* [291]. La contingence du devenir historique qui s'énonce ici tient essentiellement à la liberté comme possibilité des contraires. L'écartèlement de la liberté entre *Wille* et *Willkür* signifie qu'un mauvais destin de la liberté, et partant, de l'histoire, est toujours possible. La philosophie kantienne de l'histoire s'inscrit ainsi dans la thèse d'une indétermination de l'avenir. A la certitude apodictique de la loi, répond l'incertitude de l'avenir éthico-historique qui échappe à la connaissance humaine.

Inconfortable et déconcertante, cette indétermination historique paraît bien négative. Mais du point de vue de Kant, elle participe de l'affirmation de la liberté dans l'histoire. La contingence historique constitue un cinglant démenti de la vision destinale de l'histoire. Grâce à l'intrusion de la contingence dans le cours de l'histoire, une faille s'opère dans le déterminisme de la nature, marquant le point de départ de l'inscription de la liberté dans le devenir ou le début de son triomphe sur la nécessité. Ceci n'enlève rien au fait que Kant, contrairement à ce qu'il paraît, n'a pas une pensée rassurante du devenir.

Le devenir humain se retrouve balloté entre deux pôles antithétiques : certitude et incertitude, rationalité et irrationalité. Autant l'irrationalité du devenir historique ne saurait être la loi de l'avenir, autant la rationalité du devenir manque de certitude théorique et fait l'objet d'une attente inquiète et d'espoir. N'étant

---

289 Id., *Anthropologie du point de vue pragmatique*, Pléiade, t. III, p. 1006 (Ak. VII, 189).

290 Id., *Le Conflit des facultés*, Pléiade, t. III, p. 892 (Ak. VII, 83).

291 *Ibid*., p. 892 (Ak. VII, 83).

partisan ni d'une absurdité totale de l'histoire, ni d'une rationalité triomphante, la pensée de Kant s'affronte à l'antinomie de l'histoire mais ne la résout pas parfaitement. Elle prend même quelquefois des allures antinomiques. Elle articule en effet difficilement le particulier et l'universel. La destinée individuelle et collective, l'éthique et l'historico-politique se croisent mais ne s'harmonisent pas véritablement, laissant apparaître quelques apories. Sur le plan éthique, l'individu forme le noyau central du progrès. L'appel à une communauté éthique formalisée, voire institutionnelle, ne sera nécessité que par la radicalité du mal à combattre. L'éthique assigne à l'individu une destination. La loi morale lui trace un programme d'exode vers une terre promise idéale, l'accomplissement de lui-même.

Cette destination individuelle admise dans l'éthique, l'historico-politique semble la récuser. Le progrès historique concerne avant tout la totalité de l'espèce. *« Chez l'homme les dispositions naturelles qui visent à l'usage de sa raison ne devaient être développées complètement que dans l'espèce, mais non dans l'individu »*[292]. Le sujet de l'histoire n'est pas tant l'individu mais surtout l'espèce à travers la succession des générations. Tandis que *« tout animal atteint individuellement sa destination ; chez l'homme, l'espèce n'atteint que dans une suite de générations, sa destination en tant que créature raisonnable »*[293]. Autrement dit, la perfectibilité humaine implique que c'est l'espèce qui progresse et non pas les individus. Kant accorde à la totalité, ce qu'il refuse à ses parties composantes. Pourtant, la totalité constituée, de la collection des parties, porte logiquement la marque de ses composantes. Que le progrès requiert la solidarité de tous reste acceptable, mais cela l'est moins lorsque cette exigence de solidarité prend une dimension quasi sacrificielle. Dans le devenir de la totalité de l'espèce, l'individu n'apparaît, en fin de compte, que comme un maillon de la chaîne infinie de l'histoire. Il sert de support anthropologique à une ruse de la nature *« menant son action derrière le dos des hommes en chair et en os »*[294]. La

---

[292] KANT, *Idée d'une histoire universelle au point de vue cosmopolitique,* Pléiade, t. II, p. 189 (Ak. VIII, 18).

[293] Id., *Réflexions sur l'anthropologie,* n° 1499 (Ak. XV, 781).

[294] Hannah ARENDT, *La vie de l'esprit*, p. 179.

logique téléologique kantienne finit par réduire l'homme à un simple moyen. La finalité se dégrade en instrumentalité. Cette conception du progrès va à l'encontre de la dignité de l'homme et de la conviction kantienne réaffirmant maintes fois que l'homme est une fin en soi que rien ne permet de réduire au rang de moyen en vue d'une fin[295]. L'historico-politique serait donc un cinglant désaveu de l'éthique. Le progrès historique paraît se déployer aux dépens des individus concrets. De leur vivant, ils ne jouissent pas des fruits de leurs sacrifices. Leur vertu n'est récompensée que dans la *duratio noumenon* de l'immortalité. Au nom de la perfectibilité de l'espèce, Kant sacrifie la partie au profit de la totalité, dans l'espoir d'un bonheur final de l'espèce.

Le sacrifice exigé excède les individus pour concerner la succession des générations, de sorte que *« seules les générations les plus tardives doivent avoir la chance d'habiter l'édifice auquel a travaillé une longue lignée de devanciers qui ne pourraient pourtant eux-mêmes prendre part à la joie qu'ils préparaient »*[296]. A en juger par cette assertion de l'*Idée d'une histoire universelle*, la dernière génération trônerait sur l'échafaudage en ruine de toutes les précédentes[297]. Ce bonheur d'un futur lointain, tiré de la souffrance présente des autres, ne repose-t-il pas sur une injustice inacceptable ? *« L'iniquité,* s'offusque Monique Castillo, *est patente : bonheur immérité d'un côté, sacrifice injustifié de l'autre »*[298].

Par ailleurs, le progrès historique chez Kant est sans terme terrestre assigné. Il n'y a pas de félicité finale à attendre ici-bas. L'accomplissement parfait de l'histoire est transhistorique. Il demeure une tâche jamais définitivement réalisée, une marche vers,

---

[295] L'une des formules de l'impératif catégorique énonce en effet : *« Agis de telle sorte que tu traites l'humanité aussi bien dans ta personne que dans la personne de tout autre toujours en même temps comme une fin, et jamais simplement comme un moyen ».* (*Fondements de la métaphysique des mœurs*, Trad. V. Delbos, Paris, Le livre de Poche, 1993, p.105).

[296] KANT, *Idée d'une histoire universelle au point de vue cosmopolitique,* Pléiade, t. II, p. 191 (Ak. VIII, 20).

[297] Telle est l'objection que formule Herder à l'endroit de Kant (HERDER, *Idée pour la philosophie de l'histoire de l'humanité*, p. 141).

[298] Monique CASTILLO, *La responsabilité des modernes ; essai sur l'universalisme kantien*, p. 209.

un progrès continu, interminable. C'est une historicité sans terme historique, une tension toujours maintenue vers un but final idéel. La perspective kantienne du progrès consacre une éternelle insatisfaction sur fond de mélancolie : *« Même si nous retenons au sujet de l'état moral et physique de l'homme en cette vie-ci la meilleure hypothèse, celle d'une progression et d'une approximation constante vers le Souverain Bien (le but qui lui est fixé), l'homme ne peut tirer son contentement de la perspective d'un changement (moral aussi bien que physique) qui se prolonge éternellement »*[299].

Kant demande à l'individu de se sacrifier pour un avenir situé au-delà de sa propre mort, un *"avenir en dépit de la mort"*, pour reprendre une expression de Paul Ricœur. Un progrès sans fin reste-t-il encore un progrès si on n'atteint pas le terme ? Hegel en doute. Le progrès indéfini de Kant cache à ses yeux la perpétuation même de l'imperfectibilité. La perfectibilité ne serait rien de moins qu'une imperfectibilité indéfinie. Dans ce processus de la perfectibilité humaine, la liberté n'est pas seulement le but ultime, mais aussi le principe moteur.

---

[299] KANT, *La fin de toutes choses*, Pléiade, t. III, p. 318 (Ak. VIII, 354).

CHAP. II : LA LIBERTE, NOEUD CENTRAL DU PROCESSUS HISTORIQUE

Une conviction traverse la philosophie kantienne de l'histoire, celle du progrès du genre humain. Dans ce progrès, la liberté occupe une place centrale. Elle se trouve à la base même et au sommet de l'évolution historique. La liberté se prend donc elle-même pour fin. Kant sans tenir compte du paradoxe, fait de la liberté, à la fois le terme et le principe moteur du processus historique. Mais comme si la liberté ne suffisait pas à assurer le progrès vers elle-même, Kant appelle à son secours la Nature. L'idée d'une autoréalisation de la liberté est déjà difficile à concevoir, mais plus encore l'idée que, d'une ruse de la Nature[300], puisse naître de la liberté.

I. L'IMPOSSIBLE CERCLE DE LA LIBERTE

A. L'INDICE D'UN CERCLE DE LA LIBERTE

Le progrès du genre humain étant admis, lorsque l'attention se porte vers l'horizon de l'évolution historique, on découvre au premier abord chez Kant, ce que l'on pourrait nommer "un cercle de la liberté". En effet, à la lecture des textes historico-politiques kantiens, la liberté se présente à la fois comme le *terminus a quo* et le *terminus ad quem* du progrès. Il ne fait pas de doute que pour Kant, la liberté représente avant tout le but ultime du progrès historique.

Une diversité d'enjeux anthropologiques se disputent apparemment le but de l'évolution historique. L'histoire se définit

---

[300] Une précision s'impose d'entrée de jeu ici : le terme "Natur" chez Kant recouvre plusieurs significations que nous aborderons tour à tour dans leur rapport avec la liberté. D'un point de vue phénoménal, la nature définit l'existence des choses en tant que déterminée selon les lois de la causalité de la cause et de l'effet ; elle est synonyme de déterminisme. La Nature (nous optons de l'écrire avec une majuscule pour la distinguer de la première acception), d'un point de vue transcendantal, représente une entité finalisée et est synonyme de Providence. Enfin, la nature désigne le principe intérieur de tout ce qui appartient à l'essence des choses.

comme le processus de réalisation d'un but ultime, le Souverain Bien. Ce concept, bien que toujours au singulier, revêt cependant, une multiplicité de significations, tantôt eschatologiques, tantôt temporelles et historiques. Il apparaît sur différents plans, allant du niveau individuel à l'universalité du genre humain. Le *"höchstes Gut"* désigne avant tout un idéal de perfection morale, aussi bien personnelle que collective, jointe à sa récompense, le bonheur. *« La vertu et le bonheur constituent ensemble la possession du Souverain Bien dans une personne »*[301]. Ce *summum bonum* finit par atteindre une portée cosmique. L'activité libre et formatrice de la raison nous oblige à façonner la nature pour en faire un monde moral. Le Bien suprême consiste à réaliser *« une nature soumise à l'autonomie de la raison pure pratique »*, pour rendre possible en elle *« l'existence d'êtres raisonnables sous des lois morales »*[302]. En d'autres termes, il s'agit de parvenir à l'idéal d'une nature gouvernée par les lois morales, à une *« humanisation de la nature »*[303]. Cette transformation de la nature, pour en faire un monde d'êtres raisonnables, passe par une organisation rationnelle des relations interindividuelles. Le droit étant la condition extérieure de la moralité, c'est par l'avènement d'une société et d'un monde juridiquement organisés, que l'humanité s'achemine vers sa destination ultime. La réalisation du Souverain Bien suppose la mise en place d'institutions politico-juridiques (l'Etat de droit, la société cosmopolitique), éthiques, voire spirituelles (la Cité éthique, l'Eglise universelle).

La notion de Souverain Bien connaît donc de multiples déplacements conceptuels, signes d'une pensée en recherche d'elle-même et de sa cohérence. Au-delà de cette polysémie, quelques constantes demeurent. Quel que soit son contenu, le Souverain Bien vise une synthèse de l'hétérogène, un accord entre des réalités incompatibles, voire exclusives : la vertu et le bonheur, la nature et la liberté, en un mot, la synthèse d'un élément empirique et d'un élément moral. Ne s'agit-t-il pas en cela d'un idéal problématique d'avance manqué ? Outre sa nature synthétique, le Bien suprême possède, en dépit de sa polysémie,

---

[301] KANT, *Critique de la raison pratique*, Pléiade, t. II, p. 743 (Ak. V, 110).
[302] Id., *Critique de la faculté de juger*, Pléiade, t. II, p. 1249 (Ak. V, 444).
[303] Yirmiyahu YOVEL, *Kant et la philosophie de l'histoire*, note n° 66, p. 63.

une fonction de totalisation. Il incarne le but ultime de toutes nos actions, de tout le genre humain et sa destination finale. Un tel Absolu peut-il s'effectuer à travers la contingence de l'histoire ? Comme si l'association de l'Absolu et de la contingence ne posait aucun problème, Kant fait de l'histoire la médiation indispensable de la réalisation de l'Absolu. Enfin, la polysémie de la notion de Souverain Bien, loin d'être irréductible, peut se réduire à une dualité. L'absolu du *summum bonum* se laisse ramener à un idéal ultime, composé de deux aspects interdépendants : le Souverain Bien politique ou l'avènement d'un tout cosmopolitique, et le Souverain Bien éthique qui culmine dans l'établissement d'une communauté éthique universelle. A y regarder de près, il nous semble même que cette dualité peut être surmontée grâce au fil conducteur qui les traverse tous deux et en assure l'unité : la liberté.

Relativement au Souverain Bien politique, la *Doctrine du droit* présente la pacification universelle et perpétuelle comme *« la fin ultime tout entière de la doctrine du droit dans les limites de la simple raison »*[304]. L'apogée de l'évolution politique de l'humanité reste donc la paix perpétuelle garantie par une société cosmopolitique. Ceci dit, en examinant attentivement les développements kantiens, on comprend finalement que la paix, pour Kant, n'est pas en elle-même le Bien absolu, pas plus que la guerre ne représente le mal absolu. La paix n'a de valeur que comme le résultat d'un ordre juridique permettant l'exercice pacifique des libertés. On comprend alors que *« l'exaltation kantienne de la paix n'a rien d'un discours pacifiste, parce qu'elle n'absolutise pas la paix : pour Kant, la fin qu'est la paix n'a de valeur morale que comme l'effet d'une politique dont la norme absolue est le droit extériorisant la liberté. La paix sans le droit n'est qu'une pseudo-paix dont la recherche à tout prix veut masquer le mépris du droit et de la liberté »*[305].

Kant, quoiqu'attaché à l'idéal de paix perpétuelle, ne veut pas d'une paix dans la sujétion, mais d'une liberté dans la paix. Il n'est

---

304 KANT, *Métaphysique des mœurs*, Pléiade, t. III, p. 629, (Ak. VI, 355).

305 Bernard BOURGEOIS, « Kant et la révolution française (la guerre) », in *La philosophie et la révolution française*, Acte du colloque de la Société Française de philosophie, p. 283.

donc pas étonnant que les *Conjectures* exaltent la guerre comme un moyen dont se sert la Providence pour épargner au genre humain la paix tyrannique du despotisme[306]. L'auteur de la troisième *Critique* va même jusqu'à considérer comme *« une tentative cachée profondément et intentionnelle de la Sagesse suprême, sinon pour établir, du moins pour préparer une légalité conciliée avec la liberté des Etats »*[307]. Par contre, il condamne comme le plus grand mal la guerre qui ruine la liberté. La paix perpétuelle reste certes un idéal historique, mais un idéal subordonné à celui de l'épanouissement de la liberté dont il est la condition incontournable.

Pour ce qui est du Souverain Bien éthique, le bonheur semble le définir. En fait, comme le montre la *Critique de la faculté de juger*, le bonheur ne constitue pas la fin ultime de la Nature par rapport à l'homme. S'il l'était, la Nature aurait pourvu l'homme de plus de moyens pour y parvenir ; elle s'est contentée de le doter de la capacité de se choisir des fins. L'homme comme être moral, et non le bonheur, constitue le seul but ultime auquel la Nature tout entière est subordonnée. Le sommet de l'idéal historique en son versant éthique est donc la moralité universelle. Le bonheur n'en est que la conséquence ; or la liberté est l'essence même de la morale chez Kant ; l'autonomie en est la base fondamentale. En définitive, quel que soit le contenu que Kant donne au Souverain Bien, la liberté en forme le principe fondamental. Elle traverse tous les niveaux de signification de ce concept, au point que Paul Guyer a pu écrire : *"Freedom is a part of the capacity which gives others their infinite usefulness, it is the highest degree of life, it is the property that is a necessary condition at the basis of all perfections... If all creatures had a faculty of choice bound to sensuous drives, the world would have no value; the inner value of the world, the summum bonum, is the freedom to act in accordance with a faculty of choice that is not necessitated. Freedom is therefore the inner value of the world"*[308].

---

306 KANT, *Conjectures sur le commencement de l'histoire humaine*, Pléiade, t. II, p. 516 (Ak. VIII, 120).

307 Id., *Critique de la faculté de juger*, Pléiade, t. II, p. 1236 (Ak. V, 433).

308 *« La liberté fait partie des qualités qui donnent à toutes les autres leur utilité infinie ; elle constitue le degré suprême de la vie ; c'est la propriété qui est une*

On peut donc en conclure qu'il n'y a qu'un but ultime de la destinée humaine, la réalisation éthico-politique de la liberté ou l'épanouissement total de la liberté, tant extérieure qu'intérieure, tant légale que morale. L'accomplissement de l'humanité réside dans l'établissement d'une totalité juridique et morale, où règne la liberté. Et toute la philosophie kantienne de l'histoire consiste à penser l'avènement de ce règne de la liberté. Dès sa première œuvre authentiquement historico-politique, Kant énonce effectivement que le but du genre humain aidé par le dessein de la Nature, serait de réaliser *« une constitution politique parfaite à l'intérieur et, dans ce but, également parfaite à l'extérieur »*[309]. Cet idéal de constitution parfaite énoncé ici, reçoit dans la première *Critique,* un contenu beaucoup plus précis, celui d'une *« constitution ayant pour but la plus grande liberté humaine »*[310]. L'inscription de la liberté dans la nature définit l'histoire *« qui se propose de raconter ces manifestations phénoménales »*[311] de la liberté du vouloir. En résumé, la liberté s'affirme comme le but final du devenir historique, le terme spécifique du progrès de l'humanité, son but *per se,* son but en soi[312]. En anticipant d'une certaine manière sur la philosophie de l'histoire de Hegel, l'idéalisme transcendantal de Kant conçoit l'histoire comme la réalisation de la liberté.

Le but ultime du progrès historique étant connu, quel peut être le principe moteur y conduisant ? L'examen des textes historico-politiques kantiens révèle qu'au fondement de l'évolution historique se trouve encore la liberté qui, en plus d'être le terminus *ad quem* du processus historique, en est également le *terminus a quo*. Kant, de façon récurrente, affirme en effet la liberté comme le

---

condition nécessaire à la base de toutes les perfections ; si toutes les créatures avaient une faculté de choix liée aux mobiles sensibles, le monde n'aurait aucune valeur ; la valeur interne (immanente) du monde, le Souverain Bien, est la liberté d'agir en accord avec une faculté de choix qui n'est pas nécessitée ». (Paul GUYER, *Kant on Freedom, Law, and Happiness*, p. 96).

[309] KANT, *Idée d'une histoire universelle au point de vue cosmopolitique,* Pléiade, t. II, p. 200 (Ak. VII, 27).

[310] Id., *Critique de la raison pure,* Pléiade, t. I, 1980, p. 1028 (Ak. III, 247).

[311] Id., *Idée d'une histoire universelle au point de vue cosmopolitique,* Pléiade, t. II, p. 187 (Ak. VIII, 17).

[312] Yirmiyahu YOVEL, *Kant et la philosophie de l'histoire*, p. 156.

noyau dynamique du devenir humain. L'*Opus postumum* compte parmi les forces motrices de la nature et du monde, les Idées de la raison éthico-pratique[313]. La *Critique de la faculté de juger* prescrit au concept de liberté *« le devoir (soll) de rendre effectif dans le monde la fin imposée par ses lois »*[314]. *Les Progrès réels de la métaphysique* précisent que *« la perfection morale qui doit être fondée dans l'homme même ne peut être l'effet, ni par conséquent non plus la fin, qu'un autre pourrait se proposer de réaliser (..). L'Idée de Souverain Bien en tant que fin morale, exige d'avoir l'homme lui-même pour auteur (dans la mesure où cela est en son pouvoir) »*[315]. Autrement dit, la tâche de réalisation du Souverain Bien revient à l'être raisonnable lui-même. L'histoire circonscrit finalement la scène du déploiement des événements de la liberté, le domaine par excellence d'exercice de la liberté humaine. Sur son terrain, *« nous avons affaire à des êtres agissant librement, auxquels certes se peut à l'avance dicter ce qu'ils doivent faire, mais ne se peut prédire ce qu'ils feront »*[316]. Les opuscules historico-politiques attribuent à la liberté humaine une puissance incontestable de réalisation historique. Ils reconnaissent en elle une *« force créatrice, le ferment qui déclenche et entretient le mouvement ascensionnel de l'histoire »*[317]. Principe effectif, elle intervient à plusieurs niveaux dans le processus de réalisation du Souverain Bien. Dans le droit politique, la constitution républicaine se fonde sur la liberté et *« consiste à n'obéir qu'à des lois auxquelles j'ai pu donner mon assentiment »*[318]. *« L'accord à la société pathologiquement extorqué »*[319], concerne spécifiquement la société civile naissante, mais ne s'applique aucunement à l'institution républicaine. La République ne saurait être *"pathologiquement extorquée"* car on ne peut être républicain

---

[313] KANT, *Opus postumum*, Trad. de F. Marty, p. 193 (Ak. XXII, 59).

[314] Id., *Critique de la faculté de juger*, Pléiade, t. II, p. 929 (Ak. V, 176).

[315] Id., *Quels sont les progrès réels de la métaphysique en Allemagne depuis le temps de Leibniz et de Wolff ?*, Pléiade, t. III, p. 1259 (Ak. XX, 7, 307).

[316] Id., *Le Conflit des facultés*, Pléiade, t. III, p. 892 (Ak. VII, 83).

[317] Georges VLACHOS, *La pensée politique de Kant ; métaphysique de l'ordre et dialectique du progrès*, p.125.

[318] KANT, *Projet de paix perpétuelle*, Pléiade, t. III, p. 341 (Ak. VIII, 350).

[319] Id., *Idée d'une histoire universelle au point de vue cosmopolitique,* Pléiade t. II, p. 192 (Ak. VIII, 21).

malgré soi, mais librement. Le droit public accorde aussi une place de choix à la liberté, puisqu'il *« doit être fondé sur une fédération d'Etats libres »*[320].

Le versant éthique du Souverain Bien, quant à lui, ne compte naturellement d'autre principe dynamique que la liberté. Du fait de la liberté comme principe historique, la marche de l'histoire cesse de relever de la fatalité d'un destin. Cela implique que, loin d'être gouverné par une puissance étrangère, le mouvement de l'histoire relève des hommes considérés comme causes et auteurs conscients de son progrès[321]. Ceci étant, il ne suffit pas d'affirmer la liberté comme un principe historique, encore faut-il que ce principe soit efficient en lui-même. La liberté en étant à la fois le fil conducteur du processus historique, son enjeu central, et sa visée ultime, fait cercle avec elle-même[322]. Le progrès historique tend vers ce qui l'anime déjà ; la liberté se prend elle-même pour fin. On assiste à son dédoublement tautologique : l'homme doit être ce qu'il est déjà. Il faut être libre pour acquérir la liberté. Ce vers quoi on tend, relève déjà de l'acquis. Le processus historique n'a donc plus de raison d'être ni de sens : il se trouve d'avance déjà réalisé.

De ce soupçon, Kant pourrait se défendre, en affirmant que la liberté existe d'abord en l'homme, sous forme de potentialité à réaliser effectivement en soi et dans le monde. Loin d'être une propriété d'avance pleinement acquise, la liberté incarne la destination de l'homme, l'objet de ses luttes. Elle ne peut être conquise que parce que l'homme en a déjà en lui la potentialité : il est une possibilité de liberté. On se demande cependant comment une simple potentialité individuelle peut efficacement assurer la réalisation d'un idéal universel. Le sort du monde est remis entre les mains d'un être qui doit d'abord conquérir sa liberté. Le Bien et le devenir de l'humanité dépendent de la liberté humaine qui n'est pas encore mais doit être. Or les *Conjectures,* sondant les débuts de

---

[320] Id., *Projet de paix perpétuelle*, Pléiade, t. III, p. 345 (Ak. VIII, 354).

[321] Christophe BOUTON (*Le procès de l'histoire ; fondements et postérités de l'idéalisme historique de Hegel*, 2004) définit ainsi le "principe de faisabilité" de l'histoire dans la philosophie de Kant et de Hegel ; ce principe signifie que l'histoire, loin d'être gouvernée par une puissance étrangère, est faisable par les hommes qui peuvent en modifier le cours.

[322] Bernard BOURGEOIS, *La raison moderne et le droit politique*, p. 199.

l'histoire humaine et les premiers pas de l'homme vers la liberté, concluaient : *« L'histoire de la nature commence par le Bien, car elle est l'œuvre de Dieu ; l'histoire de la liberté par le mal, car elle est l'œuvre de l'homme »*[323]. Ainsi, la liberté humaine peut se retourner contre elle-même. Elle recèle une possibilité originaire d'auto-négation. *« La liberté trouve en elle-même,* écrit Anne-Marie Roviello, *la menace fondamentale contre l'institution de sa propre légalité »*[324]. Kant n'exigerait-il pas de l'homme et de sa liberté beaucoup plus qu'ils ne sauraient réaliser ?

Kant lui-même se montre sceptique quant à l'efficience de la moralité comme facteur historique essentiel. La constitution civile parfaite requiert comme condition fondamentale déterminante la bonne volonté[325] c'est-à-dire la rectitude et la vertu de l'homme ; mais *« le bois dont l'homme est fait est si courbe qu'on ne peut rien y tailler de bien droit »*[326]. Manifestement, l'auto-engendrement de la liberté s'avère impossible. Celle-ci ne peut faire cercle autour d'elle-même sans la médiation d'un autre. Kant trouve cette altérité dans l'autre de la liberté, la Nature. Le concept de nature désignerait *« l'ingénieuse et grande ouvrière »*[327] qui travaillerait à la réalisation de la liberté dans l'histoire. L'historicité humaine va de la liberté à la liberté par la médiation de la Nature. La dynamique historique de la liberté s'inscrit ainsi dans une autre dynamique, celle de la Nature. Comme cette dynamique dans laquelle la liberté s'insère comporte une part de déterminisme, la médiation de la Nature risque de briser le processus allant de la liberté à la liberté. Le cercle de la liberté se trouverait alors rompu sans recours.

---

[323] KANT, *Conjectures sur le commencement de l'histoire humaine,* Pléiade, t. II, p. 511 (Ak. VIII, 115).

[324] Anne-Marie ROVIELLO, *L'institution kantienne de la liberté*, p. 208.

[325] L'*Idée d'une histoire universelle* rappelle en effet que, pour parvenir à l'idéal d'une constitution civile parfaite, *« il faut des concepts exacts de la nature d'une constitution possible, une grande expérience exercée par de nombreux voyages à travers le monde et par-dessus tout, une bonne volonté préparée à accepter cette constitution »* (Pléiade, t. II, p. 196 (Ak. VIII, 23).

[326] KANT, *Idée d'une histoire universelle au point de vue cosmopolitique,* Pléiade, t. II, p. 195 (Ak. VIII, 23).

[327] Id., *Projet de paix perpétuelle*, Pléiade, t. III, p. 353 (Ak. VIII, 361).

B. LE CERCLE BRISE DE LA LIBERTE

Kant appréhende l'histoire comme faisant partie de la Nature[328], c'est-à-dire qu'elle s'insère dans la finalité naturelle (*natürliche Zweckmäßigkeit*). De fait, sa pensée historique puise abondamment dans le champ lexical et les symboles de la naturalité. Les métaphores végétales, biologiques et organicistes abondent dans ses écrits historico-politiques. L'homme est fait d'un "*bois courbe*"[329]; le mal a des "racines" dans la nature humaine ; l'Etat est assimilé à un corps animé[330] constitué de sociétés civiles semblables au système des astres[331]. A ces métaphores végétales s'ajoutent en effet de multiples analogies physiques ou astronomiques. Il interprète par exemple, l'efficacité de l'insociable sociabilité, en se réglant sur le modèle physique newtonien de l'équilibre des forces d'attraction et de répulsion[332]. S'inspirant de l'astronomie de Kepler et de Copernic, il part en quête d'un point d'observation, à partir duquel le désordre apparent cède le pas à l'ordre et à la régularité. Pour penser l'hétérogénéité du réel historique en le ramenant à l'unité d'un concept, il fait appel au principe de finalité qui se présente comme une légalité du contingent. En somme, tout laisse croire que *« Kant recherche la régularité du devenir historique non pas dans la loi morale du devoir mais dans le mécanisme de la nature »*[333].

Par moments, l'argumentation de style analogique et métaphorique cède la place à l'affirmation d'un véritable déterminisme historique. Son ouvrage "*Des différentes races humaines*", complété par "*Définition du concept de race humaine*", développe une histoire naturelle de l'humanité, révélant l'emprise de la nature physique sur le mouvement historique. Le climat détermine les différences raciales ;

---

328 Hannah ARENDT, *Juger ; sur la philosophie politique de Kant*, p. 32.

329 KANT, *La Religion dans les limites de la simple raison*, Pléiade, t. III, p. 122 (Ak. VI, 100).

330 Id., *Critique de la faculté de juger*, Pléiade, t. II, p. 1143 (Ak. V, 352).

331 Id., *Réflexion sur l'Anthropologie*, n° 1394 (Ak. XV, 607).

332 Kant récusera plus tard dans *Projet de paix perpétuelle,* l'efficacité de l'équilibre des forces à engendrer la paix perpétuelle entre les Etats ; et l'appliquant à l'Europe dans son œuvre *Sur le lieu commun : il se peut que ce soit juste en théorie mais, en pratique, cela ne vaut point*, il le considère comme une pure chimère ridicule (Pléiade, t. III, p. 299 (Ak. VIII, 312).

333 Helmut HOLZHEY, « Les néo-kantiens et la philosophie de l'histoire de Kant », in *Revue Germanique Internationale*, n° 6, septembre 1996, p. 166.

des prédispositions naturelles rendent les hommes capables de vivre dans toutes les contrées de la terre. La Nature joue même un rôle d'acteur politique efficace. Par le conflit, elle disperse les hommes, mais la sphéricité de la terre les contraint ensuite à entrer en commerce réciproque. Et, derrière l'artificielle institution étatique, se cache un déterminisme naturel sous-jacent. L'Etat résulte avant tout *« d'une mécanique sociale »*[334] basée sur des penchants naturels en interaction. De même que dans une forêt, les arbres luttant pour ravir aux autres l'air et le soleil, poussent beaux et droits, de même font les hommes dans l'enclos de la société civile[335]. Autrement dit, la société civile nait d'un *"agencement purement mécanique"*[336], révélateur d'un déterminisme manifeste.

La logique déterministe, si prégnante, l'amène même à aborder l'avenir de la destinée humaine en l'assimilant à la trajectoire du soleil : *« On peut accorder que, s'il nous était possible de pénétrer la façon de penser d'un homme, telle qu'elle se révèle par des actes aussi bien internes qu'externes, assez profondément pour connaître chacun de ses mobiles, même le moindre, en même temps que toutes les occasions extérieures qui peuvent agir sur eux, nous pourrions calculer la conduite future de cet homme avec autant de certitude qu'une éclipse de Lune ou de Soleil, tout en continuant de déclarer que l'homme est libre »*[337].

Que l'on puisse soumettre l'agir humain au calcul et à la prévision tout comme les événements astronomiques ruine dangereusement la théorie kantienne de la liberté et contredit son appréhension de l'histoire. Celle-ci cesse d'être le domaine par excellence de la liberté humaine. Alexis Philonenko, surpris par cette assertion, ne veut pas croire qu'elle soit proprement kantienne ; pourtant l'authenticité de ce texte ne fait pas de doute. Il faut reconnaître qu'une nécessité naturelle s'impose à la philosophie kantienne du devenir. De tutrice, la Nature

---

[334] Jean-Marc FERRY, *La question de l'histoire : Nature, Liberté, Esprit ; les paradigmes métaphysiques de l'histoire chez Kant, Fichte, Hegel entre 1784 et 1806*, p. 33.

[335] KANT, *Idée d'une histoire universelle au point de vue cosmopolitique,* Pléiade, t. II, p. 194, (Ak. VIII, 22).

[336] Cette expression est proprement kantienne : Cf. la 3e proposition de l'*Idée d'une histoire universelle au point de vue cosmopolitique (*Pléiade, t. II, p. 190, (Ak. VIII, 19).

[337] KANT, *Critique de la raison pratique*, Pléiade, t. II, pp. 728-729, (Ak. V, 99).

se mue en puissance tutélaire contraignante. Ce qu'elle veut, loin de nous l'imposer comme un devoir moral, *« elle le fait elle-même, que nous le voulions ou non »*[338]. Elle soumet la volonté humaine individuelle contre son gré assurant ainsi un progrès nécessaire vers la liberté. A la manière d'un monarque, elle *« procède avec l'homme despotiquement »*[339]. Cette figure de la nécessité dans la philosophie kantienne de l'histoire n'en fait cependant pas une pure *Naturphilosophie*. Le mouvement de l'histoire obéit certes à une nécessité naturelle, mais il s'agit d'une nécessité d'essence finaliste et non fataliste.

La pensée historico-politique kantienne témoigne en fait d'une perception polysémique de la notion de nature. Cette dernière ne se réduit pas au concept théorique qu'en donne la première *Critique*, celle d'une nature physique uniquement régie par le mécanisme et le déterminisme. Kant entend la Nature, non pas uniquement comme un enchevêtrement mécanique de causes et d'effets, mais aussi comme un système de fins. Sous son cours mécanique « *on voit briller de la finalité* »[340] et on décèle, par la réflexion, un dessein qu'elle réalise par ruse[341]. L'histoire obéit ainsi à *« un plan caché de la nature pour produire une constitution politique parfaite à l'intérieur, et, dans ce but, également parfaite à l'extérieur »*[342]. Son progrès répond d'un processus naturel finalisé. L'appréhension mécaniste de la nature se trouve comme dépassée, complétée et enrichie par une vision téléologique. Sa naturalité se voit en quelque sorte débordée par la finalité. La Nature dont il s'agit, dans la logique de l'histoire, n'est plus celle de l'entendement ou des catégories, mais la Nature selon l'Idée.

---

[338] Id., *Projet de paix perpétuelle*, Pléiade, t. III, p. 359 (Ak. VIII, 365).

[339] Id., *Opus postumum*, Trad. de F. Marty, p. 199 (Ak. XXI, 14).

[340] Id., *Projet de paix perpétuelle*, Trad. de J. Gibelin, Paris, Vrin, 1988, p. 35.

[341] Pour parler du dessein de la Nature, il est devenu courant d'utiliser le schème conceptuel de "Ruse de la Nature" ; l'expression en elle-même n'est pas proprement kantienne mais d'Eric Weil (*Problèmes kantiens*, p. 119). Jacques D'Hondt, au risque d'induire une confusion entre la philosophie de Kant et celle de Hegel, titre ainsi un de ses articles « La ruse de la raison historique kantienne » (in *Revue Germanique Internationale*, n° 6, septembre 1996, p. 179).

[342] KANT, *Idée d'une histoire universelle au point de vue cosmopolitique*, Pléiade, t. III, p. 200, (Ak. VIII, 27).

Cet élargissement du concept de nature ne met cependant pas Kant à l'abri de toute critique. Son "dessein de la Nature" inconnu et ignoré des hommes[343], impénétrable[344], ressemble à un résidu de dogmatisme dans la philosophie critique. Ce reproche se justifie si l'on s'en tient uniquement au statut du dessein de la Nature dans l'*Idée d'une histoire universelle*. Dans ses œuvres ultérieures, Kant transformera cette notion d'abord dogmatique pour en faire un concept critique. Avec la *Critique de la faculté de juger*, la ruse de la Nature, entendue comme principe de finalité quitte son statut dogmatique, pour être insérée dans la pensée critique comme jugement téléologique réfléchissant. *« Le principe de finalité formelle de la nature,* insiste bien Kant, comme pour se défendre de tout dogmatisme, *est un principe transcendantal de la faculté de juger »*[345], *« un principe critique de la raison pour la faculté de juger réfléchissante »*[346]. Derrière ces mots transparaît un principe de finalité passé au crible de l'idéalisme transcendantal[347].

Ces affirmations répétées sur le statut entièrement critique du principe de finalité nous laissent tout de même perplexes. Une menace dogmatique continue à peser sur la téléologie kantienne. La notion de finalité sous-entend une intention ordonnatrice. Kant ne se contente pas de dénaturaliser la Nature, il l'humanise. Sous des traits anthropomorphes, la Nature organise et planifie toute chose selon un ordre et un but déterminé comme le ferait un entendement humain. Le concept de finalité représente la Nature *« comme si un entendement contenait le fondement de l'unité du divers de ses lois empiriques »*[348]. De cette idée d'une intention ordonnatrice à celle d'un Créateur intelligent, il n'y a qu'un pas, vite franchi par Kant. L'ordre perçu dans la nature révèle l'ordonnance d'un sage Créateur, plutôt que la main d'un génie malfaisant[349]. La finalité naturelle porte irrésistiblement Kant vers un Créateur divin ou une intelligence

---

[343] *Ibid.*, p. 188, (Ak. VIII, 17).
[344] Id., *Projet de paix perpétuelle*, Pléiade, t. III, p. 355 (Ak. VIII, 362).
[345] Id., *Critique de la faculté de juger*, Pléiade, t. II, p. 935, (Ak. V, 185).
[346] *Ibid.*, p. 1194, (Ak. V, 397).
[347] Georges VLACHOS, *La pensée politique de Kant ; métaphysique de l'ordre et dialectique du progrès*, p. 177.
[348] KANT, *Critique de la faculté de juger*, Pléiade, t. II, p. 935 (Ak. V, 180).
[349] Id., *Idée d'une histoire universelle au point de vue cosmopolitique,* Pléiade, t. II, p. 193 (Ak. VIII, 22).

suprême, créatrice de beauté ou d'ordre. *« Les choses naturelles que nous trouvons possibles seulement comme fins constituent la plus haute preuve de la contingence de l'univers et sont l'unique argument de fond valable, pour l'entendement commun aussi bien que pour le philosophe, prouvant que l'univers dépend et tire son origine d'un être existant hors du monde et donc intelligent ; et ainsi que la téléologie pour ses recherches ne peut s'achever instructivement nulle part ailleurs que dans une théologie »*[350].

Il ne suffit pas à Kant d'humaniser la nature, il tend même à la diviniser. Le sujet de l'histoire finit par perdre sa naturalité, pour devenir quasiment divin. Par moments, en effet, l'analogie cède la place à l'identification pure et simple entre Nature et surnature. *« Il doit vous être parfaitement indifférent,* énonce la première *Critique, de dire : Dieu l'a sagement voulu ainsi, ou bien la nature l'a ainsi sagement ordonné »*[351]. L'écrit intitulé "*Sur l'usage des principes téléologiques en philosophie*" englobe, dans la définition de la Nature, à la fois le monde et sa cause première[352]. En résumé, si le principe de finalité permet à Kant le dépassement de la nécessité naturelle vers son caractère final, cette téléologie débouche progressivement sur une conception providentialiste, quelque peu étrangère à sa philosophie critique. Cette conception donne à sa philosophie de l'histoire les allures d'une théodicée qui n'est rationnellement concevable qu'en postulant un sage Créateur.

"Faisabilité" et fatalité, déterminisme naturaliste et finalisme téléologique, conception volontariste, destinale ou providentialiste, caractérisent tous ensemble la philosophie kantienne de l'histoire. Elle ne s'épuise dans aucune de ces caractéristiques et donne ainsi l'image d'une pensée historique éclatée qui, pourtant, postule à la cohérence. Une juste compréhension de cette pensée et de sa cohérence exigent de penser ensemble la dualité motrice de l'histoire.

---

350 Id., *Critique de la faculté de juger*, Pléiade, t. II, p. 1195 (Ak. V, 399).

351 Id., *Critique de la raison pure*, Pléiade, t. I, p. 1287, (Ak, III, 459).

352 Par "nature" cette œuvre entend *« l'ensemble de tout ce qui existe en tant que déterminé par des lois, c'est-à-dire le monde y compris sa cause première »* (KANT, *Sur l'usage des principes téléologiques en philosophie,* Pléiade, t. II, p. 560, (Ak, VIII, 159).

II. LA DUALITE DES PRINCIPES DE L'HISTOIRE

A. UNE DUALITE PROBLEMATIQUE

Dans l'antinomie historique opposant sens et non-sens de l'histoire, Kant prend parti pour la thèse, mais celle-ci se subdivise en deux tendances : l'une attribuant le sens de l'histoire humaine à une puissance extérieure ou anhistorique (la Nature, la Providence ou Dieu), et l'autre aux hommes, acteurs de leur propre destinée. La philosophie kantienne tient ensemble ces deux courants. Elle place au fondement de l'évolution historique une double causalité. Le devenir historique a deux principes différents, la Nature et la liberté, sans que l'on sache avec précision lequel des deux détermine véritablement l'évolution historique. L'histoire humaine relève-t-elle d'un plan préétabli ou de la puissance de réalisation propre à la raison et à l'action humaine ? Cette dualité inhérente à la pensée historique de Kant compte parmi les ambiguïtés de sa philosophie[353] ; elle constitue un de ses nœuds problématiques. Aporétique est leur statut de "sujets" du processus historique, problématique leur articulation dans la réalisation du Souverain Bien.

La *Critique de la faculté de juger*, chargée de jeter un point entre les deux domaines de l'objectivité, impose à l'Idée de liberté le devoir de s'effectuer dans la nature et à la nature, l'obligation de l'accueillir au sein de sa légalité. *« Le concept de liberté a le devoir (soll) de rendre effectif dans le monde sensible la fin imposée par ses lois, et la nature doit (muss) en conséquence pouvoir être pensée de sorte que la légalité de sa forme s'accorde au moins à la possibilité des fins, qui sont à effectuer en elle selon les lois de la liberté »*[354].

En d'autres termes, il est du devoir du Devoir de se réaliser dans la nature, un devoir de même exigence impérative que le devoir moral ; et obligation est faite à la Nature de travailler à ce

---

[353] Luc FERRY regrette que dans le premier opuscule *« se manifeste une certaine ambiguïté dans la détermination de ce qui constitue l'élément moteur du processus historique, tant il est parfois difficile de savoir s'il doit être imputé, ne serait-ce que partiellement, à la volonté libre des hommes ou exclusivement rapporté à l'hypothétique "dessein de la nature" » (Philosophie politique*, T. 2, *Le système des philosophies de l'histoire*, p. 147).

[354] KANT, *Critique de la faculté de juger*, Pléiade, t. II, p. 929 (Ak. V, 176).

devoir. Deux écueils opposés guettent cette synthèse de deux irréductibles sur le terrain de l'évolution historique : l'aliénation de la liberté par sa subordination à la nécessité naturelle ou, au contraire, une dénaturation de la nature par la rupture de son enchaînement causal provoquée par l'intrusion de la spontanéité libre. Il y a manifestement une contradiction à assigner à la Nature la tâche de contribuer à l'insertion de la liberté dans le monde des phénomènes. On impose à la Nature de favoriser ce qui la nie, contredit son ordre et brise sa régularité. La Nature travaillerait donc contre elle-même. Le triomphe de la rationalité dans la naturalité n'est rien d'autre qu'une dénaturation de la nature, sous la forme de son auto-négation. Or cette auto-négation ne garantit point la réalisation effective de la liberté. Bien au contraire, ce recours à l'altérité dynamique de la Nature contient la menace de son aliénation. Antithèse de la liberté, comment la nature peut-elle en devenir l'auxiliaire ? Comme le relève Paul Guyer, *"there seems to be a contradiction in the very idea that nature can intend us to be free: What is merely natural is precisely what would seem to be unfree rather than free*[355] *"*. Le fondement déterministe donné à la liberté constitue une des difficultés la plus troublante des écrits kantiens sur l'histoire[356]. Pour s'acquitter de son devoir de réalisation historique, le Devoir se voit contraint de passer par la nécessité naturelle. La conquête du domaine empirique par la liberté passe par sa sujétion au déterminisme naturel : *« Quel que soit le concept que, du point de vue métaphysique, on puisse se faire de la liberté du vouloir, il reste que les manifestations phénoménales de ce vouloir, les actions humaines, sont déterminées selon des lois universelles de la nature, exactement au même titre que tout autre événement naturel »*[357].

La liberté en s'alliant à la Nature, s'aliène, et, pour se réaliser, se renie. A ceci, on peut objecter que la Nature finalisée a perdu son déterminisme et n'a plus rien de "naturel" ; mais ce serait

[355] *« Il semble y avoir une contradiction dans l'idée même que la nature peut nous vouloir libre ; ce qui est simplement naturel est précisément ce qui semblerait être non libre plutôt que libre »* (Paul GUYER, *Kant on Freedom, Law, and Happiness*, p. 375.)
[356] Cf. Philippe RAYNAUD, in KANT, *Opuscules sur l'histoire,* Introduction, p. 24.
[357] KANT, *Idée d'une histoire universelle au point de vue cosmopolitique,* Pléiade, t. II, p. 187 (Ak. VIII, 17).

oublier que le point de vue réfléchissant n'ajoute rien à l'essence de la nature, qu'il ne s'agit pas d'une finalité inhérente à la nature. Celle-ci reste ce qu'elle est, le règne de la nécessité, de la liaison causale mécanique, la finalité n'étant qu'un principe réflexif de l'entendement appliqué à la nature. En fait, dans les manifestations phénoménales de la volonté humaine se joue toute la destinée de l'Idée de liberté. Sans ces manifestations, elle se réduirait à une chimère étrangère au monde. Il faut donc le reconnaître, la nature, évacuée de la détermination de la liberté dans la philosophie théorique et pratique, a partie liée avec la liberté sur le terrain de l'histoire. Décidément, *« On ne peut tourner le dos à la nature et proclamer l'idéal d'une liberté totalement indépendante des fins naturelles. Produit de l'histoire, la liberté se trouve au contraire liée chez Kant, en vertu de sa propre histoire, aux lois téléologiques de la nature »*[358]. La raison naît dans la nature et ne parvient à ses fins que grâce à la participation bienveillante de la Nature.

Cette place décisive laissée à la Nature dans l'histoire de la liberté pose une question : de quelle liberté le genre humain dispose-t-il encore dans l'entreprise historique ? L'histoire reste-t-elle encore ouverte à l'action libre de l'homme ? Désormais le progrès de l'histoire paraît tenir à l'emprise de circonstances extérieures indépendantes de l'homme. Il signe, ne serait-ce que pour un temps, la mise à l'écart de la liberté comme principe exclusif du progrès. L'histoire cesse d'être proprement humaine et l'homme perd sa dignité. Il ressemble à un objet entre les mains de la grande ouvrière nommée Nature ou un simple rouage de son mécanisme. Il perd son statut de sujet de l'histoire. A l'encontre de cette vision déterministe de l'histoire, pour qui l'homme n'accomplit guère que les desseins d'une instance supérieure, Fichte, pourtant disciple de Kant, entendait développer une vision entièrement éthique de l'histoire. A son ami Baggesen, il annonçait : *« Mon système est le premier système de la liberté. De même que cette nation [la France] délivre l'humanité des chaînes matérielles, mon système délivrera du joug de la chose en soi, des*

[358] Georges VLACHOS, *La pensée politique de Kant ; métaphysique de l'ordre et dialectique du progrès*, p.179.

influences extérieures et ses premiers principes font de l'homme un être autonome »[359].

Sa philosophie conçoit effectivement l'histoire comme l'œuvre de l'homme, et la liberté humaine comme l'unique moteur de son processus. Ce sont les hommes, et uniquement les hommes qui font leur histoire. Pour Fichte comme plus tard pour Hannah Arendt, la téléologie kantienne réifie l'homme, le chosifie, ne serait-ce que temporairement. L'incarnation de la liberté dénature la nature et déshumanise l'homme. Cette objection faite à la téléologie kantienne de réduire l'homme à un moyen en vue d'une fin, peut être nuancée si l'on considère qu'il ne s'agit aucunement d'une fin étrangère à l'homme. La fin poursuivie par la ruse de la Nature demeure l'accomplissement de l'homme lui-même. La dépendance de la liberté humaine à l'égard de la nécessité naturelle serait donc une déshumanisation de l'homme en vue de son humanisation. En définitive, ce n'est pas tant la dualité des principes qui pose problème, mais les éléments qui composent cette dualité. Comme ils s'excluent mutuellement, leur articulation s'avère problématique.

Certains commentateurs[360] évoquent une évolution de la pensée kantienne. Ils distinguent une période du primat de la liberté comme principe effectif d'action et une période où la nature est la seule force motrice de l'histoire. Tout se passe comme si, après une période de non-liberté durant laquelle le progrès *« se fait en quelque sorte malgré nous par notre entremise »*[361], la liberté retrouvait la pleine mesure de son rôle d'acteur historique. Elle structure elle-même l'histoire et donne une orientation consciente à sa marche. Force est pourtant de reconnaître que ces deux orientations contradictoires traversent toute la philosophie kantienne, coexistant dans tout le corpus kantien et à l'intérieur de chacune des œuvres qui en font partie. L'*Idée d'une histoire universelle* de 1784 part de la détermination naturelle et débouche sur l'appel à la volonté humaine. Le *Projet de paix perpétuelle*

---

[359] FICHTE, *Fichtes Briewechsel herausgegeben von H. Schulz*, Leipzig, 1925, p. 142.

[360] Il s'agit notamment d'Alexis Philonenko, Christophe Bouton, Yirmiyahu Yovel.

[361] Otfried HÖFFE, *Introduction à la philosophie pratique de Kant ; la morale, le droit et la religion*, p. 263.

effectue le mouvement inverse en allant de la liberté instituante qui se trouve à la base de la constitution républicaine (1er article définitif), à la Nature, grande ouvrière (1er supplément). Le va-et-vient incessant entre ces deux principes récuse ainsi la thèse d'une évolution conceptuelle de Kant.

D'autres interprètes admettent justement cette coexistence des deux éléments déterminants du progrès et tentent de les articuler selon une stricte répartition des tâches, tout au long du processus historique. A la ruse de la Nature revient l'engendrement de l'ordre juridique et de la culture ; à la bonne volonté, le maintien de l'ordre juridique et de la totalité morale. La dialectique des forces aveugles de la Nature ne serait efficace que sur le plan culturel et légal ; l'action consciente prendrait le relais, pour assurer le progrès éthique, une finalité *«qu'il appartient à l'homme de déployer comme sa tâche et son bien propre »*[362]. Les textes kantiens, pris dans leur globalité, apportent toutefois un démenti à cette hypothèse. Les deux dimensions du progrès s'enchevêtrent dans le mouvement de l'histoire. Si, dans la réalisation du Souverain Bien politique, le ressort naturel semble s'imposer, la liberté aussi y participe activement. La Nature assure la fondation de l'Etat ; l'adhésion libre des citoyens se charge de sa transformation en une République. Mais l'institution de la République ne signe pas la fin du rôle de la Nature. *Le Conflit des facultés* et *La Religion* en témoignent : la finitude radicale de l'homme nous oblige à supposer la Nature comme finalisée, sous les traits de la Providence divine, dans la réalisation du Souverain Bien. En somme, Nature et liberté sont si imbriquées l'une dans l'autre, que l'hypothèse de la dissociation doit céder la place à celle de leur conjonction sur le terrain de l'histoire. Kant lui-même tente leur articulation sous la forme d'une convergence vers un sujet unique de l'histoire, l'homme.

---

[362] Brigitte GEONGET, « Le concept kantien d'insociable sociabilité ; éléments pour une étude généalogique : Kant entre Hobbes et Rousseau », in *Revue Germanique Internationale*, n° 6, septembre 1996, p. 62.

B. UNE DUALITE IRREDUCTIBLE

La dualité du progrès ne semble pas aporétique aux yeux de Kant. Ses écrits postulent une convergence de cette dualité en un unique sujet de l'histoire, l'homme, à la fois support de l'historicité et acteur de l'histoire. L'homme sorti des mains de la Nature se présente à l'orée de son existence comme un être qui doit se faire. La Nature ne s'est pas préoccupée de le rendre d'emblée parfait, mais simplement perfectible. Elle a disposé en lui les germes de sa perfection : la rationalité et la liberté. Se dispensant ainsi de pourvoir à tout, elle signifie à l'homme qu'il doit se faire. La Nature, insiste la troisième proposition de l'*Idée d'une histoire universelle, « a voulu que l'homme tire entièrement de lui-même tout ce qui dépasse l'ordonnance mécanique de son existence animale, et qu'il ne prenne part à aucune autre félicité ou perfection que celle qu'il s'est lui-même créée, indépendamment de l'instinct, par sa propre raison »*[363].

Cette indétermination naturelle de l'homme le force à l'auto-détermination. A cette auto-détermination, la Nature prête son concours sous la forme d'une détermination. L'auto-détermination de l'homme passe ainsi par la détermination naturelle. La Nature ne maintient pas l'homme sous son emprise, mais l'incite à la liberté. Elle détermine certes l'homme, mais à l'auto-détermination[364], en le mettant en condition d'assurer lui-même le devenir de l'humanité, et l'homme assume cette tâche avec la complicité de la Nature. Si l'on s'en tient à l'argumentation kantienne, il n'y a pas à strictement parler deux philosophies antinomiques du progrès, mais une seule. Kant comprend l'histoire comme un seul mouvement qui a deux aspects complémentaires. L'apparence de dualité se résorbe dans la vision unitaire d'un mouvement historique qui « *plonge dans la nature et s'épanouit dans la*

---

363 KANT, *Idée d'une histoire universelle au point de vue cosmopolitique,* Pléiade, t. II, p. 190 (Ak. VIII, 19).

364 Françoise PROUST, *Kant, le ton de l'histoire*, p. 84. Cette expression est reprise par Philippe FONTAINE, « Téléologie immanente et phénoménalisation de la liberté dans la philosophie de l'histoire de Kant », in *Kant anti-kantien*, p. 81.

liberté »[365]. La philosophie kantienne se présente ainsi comme une *« téléologie pratique, une éthico-anthropologie*[366] *»*.

Un but unique oriente le processus historique vers l'épanouissement de la liberté sur tous les plans. Nature et liberté n'œuvrent pas séparément mais conjuguent leurs actions au service de cette fin ultime. Aucune des deux ne peut à elle seule, assurer la pleine réalisation de l'idéal historique ; elle en appelle à leur concours réciproque, à leur alliance au-delà de ce qui les sépare fondamentalement. Il y a entre les deux principes une interaction, sous la forme d'une connivence sans confusion. L'histoire, à en croire Kant, se présente comme le lieu synthétique où les deux sphères de l'objectivité se rencontrent, se chevauchent et comme le terrain de réalisation du passage entre nature et liberté évoquée par la troisième *Critique*. L'homme symbolise et réalise même cette conjonction des opposés. A la jonction des deux mondes, sensible et intelligible, il articule en lui nature et liberté. Finalement, comme l'a bien vu Yirmiyahu Yovel, *« l'origine du progrès historique réside dans les actes posés par l'homme à la fois comme être naturel et comme agent libre transcendant la nature. Comme être naturel il est assujetti à la ruse inconsciente de la nature ; comme agent libre, il se dirige par une intention consciente vers l'accomplissement de sa liberté intérieure et extérieure »*[367].

Derrière la soi-disant "ruse de la Nature" se cacherait en fait la naturalité de l'homme. L'homme comme nature, se réalise comme liberté par un processus d'auto-négation. L'histoire est d'abord l'œuvre de la liberté humaine de manière négative, inconsciente et forcée. La liberté entre comme force composante de cette dynamique naturelle. A la base de la ruse de la Nature se trouve, en effet, le déploiement désordonné des libertés individuelles qui servent de support premier à l'action naturelle. La liberté endosse ici un statut téléologique, celui de support de la téléologie naturelle, en attendant de s'affirmer elle-même

365 Jean LACROIX, *Kant et le kantisme*, p. 109.

366 Jean-Michel MUGLIONI, *La philosophie de l'histoire de Kant ; qu'est-ce l'homme ?*, p. 39.

367 Yirmiyahu YOVEL, *Kant et la philosophie de l'histoire*, note 66, pp. 155-156.

comme un noyau central dynamique, qui prend en charge de façon autonome le progrès historique.

Loin de se réduire à une simple composante, elle se révèle comme une force instituante et effective, possédant une puissance de réalisation immanente. C'est le statut moral de la liberté[368]. Ceci dit, à vouloir réduire exclusivement le principe naturel à la nature en l'homme, on court le risque de perdre de vue la nature hors de l'homme, pourtant omniprésente dans la pensée kantienne sous la figure d'un dessein de la Nature, de la Providence. L'infirmité de la nature humaine nous oblige, à *« situer l'espérance de son* [de l'humanité] *progrès uniquement dans une Sagesse venant d'en haut, laquelle se nomme Providence, quand elle nous est invisible »*[369]. Cette part du principe naturel paraît résister à la réduction de la dualité des principes en un seul sujet de l'histoire.

A vrai dire, elle ne résiste pas vraiment à la réduction, car la Providence divine, autre nom de la Nature sous sa forme finale, n'intervient que comme recours, lorsque l'homme a épuisé toutes ses ressources. Il n'est pas superflu de rappeler que la notion de Providence, quand elle intervient dans la philosophie kantienne, n'a que le statut de postulat. Seul le principe de finalité de la Nature compte parmi les principes critiques, et il n'a qu'une valeur réfléchissante et non déterminante. Le principe de finalité n'appartient pas à l'essence propre de la nature qui, par elle-même, n'a nul dessein ; ce principe résulte de l'activité réfléchissante du sujet pensant. Pour rendre pensable et possible l'incarnation de la liberté dans la nature, notre entendement conçoit une nature telle que les lois morales puissent s'y réaliser[370]. La finalité naturelle est davantage une légalité de l'entendement que de la nature. Nos jugements téléologiques sont révélateurs, non pas de la réalité naturelle, mais de notre conception de cette réalité. A ce titre, ce principe relève plus de l'homme que de l'essence de la nature : c'est l'homme qui, en appliquant sa raison à la nature, lui découvre

---

368 Gérard RAULET distingue le statut téléologique de la liberté de son statut moral *(Kant, histoire et citoyenneté,* p.159).

369 KANT, *Le Conflit des facultés,* Pléiade, t. III, p. 905 (Ak. VII, 93).

370 Geoffrey BENNINGTON, *Frontières kantiennes*, p. 173.

une finalité, lui donne un sens. Partant, toute la téléologie naturelle historiquement déterminante n'a de sens que relativement à l'homme. Le monde de l'expérience, celui de la science et du déterminisme, explique bien Eric Weil, n'est pas sensé en lui-même : il est un fait qui peut et doit recevoir son sens de nous.[371]. Autrement dit, la nature n'a de sens que parce qu'elle porte un être de sens. C'est l'homme qui, par sa présence en tant qu'être de fins, fait que le monde a un sens. *« L'homme, unique être moral, est la raison incontestée de la création »*[372]. Ce qui nous semblait donc déterministe chez Kant s'inscrit dans une philosophie de la subjectivité. On comprend alors que Bernard Bourgeois puisse soutenir que : *« La volonté morale de l'en-soi rationnel est le facteur phénoménal décisif de la rationalisation de l'histoire »*[373]. Bref, le principe central de la compréhension et de l'action historique reste l'homme, aussi bien en son insociable sociabilité et sa liberté qu'en sa subjectivité transcendantale.

On a cru que Kant et Hegel se rejoignaient en affirmant l'impersonnalité du sujet de l'histoire : l'esprit absolu pour le premier et le genre humain pour le second. Mais Kant abandonne progressivement l'impersonnalité pour admettre une personnalisation du principe historique. Sous sa plume, la nature physique objective prend d'abord une dimension anthropologique, celle d'une Nature anthropomorphe dotée de volonté ou d'intelligence qui veut, qui contraint... Puis, elle revêt un statut démiurgique, voire divin. De même, l'impersonnalité du sujet historique kantien comporte une part d'individualité non personnalisée, une subjectivité anonyme d'ordre transcendantal, qu'incarne n'importe quel membre du genre humain. Cela ne contredit point la critique faite à Kant, d'un progrès relatif à l'espèce et non aux individus. Le progrès kantien passe par les individus, sans qu'eux-mêmes, pris individuellement, n'en jouissent. L'histoire n'est finalement le lieu de rencontre entre nature et liberté que grâce à l'homme qui

---

[371] Eric WEIL, *Problèmes kantiens*, pp. 58-59.
[372] KANT, *Critique de la faculté de juger*, Trad. de A. Philonenko, Paris, Vrin, 1993, note 2, p. 385.
[373] Bernard BOURGEOIS, La *raison moderne et le droit politique*, p. 276.

réalise cette rencontre. Il n'est malheureusement pas certain que la dualité des principes soit véritablement dépassée, comme le laisse entendre Kant que nous avons suivi jusque-là. Il nous semble plutôt que la volonté kantienne d'articulation des deux forces motrices de l'histoire ne parvient pas à la synthèse unificatrice. Il existe bel et bien deux philosophies kantiennes antinomiques du progrès et *« le fait que Kant introduise un troisième type d'Idée de la raison et soumette l'étude de la nature et de l'histoire à des critères téléologiques ne suffit pas non plus à surmonter la problématique de la dualité des deux mondes »*[374].

Le concept kantien d'homme résiste en réalité à la synthèse. Son unité conceptuelle cache une synthèse insuffisamment réalisée d'éléments composites. L'anthropologie kantienne divise l'homme en deux ; son éthique distingue toujours en l'homme les actes qu'il pose comme être sensible, et ceux qu'il pose comme être intelligible. La volonté humaine se partage en *Wille* et *Willkür*. L'unité du sujet de l'histoire que nous croyions déceler en l'homme, se divise en fait. Il y a en nous deux êtres entre lesquels il n'existe pas de trait d'union. Une tension des contraires définit l'homme. Sur le plan historique, l'homme occupe certes le rang de sujet de l'histoire, mais à la fois comme *unterworfen* (assujetti à une logique qui s'impose à lui) et comme *Subjekt* (acteur de l'histoire). L'homme kantien est finalement déchiré ; sa subjectivité est scindée en un plan empirique et un plan transcendantal. L'antinomie qui nous paraissait se résorber en l'homme, ne joue plus entre les deux domaines de l'objectivité, mais dans la subjectivité de l'être raisonnable, à l'intérieur même de l'homme. L'homme kantien se révèle comme une synthèse manquée, une dualité jamais surmontée, un être écartelé en permanence. Cette dualité jamais dépassée est révélatrice d'une antinomie. Son fantôme hante toutes les étapes de réalisation du Souverain Bien. Le processus de réalisation politique de la liberté est traversé par cette dualité et par l'opposition entre le fait du droit et le droit rationnel,

---

374 Jürgen HABERMAS, *La pensée post-métaphysique ; essais philosophiques*, p. 165.

l'ordre et la liberté et du point de vue éthique, entre l'autoposition de la loi et l'opposition à la loi.

Finalement, il ressort de l'examen de l'historicité de l'Idée kantienne de la liberté qu'on ne peut plus affirmer l'indifférence réciproque du temporel et des Idées de la raison pure. L'analyse de l'Idée de liberté révèle effectivement sa vocation historique et sa place importante dans le processus historique. Il revient maintenant aux opuscules historico-politiques d'examiner concrètement le processus de son incarnation historique. Celle-ci se donne concrètement comme une conquête difficile de la nécessité par la liberté.

TROISIEME PARTIE :

LA LIBERTE KANTIENNE DANS L'HISTOIRE

Le parcours effectué dans les labyrinthes de la philosophie critique et des opuscules historiques à la recherche d'une compréhension adéquate du concept de liberté, de son essence et de son statut, nous a permis de nous confronter déjà à la problématique du destin historique des Idées de la raison pure. Nous avons ainsi découvert avec Kant, une Idée transcendantale de la liberté ayant une vocation historique et constituant un des noyaux dynamiques du processus historique. Les conditions de sa réalisation historique étant conceptuellement fixées, il nous est loisible maintenant d'analyser cette liberté en régime historique, d'examiner son processus historique de réalisation concrète et son horizon ultime. Cet horizon n'est rien d'autre que le plein épanouissement de la liberté, synonyme de Souverain Bien.

Nous nous attèlerons ici à soumettre à une analyse critique cet idéal historique kantien pour en mesurer la valeur et la possibilité de réalisation. En nous plongeant dans cette pensée, il ne s'agit nullement de reprendre simplement à notre compte, les exégèses de nombreux spécialistes et interprètes de Kant qui nous ont devancés sur ce terrain. Nous entendons plutôt relire cette philosophie à partir du fil conducteur de la liberté, évaluer la place de la liberté dans sa pensée politique, juger celle-ci à l'aune de la liberté. Dans cette relecture, nous ne voulons pas développer un exposé systématique de la philosophie politique kantienne, mais plutôt une réflexion autour des nœuds problématiques de sa conception du devenir de la liberté. Nous tenterons ici de résoudre, avec Kant, le problème de l'incarnation de la liberté sous l'horizon du mal radical.

CHAP. I : LA REALISTATION DIFFICILE DE LA LIBERTE POLITIQUE

Un objectif majeur oriente le processus historique sous l'effet des deux ressorts conjugués de la nature et de la liberté, l'épanouissement de la liberté. Cette visée sous-tend toute la pensée politique de Kant. L'Idée de liberté est censée trouver d'abord dans l'institution du droit son effectivité. Forts de cette centralité de l'Idée de liberté dans sa doctrine du droit, les commentateurs rangent généralement Kant parmi les grands penseurs de la tradition démocratique. Cette inscription de Kant dans le courant démocratique ne manque certes pas de fondements[375], mais à y regarder de près, entre la visée du plein épanouissement de la liberté et la prise en compte de la réalité anthropologique dans la pensée politique kantienne, il y a une césure. De fait, la théorie politique de Kant, loin de se réduire à une analyse des conditions rationnelles du triomphe de la liberté, se débat en permanence avec la contradiction de l'ordre et de la liberté. Sa doctrine du droit tente de résoudre la problématique d'une synthèse entre l'ordre et la liberté. Y est-il jamais parvenu ? Sa philosophie politique paraît plutôt s'épuiser dans une tension jamais définitivement surmontée entre l'obéissance inconditionnelle d'un côté et la liberté de l'autre. Nous allons nous apercevoir que, dans cette tension, la balance ne pèse pas toujours du côté de la liberté.

I. DU COURBE AU DROIT

Contre toute attente, la philosophie politique de Kant s'ouvre par ce que l'on peut appeler "le moment de la contrainte" où la liberté de l'individu se trouve réprimée. On ne perçoit généralement pas que Kant pense d'abord le droit comme une domestication et un redressement de l'homme.

---

[375] Kant situe la source du pouvoir politique dans le peuple, prône la séparation des pouvoirs et la liberté d'expression.

A. LE FAIT DU DROIT COMME DOMESTICATION DE LA LIBERTE SAUVAGE

Les écrits politiques de Kant trahissent sa forte répugnance pour le désordre et l'anarchie, synonymes pour lui de néant politique, d'absence de droit, de situation anomique (*nicht-rechtlich*). Ainsi, sa pensée du droit tout entière orientée vers l'idéal de la liberté, s'attaque d'entrée de jeu, au désordre consécutif à *« l'état de liberté sauvage »*[376]. Propriété essentielle de l'être raisonnable, la liberté chez l'homme recèle une dimension passionnelle que l'*Anthropologie* nomme *« l'inclination à la liberté comme passion »*. Cette passion de la liberté se manifeste par l'ambition ou *« la fièvre des honneurs »*, la quête de pouvoir ou *« la fièvre de dominer »* et la soif d'avoir ou *« la fièvre de posséder »*[377]. En l'absence d'une autorité reconnue, la liberté a le statut d'un instinct sauvage. La situation de l'homme se révèle tragique : l'un de ses privilèges les plus nobles s'avère en même temps, dans son usage anarchique, ce qui tend à le tirer hors de l'humanité vers l'animalité. Kant n'a de cesse de le rappeler : l'homme en régime présocial est un animal qui a besoin d'un maître[378]. Le terrain sociopolitique serait la meilleure objection au postulat kantien de la rationalité humaine. La sociabilité naturelle de l'homme s'exerce sur le mode de l'insociabilité ; c'est le signe d'une dualité jamais dépassée, d'une synthèse non réalisée. Ce syntagme manque d'unité conceptuelle. Il maintient la dualité de deux notions hétérogènes, simplement conjointes, à défaut d'une fusion synthétique en un concept. La réalité anthropologique résiste à toute synthèse.

Cette part irrationnelle de la liberté, dans la situation présociale de l'état de nature, provoque des relations humaines conflictuelles. L'instinct de liberté exerce en effet une violence destructrice pour la liberté des autres. L'état de nature se présente comme le triomphe de l'individualité égoïste. Chaque individu s'y affirme en

---

[376] KANT, *Idée d'une histoire universelle au point de vue cosmopolitique*, Pléiade, t. II, p. 195 (Ak. VIII, 23).

[377] Id., *Anthropologie du point de vue pragmatique,* Pléiade, t. III, pp. 1084-1089 (Ak. VII, 268-274).

[378] Id., *Idée d'une histoire universelle au point de vue cosmopolitique*, Pléiade, t. II, p. 194 (Ak. VIII, 22).

s'opposant aux autres ; de ce déploiement désordonné de la liberté, il résulte le spectacle désolant d'un ensemble conflictuel de libres arbitres. Et tout l'enjeu de l'institution étatique sera de contenir et de canaliser ce flot puissant des égoïsmes de sorte que l'individu s'affirme et revendique désormais ses droits de concert avec les autres. Autrement dit, l'art politique consiste à transformer cette multitude en un peuple. En énonçant dans l'*Idée d'une histoire universelle* que l'homme *« est un animal qui a besoin d'un maître qui brise sa volonté particulière et le force à obéir à une volonté universellement valable »*[379], l'observateur de la réalité anthropologique en appelle sans ambiguïtés à une domestication de l'homme sauvage : *"Der Mensch muss entnervt werden, um zahm und hernach tugendhaft zu sein. Der Erziehung und Regirungszwang machen ihn weich, biegsam und unterwürfig den Gesetzen. Nachher regt sich die Vernunft*[380]*"*. Bien d'autres réflexions inédites l'attestent : *« L'homme doit être discipliné et la sauvagerie doit disparaître ; le bon comportement de l'homme est donc quelque chose de forcé et sa nature n'est pas à sa mesure. C'est un principe fondamental de l'art social aussi bien que de l'art politique : chacun est mauvais par nature et ne devient bon que dans la mesure où il est soumis à un pouvoir qui l'oblige d'être bon »*[381].

Ce qui justifie cette domestication par la discipline se résume à ceci : *« L'homme est mauvais par nature ; il fait le Bien non par inclination, mais par instinct et par amour de l'honneur (...). Il doit être soumis de force à la justice et ne peut être gouverné par lui-même »*[382]. En somme, Kant conçoit la socialisation juridique de l'homme comme un processus de domestication, c'est-à-dire une intégration forcée dans un ordre, une soumission à la discipline. Eu égard à l'insociable sociabilité naturelle de l'homme, source de conflits, un *dominus* ou un *imperium* s'impose. La

---

[379] KANT, *Idée d'une histoire universelle au point de vue cosmopolitique*, Pléiade, t. II, p. 195 (Ak. VIII, 23).

[380] Nous nous appuyons ici sur la traduction de Georges Vlachos *« L'homme doit être dressé, pour être domestiqué et devenir plus tard vertueux. La contrainte du gouvernement et l'éducation le rendent souple, flexible et soumis aux lois ; ensuite règne la raison »* (*Réflexion sur l'anthropologie*, n°1184, Ak., 523).

[381] KANT, *Réflexions sur la philosophie morale*, n° 6906, (Ak. XIX, 202).

[382] Id., *Réflexions sur l'anthropologie*, n° 1425 (Ak. XV, 622).

domination requise par la domestication s'entend comme sujétion des volontés particulières à l'autorité d'un maître commun. Il y a un élément de force intimement associé à la fondation de l'Etat. Cette domination, selon Paul Ricœur, marque l'intrusion de la violence politique. Pouvoir exercé sur une volonté par une tierce volonté, elle entraîne la diminution ou même la destruction du pouvoir-faire d'autrui[383]. Le recours à cette violence politique, de l'aveu même de Kant, est en soi illégitime : *« Toute domination de fait est usurpée (facto), elle doit être constitutionnelle et de droit (jure). Car un droit acquis sans pacte (pactum) ou bien sans qu'autrui ait abandonné son droit (delictum alterius) est usurpé »*[384]. Cet imperium illégitime tire cependant sa justification de sa visée et de son résultat, à savoir l'ordre social dont il se présente comme la condition *sine qua non*. Kant céderait-il à la tentation d'un pouvoir politique s'instituant en dehors de toute valeur morale, alors même que la démarcation entre éthique et morale n'est pas encore établie dans l'*Idée d'une histoire universelle* ? Une certitude demeure : l'Etat kantien ne relève pas de la liberté, mais de la nécessité imposée. *« Es ist ein status necessitatis, der Zugstand des Zwangsrechts in statu civili »*[385].

A ce stade de sa pensée, la priorité revient à l'ordre par le moyen de la domination et au détriment de la liberté individuelle. Ce qui laisse en effet peu de place à la liberté comme principe d'effectivité, puisqu'il s'agit justement de se prémunir contre ses dérives. Pour ce faire, nul besoin de recourir ni à une construction artificielle – la contrainte et le pouvoir précèdent tout pacte social - ni à une dénaturation de l'homme. L'art providentiel de la Nature suffit ici à résorber la conflictualité des relations humaines dans l'ordre étatique. La détresse des individus mis en danger par des relations interindividuelles conflictuelles, engendre la prise de conscience de la nécessité de sortir de l'état de nature. *« Il faut sortir de l'Etat de nature où chacun n'en fait qu'à sa tête et s'unir à tous les autres pour se soumettre à une contrainte extérieure*

---

[383] Paul RICOEUR, *Soi-même comme un autre*, p. 256.

[384] KANT, *Réflexions sur la philosophie du droit*, n° 8046 (Ak. XIX, 591.

[385] *« L'Etat de droit de contrainte dans l'état civil (statu civili) est un état de nécessité (status necessitatis) »* [*Réflexions sur la philosophie du droit,* n° 7810 (Ak. XIX, 523)].

publique légale »[386]; ainsi s'énonce l'impératif d'ordre érigé par certains en impératif catégorique du politique[387]. Pourtant cet impératif, loin d'être celui du devoir volontairement accepté, s'impose comme une nécessité. La détresse contraint les individus à accepter, malgré eux, l'autorité de la loi civile. L'Etat naît d'un accord *« pathologiquement extorqué »*[388]. La grande maîtresse d'œuvre reste ici la Nature et non point la liberté. Celle-ci occupe simplement le rang de force auxiliaire d'une dynamique avant tout naturelle. L'Etat résulte beaucoup plus d'une téléologie naturelle que d'une action libre. On peut donc avec André Tosel parler d'une genèse naturelle à la fois mécaniste et finaliste du droit[389].

Le dessein de la Nature fait fonds sur les antagonismes qui, circonscrits dans les conditions d'une cohabitation forcée, assurent le redressement du bois courbe de l'homme. Les hommes, dans l'enclos de la société civile, ressemblent selon l'*Idée d'une histoire universelle* à des arbres dans une forêt ; chacun cherchant à ravir aux autres la lumière et le soleil, ils poussent beaux et droits[390]. La courbure naturelle de l'homme, disciplinée par des règles de coexistence imposées, se trouve redressée par la Nature ; la clôture juridique de la société représente le premier pas du droit. Ce stade primaire de l'émergence du droit s'instaure par une pure mécanique sociale basée sur l'équilibre des forces. Fort de l'efficacité politique de la mécanique sociale et du dessein bienveillant de la Nature, Kant en vient à penser la possibilité d'une organisation juridique pour un peuple de démons ; par son origine, l'Etat est de fondation si peu morale que : *« Le problème d'une constitution, fût-ce pour un peuple de démons n'est pas impossible à résoudre, pourvu que ce peuple soit doué d'entendement. (...) Il n'exige pas qu'on obtienne l'effet désiré d'une réforme morale des hommes. Il demande uniquement comment on pourrait tirer parti du mécanisme de la nature »*[391].

---

386 KANT, *Métaphysique des mœurs,* Pléiade, t. III, p. 576 (Ak. VI, 312).

387 Simone GOYARD-FABRE, *Kant et le problème du droit*, p. 181.

388 Id., *Idée d'une histoire universelle au point de vue cosmopolitique*, Pléiade, t. II, p. 192 (Ak. VIII, 21).

389 André TOSEL, *Kant révolutionnaire ; droit et politique*, p. 29.

390 KANT, *Idée d'une histoire universelle au point de vue cosmopolitique*, Pléiade, t. II, p. 194 (Ak.VIII, 22).

391 KANT, *Projet de paix perpétuelle*, Pléiade, t. III, p. 360 (Ak. VIII, 366).

Autrement dit, le développement de la liberté, et partant de la rationalité, serait possible dans un monde démoniaque. Le néo-kantien Paul Natorp de l'école de Marbourg lui reprochera d'avoir politiquement sous-estimé la radicalité de la perversion du démoniaque[392]. Que l'on puisse lier rationnellement un peuple de démons s'avère un leurre, le démoniaque étant foncièrement rebelle à toute loi, anti-final, insensé, en un mot *« inintelligible pour la raison »*[393] et partant pour la rationalité juridique dont Kant se réclame.

En attendant, sa théorie rationnelle du droit, pour venir à bout des désordres de l'insociable sociabilité, ne se soucie guère de la rationalité des moyens. Le dessein de la Nature se sert de la discorde et des antagonismes pour réaliser la coexistence étatique. Le mal se trouve au service de l'émergence du droit et sert d'instrument au Bien. Il suffirait de peu pour qu'on lise entre les lignes que la Nature exacerbe à dessein les conflits interindividuels pour parvenir à ses fins, qu'elle excite à la guerre[394]. Kant ne loue-t-il pas la Providence pour l'humeur peu conciliante dont elle a doté l'homme ? *« L'homme veut la concorde mais la nature sait mieux que lui ce qui est bon pour son espèce : elle veut la discorde »* [395]. Cet énoncé kantien n'annonce-t-il pas la dialectique hégélienne ? Et sa ruse de la Nature ne préfigure-t-elle pas la ruse de la raison hégélienne ? Ou encore, Kant ne s'inscrirait-il pas dans la *felix culpa* de Saint Augustin comme le pense Eric Weil[396] ? Certes, la raison kantienne n'est pas rusée ; ce qui porterait gravement atteinte à sa pureté rationnelle. De plus, Kant ne fait pas du mal la condition nécessaire du Bien. Son art providentiel de la Nature utilise et détourne simplement une situation conflictuelle

---

392 Nous devons cette critique de Paul NATORP à Denis DUMAS, « La réception néo-kantienne du projet de paix perpétuel », in *L'année 1795 ; Kant essai sur la paix*, p. 372.

393 Alexis PHILONENKO, *Théorie et praxis dans la pensée morale et politique de Kant et de Fichte en 1793*, p. 71.

394 Jacques D'HONDT le lui reproche dans son article « La ruse de la raison historique kantienne », in *Revue Germanique Internationale*, n° 6, septembre 1996, p. 192.

395 KANT, *Idée d'une histoire universelle au point de vue cosmopolitique*, Pléiade, t. II, p. 193 (Ak.VIII, 22).

396 Eric WEIL, *Problèmes kantiens*, pp. 117-118.

qu'il n'a ni voulue ni conçue comme moyen nécessaire à la réalisation du Bien. Il ne déclare pas rationnel ce qui n'est irrationnel qu'en apparence, comme le fait Hegel. Le *pathos* de la liberté n'est pas d'essence providentielle, mais providentielle est la manière dont le jeu des passions contribue à l'institution d'une coexistence des libres arbitres[397].

Cela dit, il est difficile de récuser l'existence chez Kant, d'une "dialectique" en un sens quasi hégélien (et non kantien). Dans cette dialectique du progrès, le mal devient positif en s'inscrivant dans la finalité. Le conflit, qu'il soit interindividuel ou interétatique, sert à la ruse de la Nature. Par moments, le mal (*Übel*), sous la forme notamment du désastre de la guerre, ce fléau du genre humain, se révèle par rapport au progrès de l'espèce humaine comme anti-final et menace le sens même de l'histoire, puisqu'il est à l'origine des *« plus grands maux qui accablent les peuples civilisés »*[398]. Ce mal n'a toutefois pas la radicalité d'une cassure compromettant sérieusement le progrès, comme ce sera le cas dans *La Religion*. Kant l'intègre, peut-être trop facilement, dans le mouvement de la téléologie : *« Toutes les guerres sont autant de tentatives (non pas bien entendu dans l'intention des hommes mais bien dans celle de la nature) pour mettre en place de nouvelles relations entre les Etats »*[399]. Ainsi, l'anti-final se révèle téléologique : les passions désocialisantes se transforment en forces constructrices de la sociabilité. On assiste à l'autodestruction téléologique du mal qui fait progressivement place au Bien, à son dépassement quasi dialectique. *« Au lieu de déceler dans la contradiction, la raison d'une impossibilité, Kant, du point de vue téléologique va magnifier dans l'antagonisme, l'âme animatrice de l'histoire »*[400], et la guerre comme voie de paix.

---

[397] Nous devons à Jean-Michel MUGLIONI de précieuses et subtiles distinctions entre la ruse de la nature kantienne et la ruse de la raison hégélienne, (*La philosophie de l'histoire de Kant ; qu'est-ce l'homme ?*, pp. 159ss).

[398] KANT, *Conjectures sur le commencement de l'histoire humaine*, Pléiade, t. II, p. 517 (Ak. VIII, 121).

[399] Id., *Idée d'une histoire universelle au point de vue cosmopolitique*, Pléiade, t. II, p. 197 (Ak. VIII, 24).

[400] Jacques D'HONDT, « La ruse de la raison historique kantienne », in *Revue Germanique Internationale*, p. 191.

On connaît pourtant sa condamnation éthique radicale de la guerre : *« La raison moralement pratique énonce en nous le veto irrésistible : il ne doit pas y avoir de guerre, ni entre toi et moi dans l'état de nature, ni entre nous en tant qu'Etats »*[401]. Ce refus de la guerre comme voie du droit n'empêche pas Kant d'ériger la guerre en instrument de la paix. Un renversement de valeurs s'opère : la négativité se mue en positivité. Avec la téléologie kantienne, les frontières du Bien et du mal paraissent s'estomper tous deux s'inscrivant en apparence dans la relativité. La coexistence pacifique des libertés dans l'Etat naît ainsi de son autre, du conflit des égoïsmes, la sociabilité juridique de l'insociabilité, la paix de la guerre. La société rationnelle, pour se réaliser, passe d'abord par son contraire, la passion. La théorie kantienne du droit qui se veut fondamentalement rationnelle, admettrait un moment d'irrationalité ; l'art providentiel de la Nature, sous la forme d'une dialectique aveugle, du moins inconnue des individus dont elle se sert, atteste cette irrationalité. Kant lui-même se refuse à sonder rationnellement les sources originaires du pouvoir politique ; dans les *Conjectures*, il se contente de procéder à une reconstitution téléologique de la naissance de l'autorité politique. A l'origine, celle-ci se donne comme un fait, un pouvoir usurpé ; Kant, au seuil de sa pensée politique, ne se préoccupe guère de la légitimité de la domination politique. Sa pensée s'ouvre par le constat implicite du fait d'une domination politique illégitime, à la manière de Rousseau constatant : *« L'homme est né libre et pourtant il est dans les fers »*[402]. Les hommes grossiers qu'ils sont, ont d'abord été soumis par la force à coexister pour survivre ; c'est ce que supposent les *Conjectures* qui font commencer l'histoire politique par le despotisme : la violence précède le droit. Cette usurpation politique supposée, si elle est illégitime, n'en est pas pour autant injustifiée, justification que prend en charge la téléologie.

En fin de compte, la doctrine transcendantale du droit, tout en visant l'idéal de l'Etat de droit constitutionnel réalisant la liberté politique, s'ouvre par une phase de non-liberté qui fait dériver l'union civile, non de la libre association de ses membres, mais

---

[401] KANT, *Métaphysique des mœurs*, Pléiade, t. III, p. 628 (Ak. VI, 354).

[402] Jean-Jacques ROUSSEAU, *Du contrat social*, p. 41.

d'un accord extorqué. Le fondateur originel de l'ordre civil n'est pas l'homme, mais la Nature qui *« procède avec lui despotiquement »*[403]. La société civile naît nécessairement et non librement ; les hommes n'y consentent que sous la contrainte de la Nature ; c'est un consentement forcé, synonyme d'absence de consentement. Le droit s'instaure et s'inaugure par les moyens du non-droit, la contrainte forcée au détriment de la liberté. Il s'érige sur les ruines des prétentions démesurées de la liberté individuelle. L'ordre politique était censé être le protecteur de la liberté individuelle ; il en est le tombeau à ce stade de l'émergence du droit. A force de vouloir régenter les dérives des libres arbitres, Kant anéantit tout libre arbitre. Le stade primaire de l'émergence du droit n'est pas une promotion de la liberté individuelle, mais sa domestication par une culture de la discipline. Il s'agit pour l'instant d'assurer le lien social par la force sans laquelle aucun droit ne peut être instauré. Il est étonnant que Kant n'accorde pas d'emblée la primauté à la liberté, pourtant reconnue par lui-même comme le droit fondamental inné de l'homme, mais à l'ordre.

Ceci dit, le droit ne s'épuise pas dans son fait. Au fait du droit s'inscrivant dans une logique naturelle, se superpose la norme du droit qui relève de la doctrine transcendantale. Sa pensée politique prend certes sa source dans une anthropologie pragmatique, mais elle s'arrache au domaine empirique pour penser le droit de façon rationnelle. L'arbitraire de la domination *de facto* doit céder la place à la légitimité *de jure* d'un pouvoir constitutionnel[404]. Un passage s'opère ainsi par le biais de la constitution républicaine entre la mécanique sociale de domination et la logique de la concertation politique ou entre une totalité extorquée et une totalité voulue. La domination étatique ne définit donc pas une solution politique définitive, mais une étape vers la République, constitution politique vraiment adéquate à la raison. Si *« l'ordre de la nature veut que la violence et la contrainte précèdent le droit (...), l'ordre de la raison veut qu'ensuite la loi règle la liberté, l'exprime par le truchement d'une forme »*[405], la forme républicaine cela s'entend aisément. Malgré ce passage, il n'est pas certain que ce moment

---

[403] KANT, *Opus postumum*, Trad. de F. Marty, p. 199 (Ak. XXI, 14).
[404] Id., *Réflexions sur la philosophie du droit*, n° 8046 (Ak. XIX, 591).
[405] Id., *Opus postumum*, Ak. XXII, 169.

kantien de domestication et de domination politique s'arrête uniquement au fait du droit. La République dont la fin est l'épanouissement de la liberté politique, en porte peut-être aussi la marque. Il n'est pas exclu que l'Etat de nécessité, théoriquement dépassé par l'Etat de liberté, perdure dans la République. S'il en était ainsi, le point de départ et l'horizon d'une ère de liberté s'obscurciraient dramatiquement.

B. LA NORME DU DROIT COMME PROMESSE REPUBLICAINE DE LIBERTE POLITIQUE

Autant que l'anarchie politique, Kant rejette la conception qui absolutise l'Etat. Ainsi, le stade premier du droit essentiellement consacré à résorber l'anarchie, débouche sur un second stade tout entier centré sur la critique du despotisme et la conquête de la liberté. La question du désordre résolue, la problématique essentielle du droit se pose à Kant en ces termes : *« comment cultiver la liberté dans la simultanéité de la contrainte ? »*[406]. Ce qui reformule en des termes presque identiques cette *quaestio juris* : comment réaliser *« une société dans laquelle, la liberté sous des lois extérieures se trouvera liée au plus haut degré possible à une puissance irrésistible c'est-à-dire une constitution civile parfaitement juste »*[407] *?* Le problème du droit, on le voit, est un problème de jugement synthétique : *« Das allgemeine Problem der Bürgerlichen Vereinigung aber ist : Freiheit mit einem Zwange zu verbinden, welcher doch mit der allgemeinen Freiheit und zur Erhaltung derselben zusammenstimmen kann »*[408]. L'antinomie de départ entre liberté et nécessité se retrouve sur le plan politique entre liberté et contrainte. Face à cette antinomie, la genèse empirique du droit se situant plutôt du côté de la thèse, fait la part belle à l'ordre au détriment de la liberté. Le droit rationnel qui lui succède tente une synthèse entre les deux.

---

[406] Id., *Propos de pédagogie*, Pléiade, t. III, p. 1161, (Ak. IX, 453).

[407] Id., *Idée d'une histoire universelle au point de vue cosmopolitique*, Pléiade, t. II, p. 194 (Ak. VIII, 22).

[408] *« Le problème général de l'union des citoyens est le suivant : lier la liberté avec une contrainte qui puisse être en accord avec la liberté générale et son maintien » (*KANT, « Lettre à Jung-Stilling », in *Lettre sur la morale et la religion*, p. 111 (Ak. XI, 495).

Selon l'*Anthropologie*, la liberté et la loi sans pouvoir définissent l'anarchie ; l'autorité et la loi sans liberté engendrent le despotisme ; le pouvoir sans liberté ni loi correspond à la barbarie[409]. La constitution républicaine s'efforce de pallier tout autant au désordre de l'anarchie qu'à l'absence de liberté du despotisme et de la barbarie, en alliant à la fois domination, liberté et contrainte légale. Pour ce faire, cette constitution prend la liberté pour principe premier et condition de la contrainte légale ; elle ouvre la possibilité pour la liberté d'être une pierre d'angle dans l'édifice politique. A sa base, se trouve l'idée d'un contrat fondateur d'une totalité librement voulue. Cette idée de contrat oriente la société civile pathologiquement extorquée vers la légitimité d'une domination unanimement consentie. Si, à son premier stade, le droit résultait du choc des libertés individuelles, ici il résulte de l'adhésion libre. L'idée de contrat sous-entend que les membres d'une collectivité, loin d'être simplement les sujets d'une légalité imposée de l'extérieur par une puissance illégitime, donnent librement leur assentiment aux lois proposées à leur obéissance. Il importe peu que cette loi vienne de l'extérieur ; un processus d'appropriation de cette extériorité s'opère par une libre adhésion à la loi.

Il reste que la loi, fût-elle librement adoptée, demeure tout de même l'indication d'une limite imposée à la liberté de chacun. Le droit n'est-il pas, selon les mots même de Kant, *« la limitation de la liberté de chacun »*[410] et la contrainte, la négation même de cette liberté ? La constitution républicaine de Kant fondée sur la liberté se trouve confrontée au paradoxe d'une liberté contrainte, d'une liberté qui prend la forme de l'interdit et d'une contrainte libératrice. Elle se comprend comme une culture de la liberté par la contrainte. De fait, dans la constitution républicaine kantienne, au principe de la liberté fondatrice, s'ajoute un second qui est comme son antithèse limitative, celui de l'égale soumission de tous à l'autorité souveraine du prince. Le citoyen de Kant a rang aussi de sujet. Son droit rationnel inclut, par essence, une dimension de

---

[409] KANT, *Anthropologie du point de vue pragmatique,* Pléiade, t. III, p. 1142 (Ak. VII, 331).
[410] KANT, *Sur le lieu commun : il se peut que ce soit juste en théorie mais, en pratique, cela ne vaut point*, Pléiade, t. III, p. 270 (Ak. VIII, 290).

sujétion ; celle-ci se nie et se supprime dans sa visée d'une plus grande liberté pour tous. La constitution républicaine entend en effet garantir la liberté de tous par cette sujétion. L'épanouissement de la liberté de tous suppose une limitation réciproque des libertés individuelles et des limites à leurs prérogatives. Tout se passe comme si la liberté acceptait de se renier dans la coercition légale, pour se garantir plus fermement. Alors que le fait du droit se limitait à éviter la collision des libertés par la contrainte forcée, le droit rationnel s'attache à assurer la coexistence des libertés par une contrainte réciproquement consentie. La loi librement acceptée sert de point de jonction entre deux hétérogènes. La contradiction entre la sujétion à une autorité souveraine et la liberté du sujet se résorbe dans la loi républicaine qui relève des deux. Le concept de citoyen est le paradigme significatif de cette jonction synthétique. L'Etat de droit circonscrit des airs de légitimité pour l'exercice légitime de la liberté de chacun. La contrainte juridique fait obstacle à l'envahissement illégitime de la sphère de ma liberté par autrui. Elle sert *« d'obstacle à l'obstacle à la liberté »*[411] et ce faisant, la garantit et s'accorde avec elle. La liberté politique trouve un auxiliaire dans la contrainte. Loin d'être une fin en soi, celle-ci ne se justifie que si elle permet de garantir la liberté de tous.

L'idéal républicain résout ainsi d'un point de vue idéel la problématique de l'union civile, en opérant une synthèse harmonieuse entre liberté et contrainte, sans le secours de la téléologie. Kant peut alors définir la constitution républicaine comme *« un rapport d'hommes libres qui, pourtant (sans préjudice de leur liberté dans le tout de leur union avec les autres) sont soumis à des lois de contraintes »*[412]. L'idéal républicain ne sacrifie ni l'obéissance nécessaire, ni le droit humain fondamental de la liberté. Il les maintient tous deux dans une synthèse dynamique. En définitive, le droit rationnel procède de la liberté et vise à la garantir. L'Idée républicaine inclut à la fois l'Idée d'une liberté individuelle fondatrice et instituante et d'une liberté collective comme fin du droit. Manifestement, *« le souci de la liberté demeure au cœur de la philosophie kantienne de l'Etat dont la*

---

[411] Id., *Métaphysique des mœurs*, Pléiade, t. III, p. 480 (Ak. 231).

[412] Id., *Sur le lieu commun : il se peut que ce soit juste en théorie mais, en pratique, cela ne vaut point*, Pléiade, t. III, p. 270 (Ak. VIII, 290).

forme "républicaine" est la plus éloquente. C'est le républicanisme qui permet aux citoyens de cheminer sous la constitution politique, non pas vers la félicité (...) mais grâce à l'autorité des lois, vers une liberté véritable »[413].

La priorité accordée à l'ordre dans la domestication politique fait place maintenant au triomphe de la liberté, à la fois cause finale et cause efficiente : on va de la liberté à la liberté par la liberté aidée de la contrainte. Dans ce cercle apparemment fermé de la liberté, le membre du corps politique jouit d'une reconnaissance de fait comme constituant de l'ordre étatique. Par son adhésion libre, il cesse d'être un simple instrument ou un automate réglé à l'obéissance ; citoyen, il participe à l'ordre politique qui le fait tel. En cela, la constitution républicaine s'affirme comme la norme du droit. En elle, la doctrine kantienne du droit trouve une référence politique ultime transcendant la pluralité des formes de gouvernement. La diversité des régimes est référée à cette norme politique idéale : *« Il n'y a qu'un seul concept d'une constitution étatique absolument pure, à savoir l'idée d'une République »*[414] ; elle est *« la seule constitution qui résulte du pacte social, sur lequel doit se fonder toute bonne législation d'un peuple »*[415]. Relevant de l'Idée et de la chose en soi[416], la constitution républicaine définit la norme transcendantale de la pratique politique, voire sa morale car il est du devoir de toute politique de s'y conformer comme à l'impératif catégorique. Partant de là, l'idéal républicain se révèle paradoxalement indifférent aux formes politiques dans lesquelles il s'incarne. Il s'adapte aussi bien à l'autocratie, à la démocratie qu'à l'aristocratie. Toutes ces constitutions paraissent acceptables à Kant à condition que le pouvoir y soit exercé de manière républicaine. Kant assure effectivement qu'il est possible de *« régner autocratiquement et pourtant en même temps, gouverner de façon républicaine, c'est-à-dire dans l'esprit du républicanisme*

---

[413] Simone GOYARD-FABRE, *La philosophie du droit de Kant*, p. 175.
[414] KANT, Réflexions n° 8077 (Ak. XIX, 612).
[415] Id., *Projet de paix perpétuelle,* Pléiade, t. III, p. 341 (Ak. VIII, 350).
[416] Parlant de l'idée républicaine, Kant déclare en effet : *« une Constitution civile parmi les hommes, voilà la chose en soi elle-même »* [*Métaphysique des mœurs*, Pléiade, t. III, p. 649 (Ak. VI, 371)].

et sur un mode analogue à celui-là »[417]. De même, un Etat *« peut avoir un gouvernement républicain, lors même qu'il laisse encore subsister un pouvoir despotique jusqu'à ce que le peuple cède enfin à l'influence de l'autorité seule de la loi*[418]. Idéal qu'aucune constitution ne peut incarner parfaitement, l'idéal républicain doit néanmoins inspirer tout régime politique. L'idéal républicain de Kant s'accommode ainsi de la diversité des formes et des cultures politiques. Ce qui, en définitive, fait de la constitution républicaine un idéal de référence, est entre autre, sa promesse de réalisation de la liberté politique.

Dans la pratique, la part de la liberté dans la théorie kantienne du droit ou la participation politique du citoyen ne nous semble pourtant pas si déterminante qu'on le croit. Lewis Beck affirme que *« la plus importante découverte de Kant est que la loi n'est pas une simple restriction de la liberté mais elle est elle-même un produit de cette liberté »*[419]. Cette auto-législation se limite toutefois à l'éthique et n'apparaît pas sur le plan politique. On peine à trouver dans la pensée politique de Kant l'affirmation explicite d'une réelle autonomie politique de l'envergure de celle qu'énonce l'auteur *Du contrat social* : *« L'obéissance à la loi qu'on s'est prescrite est liberté »* [420]. Pour Rousseau, la qualité de citoyen va de pair avec la tâche primordiale de la souveraineté qu'est l'exercice de la fonction législative. Qu'en est-il alors du membre de la République de Kant ?

Sa pensée politique hésite entre trois types de souveraineté incompatibles ; elle détermine en effet trois formes de pseudo-citoyenneté. La théorie kantienne comporte en premier lieu une affirmation explicite de la souveraineté populaire qu'incarne la volonté unifiée du peuple. Pour Kant, le souverain *« ne peut être autre que le peuple unifié lui-même »*[421] à qui revient de droit l'exercice de la souveraineté. *« Le pouvoir législatif,* stipule la *Doctrine du droit, ne peut échoir qu'à la volonté unifiée du peuple*

---

417 KANT, *Le conflit des facultés*, Pléiade, t. III, p. 897 (Ak. VII, 87).
418 Id., *Projet de paix perpétuelle,* Pléiade, t. III, p. 367 (Ak. VIII, 372).
419 Lewis BECK, *A commentary on Kant's Critique of practical reason*, p. 179.
420 Jean-Jacques ROUSSEAU, *Du contrat social*, p. 56.
421 KANT, *Métaphysique des mœurs,* Pléiade, t. III, p. 581 (Ak. VI, 315).

(...) ; c'est d'elle que tout droit doit procéder »[422]. La souveraineté revêt donc du pouvoir suprême les membres du corps politique pris tous ensemble[423]. Par moments, le principe de la souveraineté populaire définit même la constitution républicaine entendue comme une constitution *« où ceux qui obéissent aux lois doivent aussi, en même temps, par leur réunion, être législateurs »*[424] ; sans oublier que l'Idée républicaine, outre la liberté et l'égalité, se fonde sur l'autonomie (*sibisufficientia*) ou *« l'indépendance d'un membre de la communauté en tant que citoyen, c'est-à-dire en tant que co-législateur »*[425]. Kant associe donc la co-législation à la citoyenneté. Partant de ces attestations, il est tentant d'établir comme Paul Ricœur, un lien entre cette auto-législation politique et l'autonomie morale comme autoposition de la loi[426]. Cette affirmation de l'auto-législation politique semble effectivement placer Kant au rang des théoriciens de ce qu'on appelle aujourd'hui l'Etat démocratique.

Mais il ne faut point aller trop vite en besogne : l'affirmation de la souveraineté populaire s'accompagne d'une nuance de taille que Kant, malheureusement, ne rappelle pas toujours : *« Le peuple dispose d'un droit de légiférer d'une manière originaire »*[427], autrement dit principielle. La réalité du peuple ne fait aucun doute ; il exprime l'unité réelle d'une diversité. La souveraineté représente, par contre, l'idéalité de la volonté unifiée d'un divers. La souveraineté populaire, pierre de touche de l'Etat de droit moderne, se dilue dans l'idéalité : *« la souveraineté est une Idée »*[428]. Et comme telle, elle tient lieu d'*a priori* transcendantal de la politique, c'est-à-dire de *« norme éternelle pour toute*

---

[422] *Ibid.*, p. 578 (Ak. VI, 314).
[423] Id., *Réflexions* n° 7536 (Ak. XIX, 448).
[424] Id., *Le Conflit des facultés*, Pléiade, t. III, 1986, p. 902 (Ak. VII, 91).
[425] Id., *Sur le lieu commun : il se peut que ce soit juste en théorie mais, en pratique, cela ne vaut point*, Pléiade, t. III, pp. 275-276 (Ak. VIII, 294).
[426] Paul Ricœur soutient effectivement que : *« Ce qu'est l'autonomie morale, une liberté qui se donne une loi, le contrat le réalise au plan des institutions ».* (*Soi-même comme un autre*, p. 277). Comme nous le verrons plus loin, ce point de vue nous semble discutable.
[427] KANT, *Réflexions sur la philosophie du droit,* n° 7734 (Ak. XIX, 503).
[428] *Ibid.*, n° 7848 (Ak. XIX, 534).

constitution politique en général »[429]. Et vouloir transposer dans les faits cet idéal transcendantal, c'est courir le risque de verser dans l'illusion politique de la démocratie directe, d'engendrer un monstre politique, celui de l'*Unform* démocratique. On connaît l'aversion de Kant pour la démocratie directe, la constitution *« où tous ceux ensemble qui forment la société civile possèdent le pouvoir souverain ».* Autrement dit, elle est la traduction institutionnelle pure et simple du principe de la souveraineté populaire. Elle n'est rien d'autre qu'une *"autocratie des Volks"*[430], c'est-à-dire l'autocratie du peuple s'auto-instituant comme tel, se donnant lui-même la loi, revêtant ainsi une stature quasi divine[431]. Tous ici légifèrent ; tous gouvernent et jugent ; c'est la fusion des trois pouvoirs, caractéristique distinctive du despotisme. On comprend alors que Kant puisse affirmer : *« la démocratie est nécessairement un despotisme puisqu'elle établit un pouvoir exécutif contraire à la volonté générale »*[432].

Si donc Kant affirme explicitement le principe de la souveraineté populaire, il ne va pas jusqu'à cautionner sa dérive despotique. Il se contente de considérer la souveraineté populaire comme une idéalité. Il envisage cependant que cette idéalité s'objective dans une réalité concrète et que ce pouvoir massif puisse s'individuer, que l'*Unform* puisse prendre forme en la personne du prince. Pour Kant, le peuple, souverain en principe, ne saurait dans les faits être législateur ; le pouvoir, la loi, dans la pratique n'émanent pas de lui. Loin d'être réellement souverain, il ne l'est qu'en théorie. Il lui retire donc l'exercice de la souveraineté et le confie au prince. La souveraineté populaire cède la place à celle d'un monarque investi de tous les pouvoirs. Rapidement énoncée, elle est vite éclipsée par l'intrusion d'une souveraineté non plus collective, mais individuelle. Législateur suprême, le monarque incarne de façon exclusive toute la souveraineté. Selon le *Projet de paix perpétuelle,* par nécessité

---

[429] Id., *Le Conflit des facultés*, Pléiade, t. III, p. 902 (Ak. VII, 91).

[430] Id., *Réflexions sur la philosophie du droit, n°* 7773, (Ak. XIX, 512).

[431] Rousseau, dans le *Contrat social,* avait, en un certain sens, raison de soutenir que la démocratie ne convient qu'à des dieux.

[432] KANT, *Projet de paix perpétuelle*, Pléiade, t. III, p. 343 (Ak. VIII, 352). On retrouve la même affirmation dans les *Réflexions sur la philosophie du droit*, n° 7971 (Ak. XIX, 567).

d'ordre, *« le chef doit jouir d'un pouvoir irrésistible et inviolable, puisqu'il n'aurait pas le droit de commander à chacun s'il n'avait pas le pouvoir de protéger chacun contre les autres »*[433].

Ce passage à un nouveau souverain, qui a l'allure d'un saut incompréhensible ne se comprend que par reconstruction de la logique argumentative kantienne, telle que nous l'avons esquissée, mais s'accepte difficilement, car le républicanisme y perd sa nature même. Au risque de se renier, Kant renonce à l'impersonnalité de la souveraineté ; il passe d'une souveraineté largement partagée à une souveraineté exclusivement réservée, d'un pouvoir collectivement assumé à un pouvoir personnel ; en un mot, de la légitimité démocratique à l'arbitraire d'un monarque. Pourtant, il avait fait de la légitimité du pouvoir politique son cheval de bataille. Son républicanisme retombe donc dans le travers qu'il combat, à savoir, l'arbitraire. Il substitue à l'arbitraire individuel sans loi, l'arbitraire légal d'un individu. Comme s'il avait pris conscience de cette dénaturation de son républicanisme, il tente de dépersonnaliser le pouvoir par une objectivation de la souveraineté dans l'Etat de droit, sans prendre en compte l'intrusion d'un autre souverain.

Dans l'Etat de droit républicain, tel qu'il le conçoit, le pouvoir est exercé certes par un individu, non de façon arbitraire, mais de manière légale et institutionnelle. La législation souveraine est référée à une norme idéale qui confère objectivité et justesse à ses décisions, le contrat, cette norme régulatrice qui énonce que toute loi, pour être juste, doit requérir l'assentiment supposé du peuple. Le prince, fut-il monarque, ne doit édicter comme lois que celles qui lui semblent pouvoir être adoptées par la volonté unie du peuple, et les citoyens doivent s'y soumettre comme si ces lois émanaient de sa volonté propre[434]. Autrement dit, le souverain doit conformer ses décisions à l'idéalité de l'universalité d'un vouloir populaire et le citoyen doit accorder son comportement à la réalité d'une rationalité individuelle supposée générale, par sa référence à l'objectivité du pacte originaire. Il s'ensuit tout d'abord que la légitimité se paye finalement au prix de la virtualité de la

---

433 KANT, *Projet de paix perpétuelle*, Pléiade, t. III, p. 379 (Ak. 382).

434 Id., *Sur le lieu commun : il se peut que ce soit juste en théorie mais, en pratique, cela ne vaut point*, Pléiade, t. III, p. 279 (Ak. VIII, 297).

souveraineté populaire, implicitement supposée dans toute loi. Son idéalité l'avait déjà exclue de la réalité ; elle se coule maintenant dans la virtualité : elle est plus implicite qu'explicite, plus virtuelle que réelle, voire analogique, fonctionnant sur le mode du *"als ob"*. En outre, relativement au souverain, Kant semble faire preuve d'une confiance étonnante[435]. Il demande de faire pleinement confiance à la volonté d'un individu qui doit faire la loi, comme si elle émanait de la volonté unifiée et raisonnable de tout un peuple, bien qu'elle soit l'œuvre de son bon vouloir. Il érige en volonté authentique du peuple la volonté subjective d'un souverain qui peut cacher un despote. Il y a ici un risque réel d'usurpation et de perversion du droit rationnel ; un pouvoir arbitraire peut se parer de l'auréole factice de la légitimité populaire, en prétendant légiférer avec l'accord du peuple. L'Etat kantien présente les traits de l'Etat moderne dénoncé par Nietzsche comme étant *« le plus froid des monstres froids. Il ment froidement et voici le mensonge qui s'échappe de sa bouche : « moi l'Etat, je suis le peuple »*[436]. Kant n'aurait-il pas récusé l'informe régime démocratique à risque despotique, pour tomber dans l'arbitraire d'une souveraineté usurpée ?

Loin de se contenter d'éloigner la souveraineté populaire de la réalité et d'en rester à la souveraineté du prince, la dépersonnalisation du pouvoir marque l'apparition d'un autre souverain, la loi. Sous la plume de Kant, c'est le gouvernement où règne le droit qui a la qualité républicaine et non pas le gouvernement du peuple par le peuple ou celui d'un despote : *« la meilleure constitution est celle où ce ne sont pas les hommes mais les lois qui ont le pouvoir »*[437]. Autrement dit, la constitution républicaine définit le gouvernement de la loi dont le prince n'est

---

[435] Des commentateurs comme Bernard Bourgeois n'ont pas manqué de relever cet *« optimisme juridico-politique de Kant »* (*La raison moderne*, p. 47). A sa suite, Bernard Andrieu y perçoit un angélisme politique : *« Kant pèche par optimisme moral envers le législateur (...). Kant croyait encore à la vertu de l'Etat. Nous avons appris depuis que l'Etat peut mentir en pratique tout en produisant une théorie juste »*. (« *Limite de l'obéissance dans le "contractus originarius" »*, in *L'année 1793 ; Kant sur la politique et la religion*, pp. 142-143).

[436] NIETZSCHE, *Ainsi parlait Zarathoustra*, p. 61.

[437] KANT, *Métaphysique des mœurs*, Pléiade, t. III, p. 629 (Ak. VI, 355).

que l'incarnation ; c'est la constitution *« où la loi commande par elle-même et ne dépend d'aucune autre personne particulière »*[438]. Un renversement s'opère dans la pensée de Kant : la souveraineté change encore de mains. La souveraineté du peuple *in concreto* étant exclue, il pourrait sembler que Kant la réservait exclusivement au prince ; en fait, il l'attribue finalement à la loi. Sa pensée politique consacre la souveraineté de la loi, sa sacralisation même. L'incarnation de la souveraineté en la personne du monarque n'était rien d'autre qu'une personnalisation de la souveraineté de la loi. La personne du monarque incarne la souveraineté de la loi qui est si sacrée et inviolable qu'elle *« se présente comme si elle ne pouvait pas provenir des hommes mais bien de quelque suprême législateur infaillible »*[439]. Par moment, le "*als ob*" disparait au profit d'une identification pure et simple : *« Le vrai souverain de l'Etat est l'idée de la société entière et celui qui lui donne le pouvoir, Dieu c'est-à-dire celui qui réalise et personnifie cette idée »*[440]

En fin de compte, la puissance souveraine subit de multiples déplacements ; et l'on peut mettre sérieusement en doute la cohérence de cette pensée juridique écartelée entre un triple mode de donation de la loi. Quel que soit le mode de donation de la loi, il ressort nettement que le citoyen kantien n'est pas le fondateur originaire de l'ordre civil républicain. Le contrat qui sous-tend les trois types de souveraineté, loin de s'enraciner dans la réalité empirique, relève de l'Idée. Il ne fonde pas historiquement l'ordre politique, mais indique comment il doit être. Il représente le noumène de l'Etat, l'idéal intelligible dont il doit se rapprocher[441]. On ne peut donc affirmer sans dénaturer le républicanisme kantien que les sujets de la domination républicaine ne sont soumis qu'à leur propre loi. Il y a certes un rapprochement possible entre l'auto-législation de la raison et l'autogouvernement démocratique mais il ne peut s'agir d'une pure et simple identification. Nous sommes de nos jours si fascinés par ce qui relève de "l'auto" que la tentation est grande de transposer sur l'idéal républicain de Kant, les idées

---

438 *Ibid.*, p. 613 (Ak. VI, 341).
439 *Ibid.*, p. 585 (Ak. VI, 319).
440 Id., *Réflexions sur l'anthropologie*, n° 1398 (Ak, XV, 609).
441 Ernst CASSIRER, *Liberté et forme,* p. 324.

démocratiques dans lesquelles nous baignons[442]. La dimension démocratique que nous avions perçue dans la synthèse républicaine risque fort de n'être qu'un leurre.

C. LEURRE DE LA SYNTHESE REPUBLICAINE ET DOMESTICATION DE L'AUTORITE POLITIQUE

La multiplicité des détenteurs de la souveraineté traduit un échec de la synthèse républicaine. D'un souverain à l'autre, le citoyen passe d'une sujétion à une autre, au point que l'on peut douter de la capacité de la constitution républicaine à assurer véritablement le triomphe de la liberté politique. L'antinomie politique de la nécessité légale et de la liberté n'a pas été explicitement formulée par Kant ; mais elle demeure sous-jacente à ses écrits politiques. On peut la formuler en ces termes : l'association civile requiert le maximum de contrainte alors qu'elle vise le maximum de liberté, donc le minimum de contrainte. Confronté à cette antinomie, l'idéal républicain paraît échouer à opérer la synthèse entre liberté et contrainte. Il s'arrête à considérer que le maximum de liberté requiert le maximum de contrainte. L'antinomie reste donc irrésolue. Ce qui nous était apparu comme une synthèse réussie n'est qu'une tension maintenue. Et dans cette tension entre liberté et sujétion, la balance nous semble davantage peser du côté de l'obéissance.

Sans nier certains aspects démocratiques de l'Etat kantien, force est de reconnaître qu'il présente quelques aspects autoritaires. Il demeure essentiellement appuyé sur la toute-puissance d'un souverain, ce centre névralgique que Kant prend soin de protéger excessivement. Or, en réalité, ce souverain n'est pas le peuple ; la multiplicité des détenteurs de la puissance souveraine, au-delà de l'écartèlement de la pensée kantienne, converge tout de même vers la figure dominante du monarque. Il incarne en sa personne la souveraineté populaire, la souveraineté de la loi et fait office, selon les termes mêmes de Kant de *« lieutenant (Statthalter) de Dieu sur la terre » ou de « représentant du maître absolu »*[443]. Ce faisant, Kant l'investit d'un pouvoir absolu, irrésistible et irrévocable.

---

[442] Cf. Alain BOYER, *Hors du temps ; un essai sur Kant*, p. 115.

[443] KANT, *Réflexions sur l'anthropologie*, n° 1399 (Ak XV, 610).

La réciprocité définit le droit entendu comme limitation réciproque des libertés. Or, dans l'architecture politique de la République kantienne, un élément s'exempte de cette réciprocité, le souverain : il est un *ex lex* qui fait la loi sans être obligé par elle ; il représente un pouvoir *« qui commande sans être commandé »*[444]. Il possède uniquement des droits à l'exclusion de tout devoir, du moins juridiquement[445]. Il représente une totalité dont il n'est pas une partie, anime un corps sans en faire partie. Le lien social se rompt à son niveau, la réciprocité de la contrainte aussi ; de fait, il n'y a pas de place pour un quelconque pacte le liant au peuple[446]. Un fossé infranchissable s'interpose entre lui et le peuple. Cet *ex lex* n'a de compte à rendre à personne ; c'est l'irresponsabilité d'un homme paré d'attributs quasi divins. Cet *ex lex* de principe peut l'être de fait, c'est-à-dire se muer dans l'exercice de son pouvoir en un "hors-la-loi", foulant au pied le contrat originaire et s'érigeant ainsi en tyran.

Kant ne se contente pas seulement de faire du souverain un *ex lex*, il lui attribue quasiment tous les droits. Par nécessité d'ordre social, *« le chef doit jouir d'un pouvoir suprême et inviolable »*[447] et *« le pouvoir suprême doit nécessairement être illimité »*[448] et cela, *« en vertu de son concept »*[449], précise la *Réflexion 8046 :* représentant de la volonté de tous, il concentre entre ses mains la puissance commune du peuple tout entier et, ce faisant, possède le monopole de la contrainte. Ses prérogatives vont jusqu'au droit de vie ou de mort sur ses sujets au nom du salut public. Cette possibilité de la peine de mort traduit l'omnipotence du souverain kantien : rien, pas même la vie de l'individu n'y échappe. Celui-ci n'est rien finalement : l'Etat est tout. Conçu au départ comme un moyen en vue d'une fin - qui est l'ordre et la liberté -, l'association civile se mue en une substance en soi : *« une totalité civile est une substance »*[450]. Face à celle-ci, le citoyen pris isolément n'est

---

[444] Id., *Lose Blätter aus Kants Nachlass*, E 4, T. XXIII, p. 347.
[445] Nous verrons par la suite que le souverain a l'impérieux devoir moral d'édicter des lois conformes à la volonté de tous.
[446] KANT, *Réflexions sur la philosophie du droit*, n° 8049 (Ak. XIX, 593).
[447] Id., *Projet de paix perpétuelle*, Pléiade, t. III, p. 379 (Ak. VIII, 382).
[448] Id., *Réflexions sur la philosophie du droit*, n° 7713 (Ak. XIX, 498).
[449] *Ibid.*, n° 8046 (Ak, XIX, 593).
[450] *Ibid.*, n° 8065 (Ak. XIX, 600).

juridiquement qu'un accident qui peut être nié dans sa vie. Il *« n'a rien d'autre à faire que d'obéir »*[451]. Kant exige de fait du membre du corps politique une obéissance aussi inconditionnelle que chez Hobbes. Une fois constitué, l'ordre juridique forme un absolu sur lequel les sujets n'ont aucun droit de contrainte ou de résistance. Avec le droit, la liberté se dégrade en obéissance. La contrainte, à en croire Theodor Adorno, n'est rien d'autre que le nom juridique de l'hétéronomie dont la loi civile est la présentation[452]. Il y a un hiatus entre la proclamation de l'autonomie du sujet moral et l'assujettissement du même sujet sous la figure factice du citoyen. L'homme de la *Doctrine du droit*, semble s'opposer en tout point au sujet autonome de la loi morale des *Fondements*. Kant n'arrive pas à concilier sa morale de l'autonomie avec sa politique de l'autorité absolue.

L'inviolabilité du pouvoir souverain conduit à une sacralisation du pouvoir et de la loi qui en émane. La *Doctrine du droit*, en énonçant l'origine insondable du pouvoir civil[453], entendait prémunir la puissance suprême de toute contestation de sa légitimité. Elle énonce par là qu'on doit obéir au pouvoir en place, quelle qu'en soit l'origine. Kant s'affirme en cela comme un défenseur inconditionnel de l'ordre établi. Il ne se contente pas de situer le fondement du pouvoir au niveau de l'inconnaissable chose en soi, il l'élève même à une hauteur divine : *« omnis potestas a deo est »*[454]. Il affirme ainsi l'origine divine du pouvoir non pas tant comme partisan de la théocratie, mais comme penseur sacralisant l'autorité établie pour le vouer à la vénération du citoyen[455]. Il rattache la source originelle du pouvoir dans l'Etat à Dieu pour inspirer l'attachement et la fidélité à l'Etat. Décidément, toute la force du ciel se met du côté du droit[456]. La force d'obligation de la loi civile a quasiment le rang de l'impératif

---

451 Id., *Sur le lieu commun : il se peut que ce soit juste en théorie mais, en pratique, cela ne vaut point*, Pléiade, t. III, p. 280 (Ak. VIII, 298).

452 Theodor ADORNO, *Dialectique négative*, p. 225.

453 KANT, *Métaphysique des mœurs*, Pléiade, t. III, p. 584 (Ak. VI, 318).

454 *« Toute autorité vient de Dieu »* (KANT, *Métaphysique des mœurs*, Pléiade, t. III, p. 585 (Ak. VI, 319).

455 La *Réflexion* n° 7725 soutient en effet que *« la loi issue de la volonté commune est sacrée »* (KANT, *Réflexions sur la philosophie du droit*, Ak. XIX, 500).

456 KANT, *Réflexions sur la philosophie morale*, n° 7008, (Ak. XIX, 225).

moral inconditionnel. L'étatisme de Kant s'accentue en légalisme juridique. La tendance rigoriste au niveau moral fait place ou se prolonge dans un légalisme juridique au nom du salut public. Kant préfère de loin l'ordre étatique, si contraignant soit-il, au risque de désordre, et de cette rechute dans le *status naturalis* qu'est l'insurrection révolutionnaire. Celle-ci détermine la suppression de l'ordre légal ; ce que ne peut accepter une philosophie politique qui tient pour sacrée la fidélité à l'ordre établi. S'ouvre alors un dangereux vide juridique dans lequel s'inscrit le fait révolutionnaire. Ainsi, dans la tentative républicaine de résolution de l'antinomie politique, Kant se révèle davantage comme le défenseur de la loi, du droit, en un mot de l'ordre qui l'emporte sur la liberté.

En fin de compte, il laisse bien peu de droits au peuple dont il se méfie : refus du droit de révolte, affirmation de l'inviolabilité de l'autorité politique au risque de la peine de mort, soumission inconditionnelle, tout cela soulève de graves doutes sur la réalisation de la liberté politique par la République. Se distingue-t-elle vraiment de l'absolutisme, c'est-à-dire du gouvernement possédant des pouvoirs illimités ? Ne s'identifie-t-elle pas au despotisme, entendu par Kant comme *« constitution qui supprime toute liberté aux sujets qui n'ont absolument aucun droit »*[457] ? Alexis Philonenko incline à penser que « *le républicanisme de Kant s'approche du despotisme (...). Partout où l'on s'attendait à voir surgir la liberté, on la voit reculer (...). En dépit des pages "contre Hobbes" Kant demeure l'un des tenants de l'absolutisme* »[458]. L'antithèse du républicanisme, le despotisme, s'invite au cœur même du républicanisme.

Bien de pages de Kant laissent percevoir son admiration pour le despotisme éclairé qu'il apprécie pour sa simplicité et surtout, pour sa synthèse réussie de l'ordre et de la liberté. En alliant nécessité d'ordre et respect de la liberté de penser, le despotisme éclairé sous la figure de Frédéric le Grand[459], satisfait aux impératifs de la

---

457 Id., *Sur le lieu commun : il se peut que ce soit juste en théorie mais, en pratique, cela ne vaut point*, Pléiade, t. III, p. 271 (Ak. VIII, 291).

458 Alexis PHILONENKO, *Métaphysique et politique chez Kant et Fichte*, p. 410.

459 La Prusse sous Frédéric le Grand était gouvernée par un monarque absolu épaulé et conseillé par une bureaucratie de fonctionnaires éclairés.

rationalité juridique. On y tire à la fois profit de la concentration du pouvoir entre les mains d'un seul et du règne d'une rationalité libre. La synthèse républicaine s'identifierait-elle finalement à la monarchie éclairée ? Kant oublie qu'entre la monarchie, fut-elle éclairée, et le despotisme, il n'y a qu'un pas vite franchi. Sa philosophie politique nous apparaît quelque peu contradictoire : elle s'inscrit dans la mouvance de la modernité des Lumières tout en s'attachant en même temps à un ordre politique d'ancien régime. S'il est indéniable que l'autorité souveraine reste absolue dans son concept[460], il est tout aussi incontestable que Kant, comme par peur des dérives de cette puissance souveraine, soumet son exercice à quelques limitations. Il tente d'enserrer le pouvoir souverain dans certaines limites.

Contre la dérive absolutiste, Kant opte pour l'éclatement triadique du pouvoir politique. La séparation des pouvoirs législatif, exécutif et judiciaire définit la constitution républicaine. A ses yeux, la trinité politique ne peut rester une totalité absolue que du côté de Dieu[461] : *« Ces trois personnes ne peuvent être réunies que dans la divinité »*[462]. En des mains humaines, on court le risque du pouvoir absolu. A l'analyse, cette séparation des pouvoirs n'est pas aussi marquée que chez Montesquieu pour qui, seul le pouvoir arrête le pouvoir[463]. Ce concept de la séparation des pouvoirs à peine énoncé, le souci kantien de l'unité fondamentale du pouvoir de domination reprend le dessus. Fidèle à une conception unitaire, centralisatrice et monarchique de l'Etat, Kant exclut toute séparation rigide des trois pouvoirs qui, comme les composantes de l'âme animatrice de la société, doivent être coordonnés, subordonnés et hiérarchisés[464]. La séparation menaçant la totalité étatique de dislocation, leur fusion la rendant

---

[460] KANT, *Réflexions sur la philosophie du droit,* n° 8046 (Ak. XIX, 593).
[461] Bernard BOURGEOIS, « République et représentation chez Kant », in *L'année 1795 : Kant, essai sur la paix*, p. 78.
[462] KANT, *Réflexions sur la philosophie du droit*, n° 7971 (Ak. XIX, 567).
[463] MONTESQUIEU déclare en effet : *« Lorsque dans la même personne ou dans le même corps de magistrature, la puissance législative est réunie à la puissance exécutrice, il n'y a point de liberté (...). Il n'y a point encore de liberté si la puissance de juger n'est pas séparée de la puissance législative et de l'exécutrice »* (*De l'esprit des lois*, in *Œuvres complètes*, Pléiade, t. II, p. 397).
[464] KANT, *Métaphysique des mœurs,* Pléiade, t. III, p. 581 (Ak. VI, 316).

despotique, la notion de distinction dans l'exercice des fonctions étatiques avec la primauté du souverain correspond mieux à la thèse kantienne. Effectivement, la souveraineté totale et indivise reste bien entre les mains du souverain, les autres pouvoirs n'en sont qu'une délégation subordonnée. A défaut de lui ravir cette autorité suprême, Kant essaye d'en limiter l'exercice, de le prémunir contre tout exercice illégitime en le soumettant aux critères objectifs de nécessité, de généralité, d'universalité et de justice. Il circonscrit sa puissance législative aux lois absolument nécessaires au maintien de la liberté générale et à la survie de la totalité de l'union civile[465]. *« Ce n'est pas le principe du bonheur général qui constitue le principe et l'idée de l'institution de l'Etat mais la liberté conformément à des lois »*[466]. L'Etat kantien ne poursuit pas le bien-être de ses membres, mais une justice légale, qui permet de juger l'exercice de sa liberté au critère objectif de la loi civile valable pour tous. En outre, le souverain, quoique investi d'une autorité suprême illimitée, ne peut légiférer à sa guise, car *« ce que même un peuple n'a pas le droit de décider pour lui-même, un monarque a encore moins le droit de le décider pour un peuple, car son autorité législative repose précisément sur le fait qu'il réunit toute la volonté du peuple dans la sienne propre »*[467].

Autrement dit, le souverain étant représentant du peuple, sa souveraineté s'arrête à ce qu'un peuple peut décider de lui-même[468]. En outre, Kant exempte, nous l'avons vu, le souverain *ex lex,* de toute soumission aux lois juridiques, mais il le soumet néanmoins à une exigence de rationalité. Alors que, chez Hobbes, le sujet politique aliène par contrat tous ses droits au Léviathan, le citoyen républicain jouit en tant qu'homme, de droits naturels inaliénables, inviolables, transcendant l'ordre juridique. *« De quelques espèces que puissent être les lois positives votées, elles ne sauraient pourtant aller contre les lois naturelles de la liberté et de*

---

465 Id., « Lettre à Jung-Stilling », in *Lettre sur la morale et la religion*, p. 111.

466 Id., *Réflexions sur la philosophie du droit*, n° 7543 (Ak. XIX, 451).

467 Id., *Réflexions sur la philosophie du droit*, n° 7436 (Ak. XIX, 374).

468 Id., *Réponse à la question : Qu'est-ce que les Lumières ?*, Pléiade, t. II, pp. 214-215 (Ak. VIII, 40). On retrouve presque mot à mot la même affirmation dans *Théorie et pratique* : *« Ce qu'un peuple ne peut pas décider à propos de lui-même, le législateur ne peut pas non plus le décider à propos du peuple »* [*Op. cit*., Pléiade, t. III, pp. 288-289 (Ak. VIII, 304).

l'égalité à elle adéquate »[469]. S'énonce ici l'idée d'un droit naturel *a priori* (*das Naturrecht*) comme norme de référence du droit positif et comme indication d'une idéalité à réaliser politiquement, mais dont les exigences restent dans la pratique conditionnées à leur adéquation au droit positif. Participe aussi d'un souci de mesure et de modération du pouvoir souverain, l'option représentative de la République kantienne. *« Toute vraie République ne peut rien être qu'un système représentatif du peuple institué pour prendre en son nom, à travers l'union de tous les citoyens, soin de ses droits, par la médiation de leurs délégués »*[470]. La représentation comme moyen de défense des droits du peuple contient l'espoir d'un contre-pouvoir limitant le risque de dérive tyrannique du prince.

Tablant sur ce contre-pouvoir, Kant va jusqu'à considérer que si les sujets *« ne peuvent jamais s'opposer, ils peuvent cependant résister c'est-à-dire refuser de faire ce qui est impossible moralement »*[471]. La récurrence de cette exception de résistance dans les *Réflexions*[472] révèle qu'il ne s'agit pas d'une affirmation de circonstance. Kant admet, quoique timidement et presqu'en contradiction avec sa doctrine du droit, un droit de résistance légale. Ce substitut à la sédition concédé au peuple doit cependant s'exercer de manière passive, par l'intermédiaire des représentants, sous la forme d'un refus de se soumettre à certaines décisions du régent, à condition que cette insoumission réponde à l'exigence de publicité et de généralité, en émanant de la majorité des représentants. C'est un droit de résistance inscrit dans le fonctionnement même des institutions républicaines, *« une résistance au centre même de l'action étatique »*[473]. Les conditions qui restreignent ce droit de résistance en rendent le recours effectif

---

[469] Id., *Métaphysique des mœurs,* Pléiade, t. III, p. 580 (Ak. VI, 315).

[470] *Ibid.*, p. 613 (Ak. VI, 341).

[471] Id., *Réflexions* sur la philosophie du droit, n° 7680 (Ak. XIX, 486).

[472] La R*éflexion* n° 8046 stipule également : *« Le peuple doit absolument être représenté et, comme tel, il ne doit pas avoir seulement un droit, mais aussi un pouvoir de résistance, s'il veut pouvoir récupérer sa liberté sans recourir à la sédition et refuser l'obéissance au régent »* (KANT, *Réflexions sur la philosophie du droit,* Ak. XIX, 591).

[473] Mahamadé SAVADOGO, « Kant et la politique », in *Kant-studien,* 90. Jahrgang, 1999, p. 315.

fort improbable ; et plus globalement, la faiblesse du contre-pouvoir de la représentation réside dans son extériorité à la souveraineté. Les représentants du peuple ne participent pas à l'exercice de la souveraineté. Cerné de toute part par une puissance illimitée difficilement contenue, le membre du corps politique doit-il se résigner à jouir passivement de cet ordre pacifique qui porte pourtant atteinte à sa liberté ? L'espoir se concentre sur la liberté de penser, *« le seul joyau qui nous reste encore dans la multitude des fardeaux de la vie civile et qui seul peut nous aider encore à trouver un remède à tous les maux de cette condition »*[474]. A l'omnipotence écrasante de la puissance souveraine, Kant oppose le rempart de la liberté intellectuelle ou la force de la rationalité. Le droit à la révolte refusé au citoyen, il reste à celui-ci une seule arme, mais elle est décisive : faire un usage public de sa raison[475], en soumettant l'exercice de l'autorité politique à l'autorité de la critique. Ce rempart de la pensée critique suppose comme préalable la capacité et l'audace de penser par soi-même. S*apere* a*ude*[476] ! Cette devise des Lumières convie tout homme à passer de la minorité tutélaire à la majorité responsable.

La rationalité de la majorité ne suffit cependant pas à valoir comme rempart efficace. Au *« Penser par soi-même »*, Kant associe la maxime de la pensée élargie : *« Penser à la place de tout autre » ou « Penser en communauté avec d'autres »*[477]. Le penser critique n'est politiquement efficace que dans un cadre communicationnel. Sa fécondité politique exige qu'il quitte l'intimité de l'opinion privée pour passer dans le domaine public et qu'il se livre à la sanction d'autrui, garante de sa rectitude. Il se rattache donc à l'exigence de publicité et suppose la constitution d'un espace public de communication libre, d'une sphère d'intersubjectivité rationnelle et la formation d'une opinion publique à même d'exercer un contrôle du pouvoir. *« Exiger le respect absolu de la liberté d'expression, c'est exiger que soit*

---

474 KANT, *Qu'est-ce que s'orienter dans la pensée*, Pléiade, t. II, pp. 542-543 (Ak. VIII, 144).

475 Eric WEIL, « Kant et le problème de la politique », in *Annales de philosophie politique*, n° 4, *La philosophie politique de Kant*, p. 16.

476 KANT, *Réponse à la question : Qu'est-ce que les Lumières ?*, Pléiade, t. II, p. 209 (Ak. VIII, 35).

477 Id., *Qu'est-ce que s'orienter dans la pensée ?*, Pléiade, t. II, p. 542 (Ak. VIII, 144).

admise légalement l'existence d'un espace public où puisse réapparaître l'idée de droit lorsque celui-ci est bafoué dans la réalité juridico-politique »[478]. Cet espace public kantien sert ainsi de refuge pour l'idéal du droit rationnel, pour qu'il ne cède pas à l'irrationalité. Kant tente en fait une limitation de l'autorité politique au moyen d'une opinion publique forte. La limitation s'opère ici, non par la violence légale comme dans le stade primaire du droit, mais par la légalité de la liberté de penser.

Kant semble lui consacrer tout ce qui lui reste de force argumentative. Il perçoit la liberté de penser publiquement organisée et garantie comme *« l'unique palladium des droits du peuple »*[479]. Il l'inscrit au nombre des marques distinctives du républicanisme. Cet attachement de Kant à la pensée critique n'est certainement pas sans rapport avec la teneur critique de l'ensemble de sa philosophie. L'esprit de la critique, loin de s'arrêter à la métaphysique, s'étend au domaine politique.

L'effectivité de ce moyen de modération politique laisse malheureusement à désirer. Cette unique garantie des droits des peuples se trouve livrée au règne du droit positif : non seulement sa garantie dépend du souverain qui peut la refuser, mais elle doit aussi s'exercer dans le respect de l'ordre public et de la constitution. C'est une liberté d'expression et de pensée fort limitée car *« maintenue dans les limites du respect et de l'amour de la constitution dans laquelle on vit »*[480]. Kant réclame en fait à la bonne volonté du souverain la possibilité de laisser au peuple l'entière liberté de discuter sur les affaires publiques, pourvu que *« ce mode de pensée libéral »*[481] ne porte pas atteinte à l'ordre civil, qu'il laisse intacte la constitution dont la réforme ne dépend aucunement du peuple, mais du souverain. Dans la hiérarchie des valeurs, l'ordre, on le voit, prime sur la liberté. Si l'on y ajoute le fait que la critique de l'opinion n'a aucune force contraignante pour le souverain, mais simplement le rôle de porte-voix révélateur des attentes du peuple, il apparaît clairement qu'elle n'est pas

---

[478] Anne-Marie ROVIELLO, *L'institution kantienne de la liberté*, p. 186.

[479] KANT, *Sur le lieu commun : il se peut que ce soit juste en théorie mais, en pratique, cela ne vaut point*, Pléiade, t. III, p. 288 (Ak. VIII, 304).

[480] *Ibid.*, p. 288 (Ak. VIII, 304).

[481] *Ibid.*, p. 288 (Ak. VIII, 304).

capable de résister à la toute-puissance du “Léviathan kantien“. La critique de l’opinion publique peut rendre évidente l’injustice du pouvoir souverain, mais ne saurait l’empêcher de s’exercer. N’est-ce pas un leurre de penser, surtout à son époque, que l’autorité de la pensée puisse l’emporter sur l’autorité du gouvernement ? Que peut la force des mots face à celle de la police, du juge et du législateur ? La première restera toujours inférieure à la seconde. On peut donc à juste titre, accuser Kant de s’être payé de mots et de laisser le champ libre à n’importe quel pouvoir absolu, tyrannique[482].

En définitive, Kant s’efforce certes de contenir le pouvoir illimité par des contraintes limitatives. Ce sont des tentatives qui attestent de son refus de l’Etat absolu. Malheureusement ces restrictions du pouvoir souverain prennent la forme de simples autolimitations de la souveraineté. Elles dépendent de la bonne volonté du souverain qui peut s’écarter de la norme sans aucun risque de contestation de sa légitimité. On peut donc légitimement douter de l’efficacité de ces autolimitations. Kant lui-même en convient : *« celui qui a déjà acquis la suprématie ne consentira pas à la limiter de lui-même et ne permettra pas aux autres de lui disputer la puissance »*[483]. Les moyens d’échapper donc à l’emprise de la puissance souveraine restent bien minces, car tributaires même de la puissance contre laquelle on cherche à se prémunir.

En jaugeant l’ensemble de la pensée politique kantienne à l’aune de l’idéal de la liberté politique, il en ressort qu’une tension dialectique (en un sens hégélien, rappelons-le) jamais entièrement dépassée la parcourt de bout en bout, celle de l’ordre et de la liberté. Son droit politique commence par une domestication de la liberté naturelle sauvage. Cette domestication visant l’épanouissement d’une liberté politique réglée dans le républicanisme, débouche sur une obéissance inconditionnelle du citoyen. Kant se trouve en réalité partagé entre l’efficacité

---

[482] Raymond POLIN, *« Les relations du peuple avec ceux qui les gouvernent dans la politique de Kant »*, in *Annales de philosophie politique*, n° 4, *La philosophie politique de Kant*, p. 182.

[483] KANT, *Réflexions sur l’anthropologie*, n° 1392 (Ak. XV, 606).

pragmatique d'un pouvoir fort et la légitimité. L'idéal républicain, promet l'épanouissement de la liberté politique ; par contre, dans la mise en œuvre de son architecture juridique, le républicanisme coïncide avec la monarchie éclairée. On hésite alors à partager ce point de vue de Simone Goyard-Fabre : *« Le droit politique* [kantien] *tout entier orienté vers la promotion et la sauvegarde de la liberté du citoyen, porte à sa plus haute altitude l'esprit de liberté du siècle des Lumières »*[484]. Il est plutôt l'indice d'une visée démocratique quelque peu manquée. Il ne s'achève certes pas dans l'omnipotence de l'Etat et l'obéissance inconditionnelle : le dernier mot de Kant reste la liberté de penser ; mais la promesse républicaine d'épanouissement de la liberté politique se réduit à la sauvegarde d'une liberté de penser, non comme objet de jouissance du citoyen, mais comme moyen de limiter le pouvoir. La question de la liberté, en définitive, fait cercle. La constitution républicaine présuppose à la fois l'Idée d'une liberté fondatrice et celle d'une liberté comme visée politique. A ce paradoxe d'une visée supposée déjà existante et agissante, s'ajoute celui d'une liberté-obstacle devenue maintenant rempart. La liberté apparaît en effet à la fois comme obstacle et comme fondement de la constitution républicaine. Elle se présente comme son but, mais aussi comme antidote à ses dérives autoritaires. Une indétermination caractérise la philosophie politique kantienne. Si le droit politique s'achève ainsi dans l'aporie, qu'en est-il du droit cosmopolitique ? Marque-t-il le triomphe de la liberté sur l'ordre ou la suprématie de l'ordre se prolonge-t-elle jusque dans le cosmopolitisme ? Le droit des gens apporterait-il enfin la solution définitive à l'antinomie de la nature et de la liberté dont le droit politique n'a pu venir à bout ?

[484] Simone GOYARD-FABRE, *Kant et le problème du droit*, p. 205.

II. DU CLOS A L'OUVERT

Nous devons à Bergson cette distinction fondamentale entre le clos et l'ouvert. La société close renvoie à la clôture symbolique de la nation. Elle maintient ses membres dans une cohésion exclusive, indifférente aux autres hommes et destinée à se défendre. La société ouverte, elle, embrasse l'humanité entière[485]. Cette distinction bergsonienne convient dans une certaine mesure à la théorie politique de Kant. En plus du droit politique, le droit public kantien prend deux figures complémentaires : le droit des gens et le droit cosmopolitique. Entre le droit civil et le droit cosmopolitique s'insère toute la distance qui sépare le clos de l'ouvert. Alors que, dans le droit politique, il s'agissait pour Kant, de passer du courbe au droit, ici, il faut passer du clos à l'ouvert, de l'enclos de la société civile à une totalité ouverte sur l'universel[486]. Un nouvel exode s'impose à l'histoire humaine. Or, tout exode désinstalle, déplace les frontières, remet en cause des acquis ou offre l'occasion de nouveaux acquis. Ce passage assure-t-il l'épanouissement de la liberté ? L'idéal de liberté connaît-il un meilleur sort que dans le premier ? Rien n'est moins sûr, car le nouveau champ de la réflexion politique kantienne se trouve confronté à la tension problématique de l'ordre et de la liberté. Décidément, elle traverse toute la philosophie politique kantienne.

A. LA SOCIALISATION INTERNATIONALE

L'Etat, dans la doctrine politique de Kant, représente une totalité close à l'image de l'enclos de la société civile. Il tire sa cohésion du contrat qui est une Idée fondatrice d'une unité politique refermée sur elle-même. Comme tel, il perçoit l'altérité comme une menace et comme un ennemi dont il faut se défendre. Il s'ensuit une pluralité d'unités politiques exclusives hostiles et antagonistes. Kant a très vite perçu que la paix dans le contexte d'un fort nationalisme, fût-il républicain, relève de l'illusion politique. La clôture sur soi des Etats engendre la guerre et il ne suffit pas que le républicanisme – *« constitution qui ne peut être*

[485] Henri BERGSON, *Les deux sources de la morale et de la religion*, p. 284.
[486] Alexis PHILONENKO, *La théorie kantienne de l'histoire*, p. 100.

génératrice de guerre »[487] – gagne tous les Etats, contrairement à ce qu'affirmait le *Projet de paix perpétuelle*[488], pour que s'instaure effectivement la paix définitive. L'unité politique même du républicanisme, dans son exclusivité, contient les germes de la guerre interétatique. La paix à l'intérieur de chaque Etat semble se payer du prix de la guerre entre les Etats, la menace ou la situation de guerre renforçant le sentiment national et l'unité politique.

La sortie de l'état de nature met fin au conflit des libertés sauvages, mais elle débouche sur l'état de nature interétatique, fait de conflits entre les Etats. Banni des entités politiques, l'état de nature renaît entre les grands individus que sont les Etats. Dans cet état de nature du second degré, les rapports entre unités politiques se déroulent de façon sauvage dans un environnement exempt de toute loi, et de façon conflictuelle, avec pour règle, la loi du plus fort. Un dépassement de cette pluralité des unités politiques antagonistes s'impose. A l'instar de l'état de nature du premier degré, la détresse qu'entraîne le second impose d'en sortir par la constitution d'un cadre politique universel. La socialisation internationale suit la même logique que la socialisation politique : elle est avant tout extorquée aux Etats par la détresse de la guerre. Cependant, la peur de la guerre et l'équilibre de la terreur ne suffisent pas à garantir véritablement la paix. L'instauration d'une paix véritable à l'échelle internationale ne peut s'opérer que par une sorte d'universalisation de l'Idée du contrat.

Par son statut d'Idée régulatrice et non de réalité historique, le contrat kantien peut être universalisé. Il peut franchir les frontières étatiques et englober toute l'espèce humaine[489]. Ce faisant, la solution du problème de l'état de nature du premier degré, la constitution civile, vaut aussi pour le second. La conflictualité des unités politiques commande l'union civile par leur adhésion à un pacte instaurant entre elles des relations légales, mettant la guerre hors-la-loi. De fait, un véritable état de paix ne peut ainsi s'instaurer *« qu'au sein d'une union universelle des Etats (par*

---

487 KANT, *Le Conflit des facultés*, Pléiade, t. III, p. 898 (Ak. VII, 88).

488 *« La constitution civile de chaque Etat doit être républicaine »* [KANT, *Projet de paix perpétuelle*, Pléiade, t. III, p. 341 (Ak. VIII, 350)].

489 Henri D'AVIAU DE TERNAY, *Un impératif de communication ; une relecture de la philosophie du droit de Kant à partir de la troisième critique*, p. 267.

analogie avec celle par laquelle un peuple devient Etat) »[490]. Kant semble procéder à une transposition de l'idée contractuelle aux rapports interétatiques.

Certains commentateurs, peut-être par souci de simplification, ont voulu éliminer de la théorie kantienne du droit, toute idée d'Etat mondial, l'estimant même contraire au kantisme[491]. Pourtant, cette idée n'est pas totalement absente de ses perspectives. Bien d'assertions kantiennes en faveur de l'Etat mondial permettent une interprétation mondialiste de son cosmopolitisme même si, pour renforcer leur thèse, les partisans de cette interprétation invoquent à tort certaines affirmations de Kant[492]. Dans ce sens, l'*Idée d'une histoire universelle* nourrit l'espérance de l'avènement d'un *« grand corps politique »*[493] sous la forme d'une société des nations ou d'une communauté civile universelle dotée d'une *« constitution cosmopolitique »*[494]. Le *Projet de paix perpétuelle* mentionne clairement que si l'on ne veut pas tout perdre dans le combat pour la paix, *« on ne peut substituer à l'idée positive d'une République universelle que le supplément négatif d'une alliance permanente qui empêche la guerre»*[495]. Kant suggère par là que l'alliance de la paix tient lieu d'un équivalent

---

[490] KANT, *Métaphysique des mœurs*, Pléiade, t. III, p. 624 (Ak. VI, 350).

[491] Parmi eux, Monique Castillo soutient : *« L'idée que le droit cosmopolitique doive se réaliser dans la forme d'un empire qui abolirait le principe de la souveraineté des Etats est contraire au kantisme »* (*Emmanuel Kant, Histoire et politique*, 1999).

[492] Pour étayer leurs arguments, ils citent par exemple : « *Ce qui donne l'espoir qu'après maintes révolutions et maints changements, finalement, ce qui est le dessein suprême de la nature, un Etat cosmopolitique universel arrivera un jour à s'établir » (Idée d'une histoire universelle au point de vue cosmopolitique,* in *Opuscules sur l'histoire,* p. 86). En fait, un problème de traduction se pose ici. Cette traduction de Stéphan Piobetta prête à confusion. Celle de Luc Ferry nous semble plus proche de la lettre et de l'esprit du cosmopolitisme kantien : *« Cela donne l'espérance qu'après maintes révolutions survenues dans cette transformation parviendra finalement un jour à s'établir ce que la nature a pour dessein suprême d'établir, à savoir une situation cosmopolitique universelle »* *(*Op. cit. Pléiade, t. II, p. 202 (Ak. VIII, 28).

[493] KANT, *Idée d'une histoire universelle au point de vue cosmopolitique*, Pléiade, t. II, p. 202 (Ak. VIII, 28).

[494] Id., *Sur le lieu commun : il se peut que ce soit juste en théorie mais, en pratique, cela ne vaut point*, Pléiade, t. III, p. 297 (Ak. VIII, 310).

[495] Id., *Projet de paix perpétuelle*, Pléiade, t. III, p. 349 (Ak. VIII, 357).

compensatoire (*surrogat*), comme si pour lui, la République universelle représentait un idéal impossible à réaliser. En résumé, devant l'anarchie interétatique, le pouvoir coercitif d'un super-Etat universel paraît le plus sûr garant de l'ordre international et le remède à l'état de nature du second degré. Kant, toutefois, opte contre toute attente, pour l'ersatz. Il précise à propos de la nouvelle instance interétatique que *« cette alliance ne doit comporter aucune puissance souveraine comme c'est le cas dans une constitution civile »*[496]. Elle ne *« tendrait à aucune domination sur les Etats, mais uniquement au maintien assuré de la liberté de chaque Etat particulier qui participerait à cette association, sans qu'ils aient besoin de s'assujettir, à cet effet, comme les hommes dans l'état de nature, à la contrainte légale d'un pouvoir public »* [497].

Il s'agit d'instituer non pas un *Völkerstaat* c'est-à-dire un Etat de peuples ou de nations, mais un *Völkerbund* c'est-à-dire une alliance de peuples qui *« n'est pas une monarchie universelle »*[498]. En un mot, le *jus gentium* se mue en *jus inter gentes*. Ce qui détermine cette préférence de Kant n'est rien d'autre que le souci de sauvegarde de la liberté et de sa condition, la pluralité. A l'attachement à l'ordre s'ajoute ici comme critère discriminant de choix, l'idéal de la liberté. L'Etat universel, par-delà sa promesse d'ordre et de paix perpétuelle, court le risque de devenir une monarchie universelle et de verser dans l'arbitraire d'une superpuissance ravissant aux citoyens leur liberté et aux Etats leur souveraineté. *La Religion* définit en effet la monarchie universelle comme *« une constitution en laquelle toute liberté devrait disparaître »*[499] ; elle conduit selon *Théorie et pratique*, *« au plus effroyable despotisme »*[500]. En comparaison, même la guerre, *« ce*

---

496 Id., *Métaphysique des mœurs*, Pléiade, t. III, p. 616 (Ak. VI, 344).
497 Id., *Projet de paix perpétuelle*, Pléiade, t. III, p. 348 (Ak. VIII, 356).
498 Id., *Réflexions sur la philosophie du droit*, n° 8056 (Ak. XIX, 596).
499 Id., *La Religion dans les limites de la simple raison*, Pléiade, t. III, p. 47 (Ak. VI, 34).
500 Id., *Sur le lieu commun : il se peut que ce soit juste en théorie mais, en pratique, cela ne vaut point*, Pléiade, t. III, p. 297 (Ak. VIII, 311).

fléau du genre humain » n'est pas *« aussi incurablement mauvaise que le tombeau de la monarchie universelle »*[501].

Kant ne se satisfait donc pas d'une socialisation internationale pour la paix au détriment de la liberté. Fermement attaché à la pluralité comme garant de la liberté, il écarte la solution de la fusion centralisatrice et entend conserver le principe de la souveraineté de chaque Etat comme porteur du droit international. Au nom donc de la liberté et de la singularité de chaque Etat, il renonce à la solution de la République mondiale. L'attachement à la liberté prend ici le pas sur la soumission à l'ordre. Redoutant que l'Etat universel ne réalise la paix au détriment de la liberté, il recherche une solution qui assure à la fois la paix, la liberté et l'ordre. Il opte alors pour une solution médiane entre l'anarchie internationale et la monarchie universelle, à savoir *« la fédération d'Etats libres »*[502] qui constitue comme un point d'équilibre. En tant que fédération, le *Völkerbund* lie des Etats qui agrègent leur liberté en vue de l'ordre et la coexistence pacifique, tout en gardant leur liberté d'adhésion et de gouvernement.

Malgré cet effort de spécification de cette instance du droit international, son statut reste flou et pose problème. Sa diversité nominale traduit probablement l'ambiguïté de son concept. Tantôt Kant l'assimile à une fédération ou une confédération ; tantôt il la désigne sous les noms de *« Société des Nations »*[503] ou de ligue des peuples. D'une œuvre à l'autre, ou à l'intérieur de la même œuvre, cette institution possède des caractéristiques opposées comme s'il ne s'agissait pas de la même instance. Parfois la permanence la caractérise : il s'agit d'instituer *« une alliance permanente »*[504] ou un *« congrès permanent des Etats »*[505]. Parfois, Kant la définit de manière opposée comme *« une confédération qui peut à tout moment être dénoncée »*[506]. Dans le même sens, la *Métaphysique*

---

[501] Id., *La Religion dans les limites de la simple raison*, Pléiade, t. III, p. 48 (Ak. VI, 35).

[502] Kant affirme en effet : *« Il faut que le droit public soit fondé sur une fédération d'Etats libres »* [*Projet de paix perpétuelle,* Pléiade, t. III, p. 345 (Ak. 354)].

[503] Id., *Idée d'une histoire universelle au point de vue cosmopolitique,* Pléiade, t. III, p. 197 (Ak. VII, 24).

[504] Id., *Projet de paix perpétuelle*, Pléiade, t. III, p. 349 (Ak. VIII, 357).

[505] Id., *Métaphysique des mœurs*, Pléiade, t. III, p. 624 (Ak. VI, 350).

[506] *Ibid.*, p. 617 (Ak. VI, 344).

des mœurs précise de façon étonnante que : *« Sous le terme congrès, on n'entend ici toutefois qu'un conseil formé arbitrairement par différents Etats, à tout moment révocable, non pas une confédération (telle celle des Etats américains) fondée sur une constitution politique et donc indissoluble »*[507].

L'arbitraire s'insérerait-il donc dans la légitimité du droit rationnel kantien ? Outre ces paradoxes, l'alliance des peuples se trouve confrontée à une problématique essentielle : comment peut-elle dire le droit, le faire respecter et garantir la paix sans avoir les attributs d'un Etat, autrement dit, sans être une République mondiale ? La contrainte définit fondamentalement le droit et le monopole de la force constitue l'un des critères distinctifs de l'Etat. Il suppose l'existence d'un législateur, d'une puissance exécutive et coercitive, conditions que ne remplit pas la ligue des Etats. En l'absence d'un lien constitutionnel fondateur d'une autorité impérative unique, le congrès kantien se retrouve sans lois communes, sans pouvoir central, ni tribunal d'arbitrage. Kant se refuse à sanctionner juridiquement cette alliance des peuples, à lui donner un statut juridique précis. N'ayant pas les compétences d'un Etat, il n'a aucune prise coercitive sur ses membres. L'obligation qui les lie n'est pas juridiquement fondée, mais négociée de manière consensuelle. Ce faisant, ce *jus inter gentes* ne mérite qu'imparfaitement le titre de *jus* car un droit sans la force de se faire respecter n'est pas un droit positif. Son autorité dépend du bon vouloir de tous ; le caractère contraignant de son autorité dérive non d'un pouvoir central, mais de la concertation, une non-autorité en fait. Manquant de caractère juridique obligatoire et exécutoire, l'on se demande comment *« cette abstraction kantienne »*[508] peut servir de rempart à la guerre interétatique. Kant assigne à sa fédération d'Etats libres la visée de la paix sans la doter des moyens de sa réalisation, le pouvoir étatique de coercition. En l'absence d'une union fédérative qui empêche les hostilités, cette coexistence de souverainetés porte en elle-même les germes de la guerre. Kant lui-même l'admet : *« L'idée d'un droit des gens suppose l'indépendance réciproque de plusieurs Etats voisins et séparés ; et quoique cette situation soit par elle-*

---

[507] *Ibid.*, p. 625 (Ak. VI, 351).

[508] Jürgen HABERMAS, *La paix perpétuelle ; le bicentenaire d'une idée kantienne*, 1996.

même un Etat de guerre, si une union fédérative n'empêche les hostilités, la raison préfère cette coexistence des Etas »[509]. Sans le glaive de la justice et les forces de police, ce fédéralisme demeure dans un état de nature interétatique[510]. Pour garantir la paix mondiale par cette instance, Kant compte sur les bonnes dispositions des gouvernements à respecter les engagements pris de concert ; il se fie au seul engagement moral des gouvernements à se soumettre aux normes convenues ensemble. Les Etats dans leur sauvagerie guerrière se transformeraient subitement en contractants dociles et vertueux. En somme, l'alliance des peuples a davantage le rang d'un traité d'entente que d'une union politique. Les Etats ne s'associent que sous une forme lâche. Alors que l'union civile consacrait l'omnipotence de l'Etat, le congrès permanent se révèle comme une instance de domination minimale qui crée entre les Etats des rapports républicains.

B. LA REPUBLICANISATION DU DROIT INTERNATIONAL

Au niveau du droit politique, nous avons vu le combat contre l'anarchie conduire Kant à l'affirmation de l'omnipotence de l'autorité étatique. Le lien social étatique nous a paru ainsi trop fort au point de friser le despotisme et l'Etat kantien nous a semblé présenter des allures autoritaires. Dans le droit des gens, la liaison interétatique est voulue à dessein faible et lâche pour préserver l'entière liberté de chacun et le maintien des différences. L'alliance des peuples est en effet essentiellement volontaire. Fédération d'Etats libres, chaque Etat décide souverainement et de façon responsable de son entrée ou de sa sortie du congrès. Ce système sauve la souveraineté de chaque contractant. Il ne signifie nullement fusion, absorption et dissolution des singularités dans un vaste ensemble planétaire homogène, mais réunion d'Etats. Kant laisse transparaître ici son attachement à la souveraineté étatique et son horreur de la fusion impériale ou impérialiste : *« Tout Etat, chaque fois qu'à côté de lui s'en trouve un autre qu'il peut espérer soumettre, tend à s'agrandir en l'assujettissant, et ainsi jusqu'à la*

[509] KANT, *Projet de paix perpétuelle*, Pléiade, t. III, p. 361 (Ak. VIII, 367).
[510] Otfried HÖFFE, « Fédération de peuples ou République universelle », in *L'année 1795 : Kant, essai sur la paix*, p. 156.

monarchie universelle (...). Toutefois ce monstre, lorsqu'il a absorbé tous ses voisins, se dissout finalement de lui-même et par insurrection et discordes se divise en beaucoup de petits Etats »[511].

Un danger d'éclatement guette l'empire universel, un empire trop vaste qui finit par éclater. *« L'intention de la Providence,* rappelle *la Réflexion* 1499, *était que les peuples se forment mais qu'ils ne fusionnent pas »*[512]. Kant ne vise aucunement une intégration fusionnelle portant atteinte à la pluralité, garante de la liberté. Face à l'anarchie de l'état de nature du second degré, il s'était attaqué à l'hostilité de l'altérité politique ; il se bat pour une coexistence pacifiée des altérités. Il cultive, à ce niveau du droit international, l'altérité et la singularité politique avant de prôner, comme nous le verrons, un dépassement non plus négatif, mais positif, des altérités politiques dans une post-nationalité, le cosmopolitisme. Avec cette place primordiale laissée à la liberté et à la souveraineté de chaque membre, on assiste bel et bien à une républicanisation du droit international[513]. Tout comme l'Idée républicaine, l'alliance des peuples se fonde sur la liberté, l'autonomie et l'égalité de chaque allié. Elle lie des Etats pleinement et exclusivement citoyens. L'irrationalité du citoyen passif au cœur de la rationalité juridique kantienne, disparaît ici au profit d'un statut de citoyenneté partagé par tous sans exclusive. Entre les membres du congrès, il n'existe point de rapport d'ordre hiérarchique de supérieur à subordonné, mais une égalité juridique. Le *jus inter gentes* signe manifestement le triomphe de l'idéal républicain au niveau interétatique. Kant récuse l'idée d'une République mondiale, mais il insuffle l'esprit même de la constitution républicaine dans les rapports interétatiques. La républicanisation du droit international s'entend ici, non pas dans le sens quantitatif d'une extension du modèle politique de la République à tous les Etats, mais dans le sens qualitatif d'une mise en pratique de l'esprit du républicanisme dans les relations internationales. On peut ainsi entendre la Société des Nations

---

511 KANT, *La Religion dans les limites de la simple raison*, Pléiade, t. III, pp. 47-48 (Ak. VI, 34).

512 Id., *Réflexions sur l'anthropologie* n° 1499 (Ak. XV, 783).

513 Simone GOYARD-FABRE note à ce propos : *« L'aménagement de la vie internationale peut se résumer d'un trait : il sera le triomphe du républicanisme ou ne sera pas »* (*Kant et le problème du droit*, p. 251).

comme *« une fédération républicaine de toutes les Républiques nationales »*[514]. En lieu et place d'un véritable pacte de fusion, la Société des Nations se fonde sur une convergence politico-juridique, à savoir la constitution républicaine. Le droit international kantien conçoit le monde comme une diversité de nations souveraines entrant dans une convergence politico-juridique à visée pacifique. L'idéal républicain, contre toute attente, semble prendre toute sa mesure hors de son cadre naturel où il menace de déboucher sur le despotisme ; ses tendances démocratiques s'épanouissent beaucoup plus visiblement dans le droit des gens que dans le droit politique. *« Le libéralisme politique de Kant »*[515] paraît plus international qu'étatique.

Il reste que si la ligue des Etats assure le triomphe de la liberté, elle s'avère inefficace à garantir la paix. Animée de l'esprit républicain, mais privée de la structure d'une République, elle se donne comme un pseudo corps politique manquant de consistance juridique. En résumé, d'un côté, l'Etat universel, sorte de Léviathan planétaire, en fusionnant les altérités politiques dans un gigantesque corps politique unique, se révèle le plus sûr garant de la paix internationale, mais au prix de la liberté. De l'autre côté, la républicanisation du droit international assure le triomphe de la liberté et la coexistence des altérités politiques, mais peine à assurer la paix. L'idéal de paix exclurait-il donc celui de la liberté ? Seraient-ils donc deux idéaux irréductibles ? L'antinomie de l'ordre et de la liberté serait-elle donc indépassable ? Kant envisage son dépassement sous la forme d'une tension maintenue entre la République universelle et son ersatz, la fédération d'Etats libres.

Cette tension nous permet de comprendre à présent ce qui ressemble à un flottement dans la pensée de Kant entre deux modèles du droit interétatique, et d'envisager la réconciliation de l'interprétation mondialiste du cosmopolitisme kantien et celle d'une simple internationalisation du droit. La République universelle, quoique récusée pour son risque despotique, reste l'idéal vers lequel

---

[514] Théodore RUYSSEN, « Les origines kantiennes de la SDN », in *Revue de Métaphysique et de Morale*, n° XXXI, 1924, p. 369.

[515] Nous empruntons cette expression à Théodore Ruyssen (*Op. cit.*, p. 365). Au-delà de l'équivocité de la notion de libéralisme, nous entendons par là, la doctrine politique qui met la liberté au centre de l'organisation de l'Etat.

doit tendre le droit international. En effet, la fédération d'Etats libres n'a rang que de substitut d'une idéalité dont elle n'a pas la perfection, à savoir l'Etat cosmopolitique universel. A défaut d'une *civitas gentium*, le *Projet de paix perpétuelle* propose, rappelons-le, de *« substituer à l'idée positive d'une République universelle, le supplément négatif (surrogat) d'une alliance permanente »*[516]. Un renversement s'opère ici. La République universelle, vigoureusement récusée pour son risque despotique, se retrouve subitement parée de l'auréole d'un idéal, et la fédération des peuples a rang de succédané, de solution négative compensatoire. Ce va-et-vient de Kant traduit apparemment un flottement de sa pensée entre deux conceptions du droit des gens : l'universalisme et l'inter-étatisme. Les débats interprétatifs tendent généralement à ranger Kant d'un côté à l'exclusion de l'autre, oubliant qu'une tierce interprétation est possible, celle d'une tension maintenue entre deux modèles : un modèle idéal et un modèle concret. Le modèle fédéraliste serait en tension vers la République.

Celle-ci possède une valeur normative pure, mais manque de se traduire institutionnellement. *« Le télos moral de la République,* résume bien Mai Lequan, *reste valide, mais est exclu de fait et de droit de la réalité juridico-politique »*[517]. C'est un idéal visé qui ne doit pas être réalisé sous peine de graves inconvénients : paradoxe d'une idéalité de valeur à la fois positive (comme idéal) et négative (à la réalisation dangereuse). Principe de réflexion, elle ne vaut que comme idéalité pure et ne relève pas du terrain institutionnel. Toute tentative pour le réaliser donnerait naissance à un monstre politique, un Léviathan planétaire informe. La théorie rationnelle pure du droit cède le pas ici au pragmatisme politique. Qu'en est-il alors du destin historique des Idées métaphysiques ? Impossible à réaliser sans danger pour la liberté, la République universelle n'est-elle pas un rêve, une utopie ? Même si Kant opère un repli vers une solution minimale, il ne renonce pas à la solution parfaite. Il maintient l'idéal de la République mondiale, mais à titre d'Idée régulatrice. Celle-ci

---

[516] KANT, *Projet de paix perpétuelle*, Pléiade, t. III, p. 349 (Ak. VIII, 357).

[517] Mai LEQUAN, « Le repli kantien de la solution maximale d'une république mondiale vers la solution minimale d'une confédération d'Etats », in *Kant cosmopolitique*, p. 107.

dessine un horizon transcendantal de sens et de valeur dont la fédération des peuples doit s'approcher asymptotiquement.

Ainsi, l'armature juridique de l'alliance des peuples doit plonger ses racines dans l'Idée rationnelle d'une constitution cosmopolitique. Tel est le sens de sa référence à la constitution étatique : *« Un véritable état de paix ne peut s'instaurer qu'au sein d'une union universelle des Etats (par analogie avec celle par laquelle un peuple devient Etat »*[518]. Autrement dit, la ligue des Etats, à défaut de dériver d'une constitution civile supranationale, doit s'en inspirer, participer de la même qualité juridique sans s'identifier à elle. Ce faisant, on peut concevoir la fédération d'Etats libres comme une République universelle virtuelle d'Etats, sorte de réalisation analogique de l'idéal de République mondiale. L'universalité se conçoit ici, non comme l'unicité d'une constitution liant tous les Etats sous un seul chef, mais comme le partage par tous de l'idéal républicain, et d'un objectif commun, la paix dans la liberté. Pour la réalisation de cet objectif commun, Kant emprunte à la notion d'Etat universel l'idée d'un transfert de la force légale propre aux Etats à une instance unique internationale. Malheureusement, cet ersatz d'Etat mondial a des compétences et une structure de domination si minimales qu'il n'a pas l'efficacité d'un Etat. Kant semble se satisfaire de ce minimum d'Etat mondial en tension entre l'universalité politique et l'institution interétatique. Sa référence à l'idéal de l'Etat mondial voudrait satisfaire l'exigence d'ordre ; l'union plutôt lâche et la préservation de la souveraineté de chacun entendent répondre à l'exigence d'autonomie politique.

Dans cette tension, la balance pèse souvent du côté de l'ordre. Celui-ci semble même le dernier mot de Kant dans sa théorie du droit international. Respectueux de la souveraineté de chaque unité politique, il condamne toute ingérence même au nom de la paix ou de la liberté : *« aucun Etat ne doit s'ingérer de force dans la constitution, ni dans le gouvernement d'un autre Etat »*[519]. Il tolère une ingérence conditionnelle seulement en cas d'anarchie. Le scandale d'un souverain ne peut certes autoriser l'ingérence ; mais *« Il en serait tout autrement d'une révolution qui diviserait un Etat*

---

518 KANT, *Métaphysique des mœurs,* Pléiade, t. III, p. 624 (Ak. VI, 350).
519 Id., *Projet de paix perpétuelle*, Pléiade, t. III, p. 337 (Ak. VIII, 346).

en deux Etats différents, dont chacun formerait des prétentions au tout. Comme il n'y a point de gouvernement, ce n'est pas s'ingérer de la constitution de cet Etat anarchique que de prêter secours à l'un des partis »[520].

Jusqu'ici, nous avions considéré Kant, tantôt comme un pacifiste s'accrochant à la paix au prix de la liberté, tantôt comme un républicain démocrate qui sacrifie la paix sur l'autel de la liberté. Mais Kant au fond reste un partisan de l'ordre, de la discipline et un ennemi de l'anarchie. La seule exception qu'il fait à son refus du droit d'ingérence n'est motivée, ni par le souci de la paix, ni par la promotion de la liberté, mais par la menace de l'anarchie. Au nom de l'ordre, il justifie une ingérence qui sacrifie à la fois la liberté souveraine de l'Etat et la paix interétatique. Cette passion kantienne de l'ordre s'explique peut-être par le fait qu'à ses yeux, l'ordre constitue le plus sûr garant de la liberté et de la paix. Le souci de l'ordre, de la liberté et de la paix constitue en dernier ressort ce qui anime la pensée internationale de Kant. Le droit des gens visait en premier lieu la paix par le dépassement des altérités politiques antagonistes ; la républicanisation du droit international qui s'ensuit promeut la singularité et les différences politiques au nom de la liberté. Le droit public kantien ne s'arrête pas là ; il débouche sur un droit cosmopolitique où se trouvent encore mis en jeu l'ordre, la liberté et la paix. Le droit international que nous venons d'apprécier selon l'idéal de la liberté développe une forme singulière d'universalité, une universalité qui maintient les altérités politiques et reste en deçà d'une intégration politique. Le droit cosmopolitique effectue un pas en avant vers l'universalité politique en pensant la dimension universelle des relations humaines. Nous reviendrons plus largement sur cette mondialité politique kantienne, car elle compte parmi les lieux d'un dialogue possible entre Kant et notre époque. En attendant, si le droit cosmopolitique définit la dernière étape de la pensée politique kantienne, la visée ultime du processus historique ne se réduit pas au Souverain Bien politique, mais s'ouvre sur un horizon plus large, celui de l'éthique.

---

520 *Ibid*, p. 337 (Ak. VIII, 346).

CHAP. II : L'HORIZON ETHIQUE, TRAGEDIE DE LA LIBERTE HUMAINE

La figure du conflit surmonté, caractéristique du progrès historico-politique, marque aussi le versant éthique de la philosophie kantienne du progrès ; mais ce conflit prend ici une forme beaucoup plus tragique. Cette tragédie n'est pas celle d'un héros aux prises avec son destin, mais celle de l'homme en proie à sa propre liberté : c'est une tragédie de la liberté. A l'image de la tragédie grecque, non seulement l'homme se trouve au carrefour d'une décision de liberté engageant son devenir, mais la confrontation des dieux à travers le destin des héros prend ici l'allure d'un conflit des intelligibles à l'intérieur de l'homme. La tragédie de la liberté engage en définitive un conflit au dénouement incertain. Confrontée au drame du mal radical, la destination morale de l'homme alterne sans cesse entre déchéances et relèvements, échecs et espoirs de victoire dans le conflit entre le principe du Bien et du mal.

I. LE DRAME DU MAL RADICAL

Le mal radical constitue un drame de la liberté dans un double sens. Du fait de la finitude humaine et du mal radical, l'hypothèse kantienne du progrès éthico-politique vers le Souverain Bien se trouve remise en question. C'est un drame pour la liberté qui se trouve être en même temps un drame dû à la liberté elle-même ; dans cette situation apparemment sans issue, subsiste tout de même un espoir.

A. UN DRAME POUR LA LIBERTE : LA CESURE DU PROGRES

La pensée kantienne du devenir associe d'emblée le progrès politique et éthique. Vertu et droit relèvent tous deux d'un fondement commun, la raison pure pratique ; un unique concept les sous-tend et les fonde : l'Idée de liberté. Le progrès concerne ces deux versants de la philosophie pratique. La notion de Souverain Bien associe dans une même totalité la morale et la politique. La visée historique s'accomplit ainsi dans une communauté éthico-politique idéale qui assure l'épanouissement tant intérieur qu'extérieur de la liberté. Sans céder pour le moment à la dualité, Kant présente les deux ordres de la liberté humaine comme indissolublement liés et interdépendants. Les fins de la destinée historique de l'homme sont *« la plus grande liberté légale et la plus grande moralité »*[521]. Pour Kant, il ne fait pas de doute que l'horizon vers lequel on progresse *« est le mieux moral »*[522], une destinée sublime de l'humanité que l'ordre politique seul ne suffit pas à réaliser. Le progrès historique suppose la liberté politique et vise le triomphe universel de l'autonomie, la souveraineté de la loi morale à l'intérieur des consciences comme celui de la loi juridique à l'extérieur. L'idéal politique assure l'effectivité légale de la liberté, mais n'épuise pas son concept et échoue à l'accomplir entièrement. La politique doit alors céder le pas à l'éthique, se transcender vers une finalité qui la dépasse, tout en l'incluant comme condition de son effectivité. Kant, certes, refuse à la politique la possibilité d'atteindre l'objectif éthique du Bien, mais il ne l'exempte pas de sa fonction de condition préalable à son accomplissement. L'éthique s'affirme ainsi comme l'horizon transcendantal de la politique.

De même que l'horizon apparaît à première vue comme ce point imaginaire devant nous, où ciel et terre semblent se toucher, de même, la totalité éthico-politique se révèlera à l'analyse doublement utopique. La thèse d'une totalité englobante et celle d'une trajectoire unique allant de la politique à l'éthique vont être remises en cause. La visée d'un Souverain Bien unitaire se heurte autour de 1792–1793 à la prise de conscience de l'impossibilité d'un progrès associant politique et éthique.

Le progrès éthico-politique se trouve dangereusement compromis par la courbure de l'homme qui rend irréalisable l'idéal politique en le conditionnant à l'établissement problématique du règne des fins. Kant, en *Aufklärer* convaincu du progrès historique, sauve celui-ci au prix d'une mise à l'écart de l'éthique. L'idéal politique, affirme le *Projet de paix perpétuelle*, reste réalisable

---

[521] KANT, *Réflexions sur l'anthropologie*, n° 1524 (Ak. XV, 897).
[522] *Ibid.*, n° 1471, (Ak. XV, 650).

même par un peuple de démons[523]. Pour édifier l'Etat idéal, point n'est besoin d'une société d'anges ; l'obstacle de la courbure naturelle de l'homme n'est donc pas politiquement insurmontable. La césure est désormais consommée : visée morale et visée politique se séparent ; deux trajectoires se partagent alors l'idéal historique, deux trajectoires maintenant indépendantes qui ne se recoupent, ni ne se conditionnent, s'excluant même. *« Malheur au législateur,* énonce Kant, *qui voudrait, par la contrainte réaliser une constitution visant des fins éthiques »*[524]. Le versant politique cesse d'être la condition de possibilité de l'éthique pour représenter le terrain d'échec de l'éthique. L'institution de la communauté civile ne coïncide pas avec l'épanouissement de la moralité ; bien au contraire, la vie sociale développe les passions les plus violentes et constitue le terrain propice à la corruption mutuelle des sujets moraux. C'est pourquoi *« dans une communauté déjà affermie comme société politique, tous les citoyens au sens politique se trouvent cependant dans un état de nature éthique »*[525]. La divergence s'accentue donc entre les deux plans. Cette césure dans le progrès historique n'étonne guère ; la totalité historico-politique portait déjà de façon latente les germes de son éclatement. La philosophie kantienne de l'histoire supposait deux orientations manifestement divergentes : un progrès historico-politique relatif à l'espèce et une éthique centrée sur l'individu. Bâtie dès le départ sur une équivoque, la totalité éthico-politique ne pouvait qu'éclater en trajectoires divergentes.

Le progrès se dédouble en progrès juridico-politique et en progrès éthico-religieux. Dans le premier cas, la dialectique de la Nature joue à fond pour le progrès de l'espèce ; dans le second cas, le mal s'avère tellement anti-final qu'il fait obstacle à toute téléologie. Entre les deux, la césure prend progressivement l'allure d'un abîme. A la conviction kantienne d'un progrès historico-politique de l'espèce, s'oppose désormais, le constat anthropologique d'une déchéance du sujet moral. Pendant que sur le premier plan, l'espèce progresse, dans le second, le sujet moral

[523] Id., *Projet de paix perpétuelle*, Pléiade, t. III, p. 360 (Ak. VIII, 366).
[524] Id., *La Religion dans les limites de la simple raison*, Pléiade, t. III, p. 116 (Ak. VI, 96).
[525] *Ibid.*, p. 115 (Ak. VI, 95).

se retrouve englué dans le mal radical. De l'historico-politique à l'éthique, on passe d'une croyance fermement affirmée au progrès - conviction basée sur la foi en l'humanité et en l'efficacité de la ruse de la Nature -, à une timide espérance sur fond de désespoir. L'espèce, seul sujet raisonnable, serait capable de progrès ; la base première de ce progrès, les individus qui composent l'espèce, en serait l'obstacle premier. Il y a manifestement une contradiction interne dans cette philosophie qui, *« sur un fond de pessimisme moral, se laisse aller à un optimisme historique débridé »*[526]. Pris en étau entre l'enthousiasme historique des Lumières et son pessimisme anthropologique, Kant serait-il un penseur inclassable ? Partisan de l'*Aufklärung*, il se situerait cependant à contre-courant de son époque et renierait en fin de compte son rationalisme. C'est ainsi que Goethe le perçoit : *« Kant, après avoir employé une longue vie d'homme à décrasser son manteau philosophique de toute sorte de préjugés qui le souillaient, l'a ignominieusement sali de la tache honteuse du mal radical, afin que les chrétiens eux aussi se sentent engagés à en baiser le bord »*[527].

Kant serait-il donc anti-kantien ? En tout cas, sa pensée semble menacée par une aporie. Son sauvetage du progrès historique par scission de la totalité éthico-politique le conduit à l'aporie d'un progrès de l'humanité ignorant la déchéance des individus qui la composent. Kant s'en sort au prix d'une quasi-irrationalité au cœur de sa rationalité historique par l'appel à la ruse mystérieuse de la Nature qu'il désigne parfois comme *"un Deus ex machina"*[528].

Débarrassée de ce qui en compromettait l'avancée et aidée par la ruse de la Nature, la trajectoire du progrès politique peut poursuivre sa route. Les écrits kantiens d'après 1793 laissent apparaître l'idée d'un progrès qui se limite à la légalité juridique. Kant renoncerait ainsi à la dimension éthique du progrès. A la question *« quel bénéfice le progrès vers le mieux procurerait-il au genre humain ? »* le *Conflit des facultés* répond : *« non pas une*

---

[526] Jacques D'HONDT, « La ruse de la raison historique kantienne », in *Revue Germanique Internationale*, n° 6, septembre 1996, p. 190.

[527] GOETHE, *Lettre à Herder*, in *Goethes Briefe*, herausgegeben von Ph. Stein, Berlin, 1903, t. IV, p. 23.

[528] KANT, *Réflexions sur la philosophie du droit*, n° 8077 (Ak. XIX, 612).

quantité toujours croissante de la moralité dans l'intention, mais une multiplication des produits de la légalité dans des actions conformes au devoir »[529]. L'*Opus postumum* soutient également que *« les progrès du genre humain n'accroîtront jamais le moins du monde la moralité ; il faudrait pour cela une sorte de nouvelle création »*[530]. Le versant éthique du progrès connaît une rupture qui s'aggrave progressivement en menaçant la destination morale de l'homme.

La dimension éthique du progrès emprunte avant tout le chemin de l'individu, du sujet moral et engage la souveraineté de la loi en chaque volonté. L'autonomie ne se réduit pas à la définition qu'en donnent les *Fondements,* à la *« propriété qu'a la volonté d'être à elle-même sa loi »*[531]. Elle reste pour l'homme davantage une tâche qu'une donnée, une visée et une conquête plus qu'un attribut. *« La liberté,* comme l'affirme Cassirer, *n'est pas "gegeben" mais "aufgegeben" ; ce n'est pas une donnée empirique ou métaphysique mais une tâche éthique »*[532]. La bonne volonté est une valeur à conquérir. L'autonomie inscrit la liberté et la moralité dans une dynamique du progrès visant à élever l'homme à la hauteur de la loi. Ainsi, pour *La Religion*, le progrès de l'individu passe par les étapes de l'animalité, de l'humanité et de la personnalité[533]. Mais ce processus se trouve, d'entrée de jeu, compromis. Le progrès éthique rencontre en premier lieu l'obstacle de l'infirmité de l'homme, incapable d'obéir par lui seul et définitivement à la loi de la raison. La volonté humaine cède ainsi par transgression ponctuelle à l'hétéronomie. Le mal de la seconde *Critique* et des *Fondements* s'entendait en effet comme une infraction momentanée à l'obéissance par la préférence accordée aux mobiles sensibles sur la loi morale.

Cependant, cet obstacle du progrès éthique n'a rien de commun avec le drame du mal radical. La finitude naturelle de l'homme signifie que l'homme imparfait a des progrès à faire. La ruse de la

---

529 Id., *Le Conflit des facultés*, Pléiade, t. III, p. 902, (Ak. VII, 91).

530 Id., *Opus postumum,* (Ak. XXII, 60).

531 Id., *Fondements de la métaphysique des mœurs*, Pléiade, t. II, p. 316, (Ak. IV, 447).

532 Ernst CASSIRER, *L'idée de l'histoire*, p. 138.

533 KANT, *La Religion dans les limites de la simple raison*, Pléiade, t. III, p. 37 (Ak. VI, 26).

Nature supplée ici à l'imperfection de l'homme et assure le progrès du genre humain. Par contre, le *radikale Böse* est une négation du progrès éthique qui nous fait désespérer de notre destination. La ruse de la Nature s'avère inopérante face à la radicalité du mal qui est foncièrement anti-final. *« La progression vers la perfection »*[534] qui est la destination de l'espèce humaine est menacée. En ce mal radical, la raison humaine dans son devenir pratique se heurte à une limite où nous ne cessons pas seulement de comprendre, mais aussi d'avancer. Contrairement à ce qu'en pense Alexis Philonenko[535], le mal radical est bien un obstacle qui non seulement limite l'optimisme de la philosophie de l'histoire, mais aussi contredit massivement la philosophie kantienne du progrès sur son versant éthique. La marche de l'homme vers sa destination bute sur cet obstacle. L'horizon éthique indiqué à l'homme comme sa destination ultime semble se refermer sur lui-même du fait du mal radical.

B. UN DRAME DE LA LIBERTE

L'*Essai sur le mal radical*[536] s'ouvre par le constat d'un conflit de principes en l'homme : dans la nature humaine, existent *« une disposition originelle au Bien »*[537] *(Anlage)* et *« un penchant au mal »*[538] *(Hang)*. L'anthropologie kantienne révèle ainsi la coexistence en l'homme de deux principes incompatibles qui s'excluent mutuellement. Mais elle soutient en même temps que la distance qui les sépare est à l'image de l'hétérogénéité du ciel et de l'enfer. Cette image *« invite à se les représenter comme séparés*

---

[534] Id., *Conjectures sur le commencement de l'histoire humaine*, Pléiade, t. II, p. 511 (Ak. VIII, 115).

[535] Alexis Philonenko s'enthousiasme à l'idée que même les démons parviennent à l'idéal historique : *« Tous les obstacles sautent, et décidemment le mal radical n'est pas le mal définitif » (Etudes kantiennes*, p. 70) *;* le mal radical, à ses yeux, ne contredit pas massivement la philosophie kantienne du progrès. (*L'œuvre de Kant,* t. 2, *la philosophie critique*, p. 58).

[536] Précisons que l'*Essai sur le mal radical* est un article de Kant publié dans la *Berlinische Monatsschrift* en 1792 avant de constituer une année plus tard, la première partie de son ouvrage *La Religion dans les limites de la simple raison.*

[537] KANT, *La Religion dans les limites de la simple raison,* Pléiade, t. III, p. 37 (Ak. VI, 26).

[538] *Ibid*., p. 40 (Ak. VI, 28).

l'un de l'autre par un incommensurable abîme »[539]. Bien que tous deux se rencontrent dans la nature humaine, il n'y a aucune symétrie entre les deux, mais une dissymétrie profonde qui les empêche de s'associer pour faire de l'homme un être moralement neutre. L'homme kantien est loin d'être la cire molle et informe qui répondrait à l'adage : *« cereus in vitium flecti »*[540]. Il reste un être énigmatique : sans être neutre il possède à la fois une potentialité de bonté et une virtualité de mal. Il s'annonce dès l'origine sur le registre du conflit : la cohabitation du Bien et du mal en lui a lieu dans le malencontre conflictuel. Il est déchiré par le combat du Bien et du mal[541] et même *« il est cette lutte »*[542]. Sa liberté le place au carrefour d'un choix déterminant pour son devenir. L'homme se présente comme un être écartelé entre deux extrêmes séparés par un abîme ; il est de nature ontologiquement tragique.

Dans ce conflit du Bien et du mauvais principe, l'avantage revient au Bien. Celui-ci relève d'une disposition naturelle ; le mal lui, dérive d'un penchant c'est-à-dire une tendance de l'homme qui vient s'ajouter à une disposition préexistante selon des modalités que nous examinerons plus loin. La disposition au Bien est naturellement reçue, c'est-à-dire innée alors que le penchant au mal est librement contracté. *La Religion* en conclut : *« Le penchant se distingue donc en ceci de la disposition, que pouvant certes être inné, il ne doit pas néanmoins être représenté comme tel ; mais en revanche, il le faut concevoir (quand il est bon) comme acquis ou (s'il est mauvais) comme contracté par l'homme »*[543]. Autrement dit, la disposition au Bien appartient à la structure originelle de l'être raisonnable : *« la disposition originaire est une disposition au Bien »*[544]. Le penchant au mal quant à lui, relève d'une décision et de l'acquis, d'un enracinement postérieur au bon principe ; il

---

[539] *Ibid.*, p. 75 (Ak. VI, 60).

[540] *« Celui qui est de cire peut être infléchi vers le vice »* (KANT, *Anthropologie du point de vue pragmatique*, Pléiade, t. III, p. 1136 (Ak. VII, 325).

[541] François MARTY affirme à ce sujet : *« La vie humaine est un combat où il faut se décider pour l'un ou pour l'autre des principes »*, (*La naissance de la métaphysique chez Kant ; une étude sur la notion kantienne d'analogie*, p. 443).

[542] Eric WEIL, *Problèmes kantiens*, p. 153.

[543] KANT, *La Religion dans les limites de la simple raison,* Pléiade, t. III, p. 41 (Ak. VI, 29).

[544] *Ibid.*, p. 59 (Ak. VI, 43).

n'est pas originel : *« Was von einem Factum anfangt ist nicht originarium sondern malum contractum »*[545]. Au niveau des principes, on ne peut donc mettre le Bien et le mal sur un même pied d'égalité, bien qu'ils relèvent tous deux de l'intelligible. La suprématie revient au principe du Bien en l'homme. Le mal est *« rationnellement second par rapport à la disposition originelle au Bien »*[546]. Rien ne prédispose ainsi l'homme à s'incliner plus vers le mal que vers le Bien. Ce qui se produit pourtant : disposés *a priori* pour le Bien, nous décidons malgré tout pour le mal.

Dans la pratique, un renversement énigmatique se produit effectivement : *« le Bien qui, objectivement, dans l'idée (in thesi) est un motif invincible, se trouve être subjectivement (in hypothesi) quand il s'agit de suivre la maxime, le motif le plus faible »*[547]. Ce qui induit la situation étonnante d'un mal qui est fait tandis que le Bien est à faire[548]. Au moment du choix inaugural de la "maxime suprême", l'homme opte pour le mal et devient de ce fait mauvais. Le mal résulte en effet d'une archi-décision inaugurale de notre libre arbitre optant pour des maximes mauvaises comme principe de nos actions. Il consiste à choisir *ab initio* pour principe suprême de détermination non pas l'universalité de la loi morale, mais les mobiles sensibles et l'amour de soi. Le mal se présente alors comme une inversion ou une perversion (*Umkehrung*)[549] originelle de l'ordre des maximes d'action c'est-à-dire un renversement par lequel l'homme mauvais *« fait des motifs de l'amour de soi et de ses inclinations, la condition de l'obéissance à la loi morale, alors que c'est bien plutôt à cette dernière qu'il faudrait, dans la maxime universelle de l'arbitre, et en tant que motif unique, donner son*

---

545 *« Ce qui commence à partir d'un fait n'est pas originaire, c'est un mal contracté »* (KANT, *Réflexions sur la philosophie de la religion*, n° 8096 (Ak. XIX, 639).

546 Jean-Louis BRUCH, *La philosophie religieuse de Kant*, p. 74.

547 KANT, *La Religion dans les limites de la simple raison,* Pléiade, t. III, p. 42 (Ak. VI, 29).

548 Jacques HAVET qualifie ainsi l'éthique kantienne : *« Tout le sens de la morale kantienne c'est que le mal est fait, tandis que le Bien est à faire »* (*Kant et le problème du temps*, p. 198). Ce n'est pas tant la morale kantienne qui est paradoxale, mais le choix inexplicable de l'homme.

549 La définition du mal radical comme inversion/perversion est fondamentale chez Kant ; on la retrouvera dans toutes les modalités du mal radical, preuve qu'elle en est l'une des propriétés essentielles.

adhésion »[550]. Principe premier de l'acceptation des maximes mauvaises, cette perversion *« corrompt le fondement de toutes les maximes »*[551] et ce faisant il mérite bien son appellation de *Grund des Bösen* ou de *peccatum originarium*[552]. Radical, cet *Umkehrung der Triebfedern* se trouve à la racine et au fondement de toute faute empirique. Sa radicalité signifie aussi qu'il *« s'éveille de manière aussi fatale et précoce que celle dont l'être humain commence à faire usage de sa liberté »*[553], c'est-à-dire au moment de sa naissance à la responsabilité. Corrélatif à la mise en jeu de la liberté, existant même avant tout usage de la liberté dans l'expérience c'est-à-dire *« existant dans l'homme dès la naissance »*[554], le mal radical peut être dit inné : il s'enracine tellement dans les profondeurs de l'homme qu'il fait partie de sa nature.

Quoiqu'inné, ce mal radical est aussi contracté, car il dérive d'un choix libre de l'homme. Kant situe ce choix du mal hors du temps. Il s'inscrit dans l'intemporalité du suprasensible et détermine notre moi nouménal et ses réalisations empiriques. C'est un choix qui me détermine hors du temps à exister dans le temps comme mauvais. Tout se passe comme si, au moment d'inaugurer sa responsabilité d'existant libre, l'homme se trouvait face à l'alternative de l'obéissance ou de la désobéissance à la loi morale. Avec cette alternative, toute sa destinée ainsi que la valeur morale de toutes ses actions ultérieures se trouvent engagées. Et chacun de nous a choisi la transgression. Ce choix initial, comme un sceau indélébile, marque toute l'existence de l'homme et sa nature: *« le penchant au mal exprime le caractère de son espèce »*[555] ; autrement dit, il se rencontre universellement en tout homme au

---

[550] KANT, *La Religion dans les limites de la simple raison,* Pléiade, t. III, p. 50 (Ak. VI, 36).
[551] *Ibid.*, p. 51 (Ak. VI, 37).
[552] *Ibid.*, p. 44 (Ak. VI, 31).
[553] Id., *Anthropologie du point de vue pragmatique*, Pléiade, t. III, p. 1136, (Ak.VII, 324). On retrouve la même affirmation dans la *Religion* : *« Il se laisse percevoir aussitôt que s'exprime l'usage de la liberté en l'homme »* [Pléiade, t. III, p. 52 (Ak. VI, 38)].
[554] KANT, *La Religion dans les limites de la simple raison*, Pléiade, t. III, p. 32 (Ak. VI, 22).
[555] *Ibid.*, p. 32 (Ak. VI, 21).

point de constituer la marque distinctive de l'espèce humaine. Cette thèse mal comprise, risque de rendre l'individu éthiquement irresponsable, comme c'est le cas avec la thèse du péché originel. Outre l'universalité, la notion de caractère recèle une autre caractéristique problématique. A l'image du caractère désignant l'empreinte ineffaçable d'un sacrement dit “à caractère“ comme le baptême[556], cette notion de caractère de l'espèce comporte le risque d'inscrire définitivement l'homme dans le mal. Comment alors concilier “l'une fois pour toute“ de l'acte intelligible qui fait de l'homme un être mauvais et la possibilité de la conversion ?

L'inscription du mal dans le domaine nouménal pose un autre problème. La pensée kantienne tombe ici dans un paradoxe. Dérivant d'un choix nouménal, le mal relève du suprasensible : *« il est un acte intelligible »*[557] ; mais résultat d'une décision libre, il reste marqué du sceau de la contingence parce qu'il pouvait ne pas être. C'est donc paradoxalement une sorte d'événement nouménal. Par ailleurs, jusque-là, le monde intelligible de Kant comprenait le caractère intelligible de l'homme et les Idées de la raison pure, la liberté, Dieu… Avec le mal radical, une réalité parfaitement inintelligible surgit dans le monde intelligible. Traditionnellement, le mal s'inscrit dans l'irrationalité des passions ; contre toute attente, avec Kant, il prend place dans la part intelligible de l'homme. Il relève de notre liberté. C'est un irrationnel qui plonge ses racines dans les profondeurs de notre rationalité ; c'est la raison même optant pour la déraison. L'inintelligible s'installe dans l'intelligible sans pour autant acquérir plus d'intelligibilité puisque *« ce fondement rationnel du mal demeure pour nous insondable »*[558]. La pensée kantienne témoigne ainsi d'un double mouvement contradictoire, *« un mouvement d'émergence puis de replongée, d'émergence à la clarté du transcendantal puis de replongée dans les ténèbres du non-savoir »*[559]. Devant le mal, la

---

[556] Le rapprochement entre la notion kantienne de caractère et les sacrements à caractère que sont le baptême, la confirmation et l'ordre, a été fait par Catherine Chalier pour qui, le choix du mal c'est en quelque sorte le baptême de l'autonomie. (*Pour une morale au-delà du savoir; Kant et Levinas*, p. 134).

[557] KANT, *La Religion dans les limites de la simple raison*, Pléiade, t. III, p. 44 (Ak. VI, 31).

[558] *Ibid.*, p. 59 (Ak. VI, 43).

[559] Paul RICOEUR, *Le conflit des interprétations ; essai d'herméneutique*, p. 304.

raison se heurte à une limite, à une énigme ou un mystère. Une part de l'homme échappe aux prises de la rationalité. Face à cet acte intelligible de notre liberté, la raison humaine avoue son impuissance. Le mal radical forme la part d'irrationalité de la raison kantienne, la zone ténébreuse dans la clarté de la raison. Au sujet de ce caractère incompréhensible (*unerforschlich*) du mal radical mis en évidence par Kant, Gottfried Fittbogen ironise en ces termes : *„Es ist, als ob man einem Führer auf unbekannten Wegen durch unbekannte Gegenden folgt - einem Führer, der uns wohl zum Ziele Führt, der uns aber nicht einmal über den eingeschlagenen Weg aufzuklären für nötig hält, sondern es jedem überlässt, sich selbst zu orientieren"*[560].

On ne peut sauver ici la raison kantienne de l'aporie qu'à condition de considérer que l'intelligibilité du mal marque non pas le mal lui-même, mais son choix dans l'adoption des maximes. La dimension intelligible caractériserait alors davantage le libre arbitre que le mal lui-même.

L'enracinement du mal dans notre causalité intelligible n'est pas seulement problématique et énigmatique. Ce mal est aussi absurde et scandaleux. Il consiste en une paradoxale auto-détermination à l'hétéronomie. Il n'est rien d'autre que la liberté elle-même dans sa possibilité de non-liberté, *« une manière d'être de la liberté qui lui vient de la liberté »*[561], son autre versant. On se trouve devant *« le paradoxe d'une liberté qui se renie elle-même au lieu de réaliser son essence, l'aveu du mystère d'une liberté qui s'emploie contre elle-même »*[562]. Ce qui fonde la plus haute dignité de l'homme ouvre la possibilité d'une déchéance de l'homme. Par le biais de la liberté, la possibilité du mal serait immanente à la raison : il est d'origine rationnelle. C'est là le pire des scandales.

Il ressort de cette analyse que le mal radical est bien un drame de la liberté : l'exercice même de la liberté s'empêche tout progrès

---

[560] *« C'est comme si on suit un guide sur des chemins inconnus à travers une région inconnue - un guide qui nous fait arriver à destination mais qui ne nous explique même pas les chemins qu'il faut prendre, mais qui laisse à chacun de s'orienter ». (*Gottfried FITTBOGEN, „Kants Lehre vom radikalen Bösen", in *Kantstudien*, t. XII, 1907, p. 305)

[561] Paul RICOEUR, *Op. Cit.*, p. 413.

[562] Jean NABERT, *L'expérience intérieure de la liberté*, p. 211.

vers la liberté. Il n'est rien d'autre que le drame d'une liberté travaillant contre sa propre avancée ou contre la réalisation de ses promesses. Ce choix est si incompréhensible et scandaleux qu'on ne peut s'empêcher de soupçonner soit une faille en l'homme, soit une défaillance de la loi. Le mal radical ne cacherait-t-il pas une faillite de la morale kantienne ? En fait, celle-ci se trouve elle-même prise dans l'engrenage du mal.

II. DANS L'ENGRENAGE DU MAL RADICAL

A. DES FAILLES MULTIFORMES

Dans le choix inaugural de l'homme pour la transgression, sa responsabilité se trouve pleinement engagée. On hésite pourtant à imputer à l'homme la responsabilité totale du mal radical et à suivre le philosophe de Königsberg sur cette voie. Une faille en l'homme semble expliquer en partie la possibilité du mal radical. Dans la théorie kantienne du mal radical on peut découvrir les indices de multiples défaillances. Il y a d'abord la défaillance de la raison pure. L'idée même d'une raison confrontée à un choix signe son impuissance, le choix attestant que l'hégémonie de la raison n'est pas absolue. Ce qui chez d'autres penseurs définit l'essence même de la liberté, la possibilité de choix, en marque ici l'imperfection[563]. La liberté n'est pas seulement autonomie, c'est-à-dire autoposition de la loi, mais aussi libre arbitre impliquant une prise de position par rapport à la loi. Le libre arbitre, sans lequel la liberté humaine serait celle d'un automate réglé sur la loi morale, ouvre la possibilité même du mal radical. La liberté humaine s'affirme *« comme pouvoir de l'écart, du renversement de l'ordre »*[564], signe de la fragilité même d'une liberté qui peut se retourner contre elle-même. Le mal radical rend doublement manifeste l'impuissance de la raison : elle manque de force puisqu'un mobile est capable de tenir en échec ses maximes ; de plus, elle doit en appeler au secours d'un être supérieur. Kant lui-même en convient : la grâce supplée à l'intégrité déficiente de

[563] Le libre arbitre dans sa possibilité de choix, loin d'être l'expression même de la liberté comme l'ont cru bien des penseurs avant Kant, en est la limite. Kant opère ici une révolution conceptuelle qui se retourne contre lui-même.

[564] Paul RICOEUR, *Le conflit des interprétations ; essai d'herméneutique*, p. 299.

l'homme puisqu'elle définit *« le concept d'une assistance surnaturelle aux côtés de notre faculté morale, bien que déficiente, et même à notre intention morale imparfaitement purifiée et dans tous les cas pour le moins faible, afin de satisfaire à tous nos devoirs »*[565].

A l'impuissance de la volonté rationnelle s'ajoute le soupçon d'une défaillance de la loi. Le mal radical signe l'échec de la loi, incapable de s'affirmer comme seul motif déterminant de la volonté en face des mobiles sensibles. Kant, rappelons-le, lie "*wollen*", "*sollen*" et "*können*" : *« Tu dois, donc tu peux »*. Si devoir c'est pouvoir, comment expliquer alors que la volonté humaine soit incapable de se conformer à la loi ?

De nombreuses affirmations kantiennes soulignent l'identité analytique de la loi et de la volonté libre : une volonté autonome et une volonté soumise au devoir sont une seule et même chose[566]. On peut se demander si la réalité anthropologique du mal radical ne remet pas en question cette identité puisqu'elle révèle la possibilité d'une liberté pour le mal, d'une volonté libre qui se décide pour le mal. De toute manière, une distance abyssale sépare l'exigence de la loi et notre volonté impure et fragile, incapable de parvenir ici-bas à l'idéal de sainteté, ou *« conformité parfaite de sa volonté à la loi morale »*[567]. La sainteté, caractéristique d'une volonté pure par essence n'est pas le propre de l'homme doué d'une volonté impure ; elle est d'avance manquée pour l'homme, contraint à la quête infinie de quelques vertus. Kant a pu écrire que : *« Deux choses remplissent le cœur d'une admiration et d'une vénération toujours nouvelle et toujours croissante, à mesure que la réflexion s'y attache et s'y applique : le ciel étoilé au-dessus de moi et la loi morale en moi »*[568]. Ce qui associe ces deux réalités dans une même vénération, c'est la sublimité d'un horizon inaccessible, le même abîme qui sépare terre et ciel sépare l'homme de la sainteté. L'immanence de la loi se transforme en sa transcendance

[565] KANT, *La Religion dans les limites de la simple raison*, Pléiade, t. III, p. 229 (Ak. VI, 191).
[566] Id., *Critique de la raison pratique*, Pléiade, t. II, p. 757 (Ak. V, 122).
[567] *Ibid.*, p. 757 (Ak. V, 122).
[568] *Ibid.*, pp. 801-802 (Ak. V, 161-162).

inaccessible, son intériorité dans la volonté cache une distance infinie.

Plutôt que d'une défaillance de la loi, le mal semble naître d'une déficience naturelle de l'homme. Manque et défaut ontologique paraissent définir la nature humaine. Kant le récuse. Il considère le mal comme *« existant dans l'homme dès la naissance sans pourtant que la naissance en soit la cause »*[569]. Il disculpe ainsi la nature qui *« n'est pas responsable s'il [l'homme] est mauvais »*[570]. Comment comprendre alors la présence du penchant au mal dans une nature humaine prédisposée au Bien ? L'explication kantienne du fondement de *« ce mal radical inné dans la nature humaine (mais que nous avons cependant contracté nous-mêmes) »*[571] reste fort ambiguë : c'est un mal à la fois inné et contracté. Kant laisse entendre que sur nos dispositions naturelles *« peuvent se greffer les plus grands vices »*[572]. Cette image de la greffe cède la place quelquefois à l'idée d'un *« enracinement profond du penchant au mal dans l'arbitre »*[573]. Le passage de l'une à l'autre de ces métaphores est significatif. La greffe s'insère dans une souche déjà existante ; l'enracinement semble plus profond, plus originaire. Greffe ou enracinement, ce champ lexical est doublement significatif. Il sous-entend d'abord que le penchant au mal est naturel à l'homme sans provenir de la nature, mais d'un ajout. La greffe ou la transplantation connote ensuite une dimension d'extériorité du penchant au mal qui ne l'empêche cependant pas de devenir *« un penchant inhérent à la nature humaine »*[574]. Il viendrait d'ailleurs, il n'est pas de l'homme ; la nature humaine le reçoit et en vient ensuite à l'intégrer. Cette intégration de la greffe dans la souche n'indique-t-elle pas l'existence d'une prédisposition qui rend la greffe possible et facile ? Pour que la greffe prenne si bien, au point que l'homme devienne porteur d'un *« penchant naturel au mal »*, il faut que la souche nourrisse la greffe de sa sève ; ce qui pour Kant est

---

[569] Id., *La Religion dans les limites de la simple raison*, Pléiade, t. III, p. 32 (Ak. VI, 22).
[570] *Ibid.*, p. 32 (Ak. VI, 21).
[571] *Ibid.*, p. 46 (Ak. VI, 32).
[572] *Ibid.*, p. 38 (Ak. VI, 27).
[573] *Ibid.*, p. 48 (Ak. VI, 35).
[574] *Ibid.*, p. 43 (Ak. VI, 30).

inconcevable puisqu'entre le mal et le Bien aucune communication n'est possible.

Selon lui, il existe dans la nature humaine des prédispositions au mal radical. Des degrés du penchant au mal que sont la fragilité de la nature humaine (*Gebrechlichkeit*), l'impureté du cœur de l'homme (*Unlauterkeit*) et la méchanceté de l'homme (*Bösartigkeit*), les deux premiers semblent davantage relever de la finitude naturelle de l'homme que de sa responsabilité personnelle. Ils ne semblent pas librement contractés, mais reçus. Or, le mal moral se situe au troisième niveau. Le mal s'enracine dans l'association de la fragilité et de l'impureté quand elles conduisent à un renversement de l'ordre éthique. Il trouve en effet *« naissance dans la fragilité de la nature humaine qui n'est pas assez forte pour suivre les principes qu'elle a adopté – fragilité liée à l'impureté qui consiste à ne pas séparer d'après une règle morale les motifs les uns des autres »*[575]. L'homme renverse l'ordre éthique parce qu'il est de nature moralement fragile et de cœur impur. Ces deux premiers degrés ne définissent pas encore le mal radical situé à un niveau plus profond, mais ne serait-ce pas par cette faille originelle qu'il se glisse dans la nature humaine ? La finitude humaine n'expliquerait-elle pas en partie le mal radical ? Eric Weil se pose la question mais s'empresse de l'évacuer comme une hypothèse inadmissible[576]. Tout laisse croire que le libre arbitre humain porte une blessure originaire qui atteint sa capacité à se déterminer pour ou contre l'obéissance à la loi[577].

Kant, quant à lui, refuse d'inscrire le mal dans la nature originelle de l'être humain ; mais il semble difficile, vu son ampleur et son universalité, de croire à sa contingence. L'universalité de la "fautivité" fait croire à une défaillance liée à notre humanité. La radicalité du mal laisse penser que nous en portons la marque du seul fait d'être homme. On comprend donc qu'à la question de la signification profonde du mal radical, Alexis Philonenko n'hésite pas à répondre : *« c'est l'impuissance morale*

[575] KANT, *La Religion dans les limites de la simple raison*, Pléiade, t. III, p. 51 (Ak. 37).

[576] Eric WEIL, *Problèmes kantiens*, p. 159.

[577] Tel est l'avis de Paul Ricœur (*Le conflit des interprétations ; essai d'herméneutique*, p. 251).

humaine d'ériger en lois universelles ses maximes »[578]. Le mal radical relèverait donc d'une impuissance naturelle, innée. Mais cette finitude ontologique de l'homme ne constitue pas le mal radical ; sinon celui-ci se réduirait à un mal par manque, par défaut (*mala defectus*)[579]. Le mal radical kantien coïnciderait donc avec le mal leibnizien, un mal dû à notre imperfection. Pourtant, il ne saurait se réduire à notre finitude naturelle. Il se situe à un niveau de radicalité plus profond que la simple impuissance. Ceci dit, on peut affirmer que notre finitude ouvre la faille par laquelle il s'insère dans la trajectoire éthique du progrès. Elle sert donc de porte d'entrée au mal radical, en lui ouvrant la possibilité de son effectivité. L'absolution de l'homme ne peut être totale, mais on ne peut lui imputer toute la responsabilité du mal radical. En définitive, *« le mal radical nous donne tort »*[580] *;* certes, mais pas absolument.

Non seulement le mal radical trouve en l'homme une faille, mais il provoque également une fracture dans la morale kantienne. Jusque-là, Kant associait devoir et pouvoir ; l'*Essai* de 1792, d'entrée de jeu, affirme l'impuissance de l'homme à réaliser tout son devoir. L'énoncé éthique *« Tu dois donc tu peux »* serait une simple illusion devant la réalité de l'impuissance éthique de l'homme ; le mal révèle l'illusion de l'autonomie. Celle-ci nous avait habitués à identifier sous la figure du « tu » l'instance législatrice et l'instance obligée, à condenser en une personne le destinateur de la loi et son destinataire, à effacer leur différend, précise Jean-François Lyotard[581]. Le mal radical introduit une césure dans cette identité. Il y a d'un côté une altérité qui oblige et de l'autre une instance qui est obligée. Un autre que le "tu" occupe l'instance législatrice ; il se définit par son pouvoir ; c'est un "je" qui peut et non pas un "tu". Au "Tu dois" correspond donc à titre d'Idée seulement un "Je peux" et non un "tu peux"[582]. Aveu d'impuissance du sujet moral qui répond bien à son nom de sujet

---

[578] Alexis PHILONENKO, *L'œuvre de Kant,* t. 2, *la philosophie critique*, p. 226.

[579] KANT, *Essai pour introduire en philosophie le concept de grandeurs négatives*, Pléiade, t. I, p. 277 (Ak. II, 182).

[580] Jacob ROGOZINSKI, *Kanten ; esquisses kantiennes*, p. 95.

[581] Jean-François LYOTARD, *Le différend*, p. 184.

[582] Nous devons ces précieuses nuances à Jean-François LYOTARD, *Op. cit.,* p. 178ss.

au sens d'un "sujet" assujetti (*unterworfen* ou *Untertan*) et renonce au rang de sujet (*Subjekt*) obligeant. Avec le mal radical, l'heure est à la désillusion et à la révision de l'éthique de l'autonomie.

Faille en l'homme, faille de l'éthique ou faillite de la loi morale elle-même, les conséquences du mal radical sur notre destination morale sont dramatiques. Prise dans son engrenage, la dynamique du progrès de la liberté se trouve compromise. L'injustifiable choix de la maxime mauvaise suprême entraîne la déchéance de l'homme et le déchaînement empirique du mal au lieu du progrès vers le Bien. La destination morale serait-elle devenue une terre promise à l'accès d'avance interdit ? Le mal radical nous condamne-t-il définitivement à demeurer au seuil de la loi ? L'horizon éthique, de problématique, deviendrait-il inaccessible ?

B. UNE VIRTUALITE DE PROGRES

Dans l'engrenage du mal, l'espoir d'un progrès subsiste, l'espoir d'un retour au Bien qui se fonde avant tout sur la détermination du mal comme contenu dans les limites de l'humain et l'espérance d'une assistance surnaturelle. La théorie kantienne du mal recèle un double caractère limitatif. Dans l'échelle du penchant au mal, l'*Umkehrung der Triebfedern* excède la faiblesse dans l'observance de la loi morale (la fragilité) ou le simple mélange des maximes (l'impureté). De même, il signe certes la domination des mobiles de la sensibilité sur la loi morale, mais dans le fondement de ce mal *« la sensibilité contient trop peu »*[583]. Radical, il relève de notre caractère intelligible.

Bien qu'il soit radical et plonge ses racines dans le cœur de l'homme, il n'est pourtant pas analytiquement contenu dans le concept d'homme. *« L'homme est mauvais par nature »* sans que la malignité appartienne à l'essence de l'homme. Elle dérive d'une greffe postérieure à la disposition originelle au Bien. Le mal s'enracine ainsi dans la nature humaine ; Kant toutefois limite sa greffe à nos dispositions inférieures, à l'animalité et à l'humanité. La greffe des vices laisse la personnalité qui est *« une disposition*

[583] KANT, *La Religion dans les limites de la simple raison*, Pléiade, t. III, p. 49 (Ak. VI, 35).

sur laquelle absolument rien de mauvais ne peut être greffé »[584]. Il y a donc une limite que le mal ne franchit pas. La corruption du mal s'arrête aux frontières de la raison dont elle ne souille pas l'intégrité et la pureté. C'est l'image paradoxale d'une greffe qui a réussi sur une souche qu'elle ne parvient cependant pas à dénaturer complètement, mais partiellement. Le mal radical ne résulte pas d'une dépravation de la raison. Il s'enracine dans le libre arbitre intelligible au caractère intemporel, mais il n'a pas l'envergure d'un mal absolu, irrémédiable car *« l'homme (même le plus détestable), quelles que soient les maximes dont il s'agit, ne renonce pas à la loi morale pour ainsi dire à la manière d'un rebelle (en refusant l'obéissance) »*[585]. Une telle rébellion serait caractéristique d'un être diabolique doté *« d'une raison pour ainsi dire maligne (une volonté absolument mauvaise) qui libère de la loi morale »* et érige l'opposition à la loi en motif[586]. En fin de compte, Kant refuse de considérer le mal comme une grandeur négative. Chez lui, *« le mal n'est jamais un abîme de malignité »*[587]. A ce sujet, une méprise sur les nuances terminologiques kantiennes a donné lieu à d'âpres discussions. De l'avis d'Alexis Philonenko, le troisième degré du penchant au mal (la méchanceté) correspond au mal diabolique qu'exclut Kant relativement à l'homme[588]. Pour Olivier Reboul comme pour Henri d'Aviau de Ternay, la méchanceté est le seul niveau où se situe le mal radical. En fait, Kant nomme le mal radical, "méchanceté", "perversion" ou "corruption du cœur humain"[589] ; il qualifie même l'homme de perverti ; mais ces termes sont à prendre à leur juste mesure. La perversion (*Verkehrung*) dont il s'agit, loin d'être une dépravation, est synonyme d'*Umkehrung*, d'inversion. Il s'ensuit que l'homme perverti n'est pas pour autant pervers. Quant à la méchanceté, l'homme est certes méchant, mais cette *Bösartigkeit* n'est pas la *Bosheit,* la malignité ou la méchanceté diabolique :

---

584 *Ibid.*, p. 39 (Ak. VI, 27).

585 *Ibid.*, p. 49 (Ak. VI, 36).

586 *Ibid.*, p. 49 (Ak. VI, 35).

587 Jean-Louis Bruch, *La philosophie religieuse de Kant,* p. 70.

588 Alexis PHILONENKO, *L'œuvre de Kant,* t. 2, *la philosophie critique*, pp. 229ss.

589 KANT, *La Religion dans les limites de la simple raison*, Pléiade, t. III, p. 42 (Ak. VI, 30).

« La malignité de la nature humaine n'est pas tant méchanceté, si l'on prend ce mot en son sens strict c'est-à-dire une intention d'admettre le mal en tant que mal comme motif dans ses maximes (car ceci est diabolique) qu'elle n'est bien plutôt perversion du cœur »[590]

En résumé, Kant maintient le mal radical dans des frontières déterminées. Il le situe entre deux limites : en deçà de la perversion diabolique et au-delà de la finitude naturelle ou de la transgression ponctuelle de la loi. Le mal qu'il met en évidence garde une détermination essentiellement humaine. C'est *« un mal trop humain »*[591] qui n'excède pas l'humain. Il ne relève ni du démoniaque ni de la pure animalité. Tous les deux sont situés hors du champ de la liberté humaine : *« Aucun de ces deux n'est applicable à l'homme »*[592]. En définitive, le mal radical kantien est sans site précis, ballotté entre la sensibilité qui *« contient trop peu »* et l'hypothèse-limite d'une raison maligne qui *« contient trop »*[593], à la fois enraciné dans le cœur de l'homme et relevant du suprasensible, de fondation transcendantale et de manifestation empirique ; en un mot le mal radical manque de racines précises. Notion inconsistante, il condense en lui les paradoxes les plus étonnants. Ces paradoxes jouent un rôle de limitation réciproque et attestent de la volonté d'un philosophe attaché au progrès de s'ouvrir ainsi une porte de sortie hors de l'engrenage du mal et de conjurer l'impasse qui serait provoquée par un mal absolu. De fait, la porte ouverte sur la destination morale n'est jamais définitivement refermée par le mal radical. Kant refuse de s'enfermer dans une impasse et envisage un progrès au sein même du mal. Bien entendu, ce mal radical compte parmi les oppositions réelles ; c'est un mal positif par sa réalité s'opposant à la loi, irréductible au Bien par son absurdité rebelle à toute téléologie, car anti-final et insensé. Sa positivité recèle une négativité radicale ; on

---

590 *Ibid.*, p. 51 (Ak. VI, 37).

591 Tel est de titre d'un des chapitres de l'œuvre de Jacob ROGOZINSKI, *Le don de la loi ; Kant et l'énigme de l'éthique*, p. 267.

592 KANT, *La Religion dans les limites de la simple raison*, Pléiade, t. III, p. 49 (Ak. VI, 35).

593 Ibid., p. 49 (Ak. VI, 35).

ne peut l'utiliser pour des fins supérieures ni le transformer en Bien ; il doit être vaincu, extirpé, rien de plus.

Sa mise en évidence a cependant quelque chose de positif : elle provoque à l'action, s'affirme comme un défi qui met en marche l'histoire humaine tant il est vrai *« qu'il y a une histoire parce que l'homme est pour lui-même un problème qu'il doit résoudre »*[594]. La hantise du mal engendre de fait, une dynamique de progrès faite de luttes et d'efforts pour le vaincre. La radicalité du mal s'avère ainsi *« un aiguillon qui ne laisse à l'homme aucun repos et le rejette sans cesse vers sa racine, l'empêchant de s'oublier dans des vues superficielles »*[595]. Se situant à la racine de l'homme, au niveau où se décide son caractère intelligible, où il n'est rien d'autre que ce qu'il décide d'être, le mal radical marque le rendez-vous, fut-il déconcertant, de soi avec soi-même. *Felix culpa* déclare même Eric Weil[596], pour qui le mal sert d'obstacle nécessaire au progrès moral. Sans aller jusque-là, on peut reconnaître que le mal offre à l'homme une chance de renouveau, de recréation, de renouvellement d'une autocréation manquée, en un mot une chance d'humanisation.

« L'une fois pour toutes du choix du mal radical »[597] installe la nature humaine dans le mal, rendant l'homme mauvais par nature ; mais il ne scelle pas de façon définitive le sort éthique de l'homme car *« en l'homme qui, en dépit de la perversion de son cœur, a toujours une bonne volonté, l'espérance d'un retour au Bien, dont il s'est écarté, demeure »*[598]. A l'une fois pour toutes de la décision pour la maxime suprême mauvaise doit répondre l'une fois pour toutes du choix d'un retour au Bien. La sortie du drame s'opère par une révolution : un renversement total, un changement de régime par césure violente détrônant les mobiles sensibles pour que la souveraineté de la loi s'impose. La révolution fortement récusée sur le plan politique au profit de la réforme est au contraire invoquée ici comme seul salut possible. Kant indique en effet que

---

[594] Alexis PHILONENKO, *La théorie kantienne de l'histoire*, p. 42.
[595] Karl JASPERS, *Bilan et perspectives*, p. 197.
[596] Eric WEIL, *Problèmes kantiens*, p. 169.
[597] Olivier REBOUL, *Kant et le problème du mal*, p. 135.
[598] KANT, *La Religion dans les limites de la simple raison*, Pléiade, t. III, p. 60 (Ak. VI, 44).

la conversion (*Bekehrung*) *« ne saurait se faire par une réforme progressive, aussi longtemps que la fondation des maximes demeure impure, mais ici il faut une révolution dans l'intention de l'homme (un passage de celle-ci à la maxime de la sainteté) »*[599]. La gravité du mal radical justifie le recours à cette révolution morale. Comme son envers, le mal radical, la conversion doit s'accomplir à la racine de l'humain. C'est de la source même où s'est incrusté le mal que peut jaillir la révolution morale. La conversion doit être tout aussi radicale que le mal. Il y a ici une succession de deux choix radicaux opposés. Ce qui révèle bien la cohérence de la pensée kantienne ; toutefois, on peut s'interroger avec Jean-Louis Bruch : cette alternative du Bien radical et du mal radical n'est-elle pas trop simple pour définir la situation morale de l'homme ?

Kant, par la suite, précise que la conversion consiste en une régénération. L'homme mauvais *« ne peut devenir un homme nouveau que par une sorte de régénération, pour ainsi dire par une nouvelle création »*[600]. Il ne s'agit pas tant de recommencer l'acte divin de création de l'homme, mais il s'agit pour l'homme de se recréer dans un mouvement de libre auto-engendrement. Par ces notions de renaissance (*Wiedergeburt*), de nouvelle création, Kant semble reprendre la doctrine théologique selon laquelle le sujet du péché doit mourir pour renaître à la justice[601]. Cet auto-engendrement de l'homme relève cependant du domaine nouménal, cette sphère de l'homme qui échappe en principe à la temporalité. Pourtant, comme le constate Léon Brunschvicg : *« La notion de conversion, fut-elle réduite à sa simple expression verbale, implique la dualité radicale du vieil homme et de l'homme nouveau, un renversement d'attitude et d'âme entre ce qu'il était autrefois et ce qu'il est depuis, une séparation par l'Übergang entre l'avant et l'après, c'est-à-dire le temps lui-même en son essence et à sa racine »*[602].

---

599 *Ibid.*, p. 64 (Ak. VI, 47).

600 *Ibid.*, p. 64 (Ak. VI, 47).

601 *Ibid.*, p. 92 (Ak. VI, 73).

602 Léon BRUNSCHVICG, *Le progrès de la conscience dans la philosophie occidentale*, p. 349.

Comment alors concevoir cette régénération qui suppose un avant et un après dans une sphère qui ignore la succession temporelle ? A force de cumuler tous les états et les changements de l'un à l'autre, le monde intelligible kantien paraît perdre finalement son intemporalité. Pourvu d'un libre arbitre – une faculté de décision - le caractère intelligible qui ne connaissait pas la succession temporelle[603], perd ses attributs de permanence et d'immuabilité pour admettre en son sein la temporalité d'une possible régénération. Le choix intelligible qui décide de notre caractère mauvais n'est pas immuable et irrévocable. L'intemporalité contrairement à ce qu'en conclut Léon Brunschvicg ne signe pas l'impossibilité intrinsèque de la conversion[604] ; tout se passe plutôt comme si le suprasensible travaillé de l'intérieur par le mal radical se laissait temporaliser, acceptait *« une durée nouménale »* c'est-à-dire un temps de l'intelligible[605].

Si l'intemporalité ne traduit pas l'impossibilité de la révolution éthique, sa possibilité, eu égard à la condition humaine corrompue, pose problème ; une distorsion évidente existe entre le mal radical, décision initiale de l'homme, et le retournement vers le Bien tout aussi radical. Cette *Bekehrung* s'opère sur la base d'une part de la nature humaine restée intacte. Elle présuppose *« qu'un germe de Bien demeuré intact en toute sa pureté n'a pu ni être anéanti, ni perverti »*[606]. Kant envisage donc la sortie du mal à partir d'une disposition au Bien ayant résisté aux ravages du mal. Une partie des maximes échapperait-elle donc à la corruption de toutes les maximes ? Que l'homme enraciné dans le mal puisse de lui-même se relever et s'orienter vers la loi, voilà qui nous étonne. L'idée de conversion suppose une césure dans le processus de perversion de l'homme, une limite à sa radicalité. Le mal, loin d'être aussi radical

---

603 La première *Critique* rappelle bien que *« eu égard au caractère intelligible, il n'y a ni avant ni après »* [KANT, *Critique de la raison pure*, Pléiade, t. I, p. 1182 (Ak. III, 374)].

604 Pour lui, le caractère intelligible intemporel, par son immuabilité, *« signe la mort de la bonne volonté » (Op. cit.*, p. 324).

605 Kant dans *La fin de toutes choses* parle en effet d'une "*duratio noumenon*" [Pléiade, t. III, p. 309 (Ak. VIII, 327].

606 KANT, *La Religion dans les limites de la simple raison*, Pléiade, t. III, p. 61 (Ak. VI, 45).

qu'on le pensait, ne serait donc plus qu'un moindre mal. Kant, il est vrai se livre par la suite à une révision conceptuelle qui amoindrit la radicalité du mal. Dans l'*Anthropologie* publiée quelques années plus tard, le mal cesse de relever du caractère intelligible de l'homme : *« l'homme de par son caractère sensible, doit être aussi jugé mauvais »*[607]. Il semble même exclure le mal du caractère de l'homme puisqu'il considère que *« le mal (toujours porteur de désaccord avec lui-même et réfractaire en lui-même à tout principe permanent) est à proprement parler sans caractère »*[608]. De son enracinement, il ne retient plus que l'ancrage pragmatique dans la sensibilité dont il disait pourtant dans *l'Essai* qu'il *« contient trop peu »*.

Ces révisions conceptuelles participent peut-être du souci de conjurer la menace d'un mal absolu qui enfermerait l'homme dans une corruption définitive. Son mal radical ainsi limité ouvre la possibilité d'un retour au Bien. Pour la réalisation de celui-ci, sa pensée oscille entre la capacité ou l'incapacité humaine. Le mal est si enraciné en l'homme qu'il *« ne peut être anéanti par les forces humaines »*[609]. Son enracinement dépend de nous, mais son extirpation est au-dessus de nos forces. Kant reconnaît pourtant qu'il : *« doit être possible de le dominer »*[610]. Il fait ainsi dépendre de l'homme la délivrance du mal : *« Ce qu'au sens moral, l'homme est ou doit devenir, bon ou mauvais, il doit l'avoir fait ou le faire par lui-même »*[611]. Il récuse ainsi la grâce comme relais de l'impuissance humaine ; il ne l'accepte que comme la récompense du mérite. L'évidence pourtant saute aux yeux : la raison pratique auto-législatrice ne suffit pas. Le retour au Bien échappe au pouvoir du sujet autonome et en appelle au mystérieux concours d'un Être supérieur. En fait, Kant attend beaucoup plus de l'aide d'en haut comme condition de possibilité d'une restauration du Bien en l'homme. *Le Conflit des facultés* définit la grâce comme *« l'espérance dans le progrès de ce Bien, rendue vivante par la*

---

[607] Id., *Anthropologie du point de vue pragmatique*, Pléiade, t. III, p. 1136, (Ak.VII, 324).
[608] *Ibid.*, p. 1140 (Ak. VII, 329).
[609] KANT, *La Religion dans les limites de la simple raison*, Pléiade, t. III, p. 51 (Ak. VI, 37).
[610] *Ibid.*, p. 61 (Ak. VI, 45).
[611] *Ibid.*, p. 60 (Ak. VI, 44).

croyance dans la présence en nous d'une disposition originaire au Bien, et par l'exemple de l'humanité agréable à Dieu en la personne du Fils de Dieu »[612]. A la disposition originaire au Bien restée intacte et à l'aide de la grâce, s'ajoute une troisième instance tout aussi problématique que les deux premières, le Fils de Dieu. Kant voit en lui le symbole même de la rupture de la puissance corruptrice du mal. Représentant de l'humanité parfaite, il a plus valeur d'exemple motivant que de relais à l'impuissance humaine car *« s'élever à cet idéal de la perfection morale, c'est-à-dire à l'archétype de l'intention éthique dans sa pureté morale, voilà le devoir général de l'humanité, dont l'Idée même, qui nous est proposée par la raison comme modèle, peut nous donner de la force »*[613]. Kant présente certes le Christ comme *« un maître aux intentions divines mais à proprement parler tout humain »*[614], mais en faisant de lui l'archétype, il place ainsi l'humanité idéale dans une personne exceptionnelle, surhumaine voire divine comme si la loi morale n'était pas à hauteur d'homme. On peut donc se demander avec Hermann Cohen si le Christ comme archétype de l'humanité agréable à Dieu ne contredit pas le principe kantien de la dignité de l'homme comme fin en soi.[615]

En définitive, alors que le mal radical menaçait d'impasse le devenir éthique, la conversion relance le progrès éthique non par elle-même à strictement parler, puisqu'elle exclut tout processus, mais par la dynamique qui lui est associée. La révolution éthique ne restaure pas d'emblée la souveraineté de la loi, mais réinstalle l'homme comme candidat au règne de la loi ; elle se contente de remettre debout l'homme déchu et lui offre la possibilité de devenir autre ou plutôt de redevenir lui-même. La décision du retour au Bien, quoiqu'immuable, ne signifie pas pour le sujet sensible une définitive persistance dans le Bien. Le converti kantien, loin d'être d'emblée un homme de Bien, doit le devenir progressivement. L'intemporel acte de caractère intelligible qu'est la conversion inaugure une nouvelle temporalité, celle d'une conversion qui se manifeste dans le temps de

---

[612] Id., *Le Conflit des facultés*, Pléiade, t. III, p. 846 (Ak. VII, 43).
[613] KANT, *La Religion dans les limites de la simple raison*, Pléiade, t. III, p. 76 (Ak. VI, 61).
[614] *Ibid.*, p. 82 (Ak. VI, 65).
[615] Hermann COHEN, *Kants Begründung der Ethik*, pp. 470ss.

l'existence humaine concrète par une série de victoires successives sur le mal. Si le renversement se produit subitement, les effets de la conversion se déploient dans la durée, car ils prennent le temps de se faire réalité ; si la révolution a lieu de manière immédiate, la vertu elle, *« s'acquiert peu à peu, et pour certains elle se nomme une longue habitude (dans l'observation de la loi), grâce à laquelle l'homme partant du penchant au vice va, par une progressive réforme de sa conduite et un affermissement de ses maximes, parvenir à un penchant opposé »*[616].

Ces réformes successives de la conduite garantissent l'authenticité et l'effectivité de la révolution morale. *« La seule caution dont nous disposons quant à la profondeur de la conversion, c'est l'histoire que nous écrivons nous-mêmes avec nos propres actions »*[617], note Jean Nabert. La révolution et la réforme se conjoignent ici pour sortir l'homme de l'engrenage du mal radical. Mais cette perspective reste pour nous fort discutable. Que la révolution se transmue en réforme graduelle, que l'homme converti demeure un pécheur sur le chemin de la conversion, n'est-ce pas la preuve d'un retournement incomplètement réalisé ? Si la révolution éthique nous laisse tels que nous sommes, si elle ne nous installe pas d'emblée dans la loi, mais nous tourne simplement en direction de la loi, cela signifie clairement qu'elle n'a pas la radicalité du mal et ne consiste pas en une substitution du caractère intelligible mauvais par le caractère intelligible orienté vers le Bien.

Après la radicalité du mal, c'est celle de la conversion qui est ici remise en cause. Cependant, la dynamique du progrès retrouve ici ses conditions de possibilité. Le mal radical avait introduit une fracture dans la destination morale de l'homme ; la conversion ouvre à nouveau l'espace et le temps d'une progression graduelle et à l'infini du mal au Bien. Contre toute attente, ce qui apparaissait comme un obstacle insurmontable au devenir éthique de l'homme offre l'occasion d'une inscription du progrès dans le cœur même de l'homme. Malheureusement cette relance du progrès éthique va se trouver confrontée à de nouveaux assauts du mal qui, à la manière d'un spectre, hante la destination morale de l'homme.

---

616 KANT, *La Religion dans les limites de la simple raison*, Pléiade, t. III, p. 63 (Ak. VI, 47).

617 Jean NABERT, *Essai sur le mal*, p. 187.

III. SOUS LE SPECTRE DU MAL RADICAL

Ce qui hante, nous rappelle Jean-Luc Nancy, c'est ce qui habite, ce qui ramène à l'étable, au repaire, au foyer[618]. Le mal radical ramène effectivement l'homme à sa racine ; mais, tel un spectre, il le hante aussi, c'est-à-dire qu'il habite la destination morale de l'homme. Il fait sans cesse retour au cœur même des solutions censées sortir le progrès éthique de son impasse.

A. UN MAL SANS CESSE RENAISSANT

Dans l'engrenage du mal, l'espoir de sortie du drame se fonde sur la conversion individuelle comme changement nouménal du caractère intelligible. C'était sans compter avec la puissance corruptrice du mal qui excède l'intériorité du cœur de l'homme pour toucher la sphère communautaire de l'existence humaine. Malgré la conversion dite radicale, la simple présence d'autrui incline l'homme au mal. Ainsi, *« l'envie, la soif de domination, la cupidité et les inclinations haineuses qui s'y relient, troublent aussitôt sa nature, en elle-même suffisante, lorsqu'il se trouve entre les hommes, et il n'est pas même nécessaire de présupposer que ceux-ci aient déjà sombré dans le vice et soient de néfastes exemples – il suffit qu'ils soient là, qu'ils l'entourent, que ce soient des hommes, pour qu'ils se corrompent réciproquement dans leur disposition morale et se rendent mauvais les uns les autres »*[619].

C'est la dimension sociale du mal radical, une sorte de *« mal du mal »*[620] ou de second mal radical *: « Il y a ici,* fait remarquer François Marty, *une sorte de second mal radical relançant l'ouvrage en son milieu, mal radical qui se manifeste dans les rapports de société »*[621]. Contre toute attente, le rassemblement des convertis dans une société civile n'engendre pas une communauté de convertis mais, une société de corrupteurs. Au plan politique, la société civile s'avère un acquis précieux qui sauve l'homme de

---

618 Jean-Luc NANCY, *L'impératif catégorique*, p. 9.

619 KANT, *La Religion dans les limites de la simple raison*, Pléiade, t. III, p. 113 (Ak. VI, 94).

620 Paul RICŒUR, *Le conflit des interprétations ; essai d'herméneutique*, p. 414.

621 François MARTY, *La naissance de la métaphysique chez Kant ; une étude sur la notion kantienne d'analogie*, p. 443.

l'anarchie ; sous la hantise du mal, dans cette communauté *« déjà affermie comme société politique, tous les citoyens au sens politique se trouvent cependant comme tels dans un état de nature éthique »*[622] dont il faut sortir. L'un des sommets du progrès historico-politique cesse d'être un idéal ; il cultive et aggrave le mal radical en le démultipliant. Le rassemblement des hommes sous la légalité juridique délivre certes les individus de l'anarchie extérieure, mais reste impuissant à les libérer de l'anarchie provoquée par le mauvais exercice de la liberté. Le progrès éthique passe logiquement par un dépassement de l'ordre civil antérieur ; il se réalise sur les ruines des acquis de la trajectoire politique. Les deux trajectoires se croisent ici, mais sur le mode de l'opposition.

Comment comprendre cette rechute dans le mal ? Soit le mal se révèle d'une radicalité et d'une gravité insoupçonnée, soit la conversion manque de radicalité. Elle traduit avant tout l'illusion d'une rupture irréversible, mais surtout l'incapacité de la révolution éthique à effacer toute trace du mal en l'homme. Entre la radicalité du mal et la radicalité de la conversion, Kant semble s'enfermer dans une antinomie. Malgré sa conversion, les racines du mal subsistent en lui ; il resurgit à l'occasion et en présence d'autrui. Tout se passe comme si, de l'épreuve du mal, notre volonté sortait diminuée, fragilisée ; elle garde son pouvoir législateur, mais perd un peu de sa capacité de soumission à la loi. Le mal aurait brisé en l'homme un ressort de sa rationalité pratique. Que l'individu, quoique converti au Bien, subisse les assauts du mal provenant de sa relation avec les autres, cela révèle une disposition naturelle au Bien altérée et affaiblie. La corruption du mal ne laisserait donc pas intacte la disposition naturelle au Bien, comme l'a prétendu Kant. Sans être pervertie, elle manque manifestement de force et cède facilement à toute tentation venant de l'extérieur. L'état de nature éthique semble manifester ensuite l'insuffisance de la loi morale incapable de régir harmonieusement les relations humaines. L'auto-législation morale ne suffit pas dès que l'homme se trouve en présence des autres hommes. Le sujet moral n'arrive pas à assumer moralement sa coexistence avec les autres. En réalité, ce qui est en cause dans ce drame, ce n'est ni

---

[622] KANT, *La Religion dans les limites de la simple raison*, Pléiade, t. III, p. 115 (Ak. VI, 95).

l'institution sociale, ni la loi morale en elle-même, mais l'interprétation qui la borne à l'individu ou la loi morale considérée en chaque individu. L'auto-législation éthique entraîne en régime de mal radical, l'anarchie éthique engendrant l'univers déchiré du « chacun sa loi ». C'est un échec de la morale de l'autonomie individuelle qui nécessite le passage à une loi communautairement reçue.

Le mal radical ne bouleverse pas seulement le processus conduisant au plein épanouissement de la liberté ; il entraîne aussi de profonds bouleversements conceptuels dans l'éthique de Kant. Il remet en cause quelques-uns de ses fondements. De profondes révisions à la fois conceptuelles et institutionnelles s'imposent. La réalisation effective de la liberté réclame un support moins fragile que l'individu. La révolution éthique sur le seul plan de l'individu et l'effort individuel qui l'accompagne se révèlent inopérants pour vaincre le mal. Kant choisit alors d'affronter le mal sur son propre terrain dans la dimension communautaire de l'existence. Il ne choisit pas de protéger l'individu de ses semblables en l'isolant de leur corruption, mais de le défendre du mal en l'associant aux autres. La force du Bien en chacun étant incapable de venir à bout du mal, il mise sur la coalition des forces du Bien contre les forces du mal dans une communauté éthique universelle rassemblant tous les hommes sous la loi de la vertu. *« Outre les lois qu'elle prescrit à chaque individu, la raison législatrice morale brandit en outre un drapeau de la vertu comme signe de ralliement pour que ceux qui aiment le Bien se rassemblent tout autour de lui et avant toute chose l'emportent sur le mal qui les attaque sans cesse »*[623].

La victoire sur le mauvais principe requiert une loi commune c'est-à-dire une donation collective de la loi morale par la constitution d'une communauté éthique universelle. Le mal radical oblige ainsi Kant à un dépassement de l'individualisme qui caractérisait sa philosophie morale. A l'Idée de règne des fins, à son intersubjectivité purement idéelle, doit se substituer une réelle institution communautaire. Mais la perspective d'une véritable communauté éthique universelle est-elle réalisable ? L'éthique des *Fondements* et de la deuxième *Critique*, à y regarder de près, reste

---

[623] *Ibid.*, p. 113 (Ak. VI, 94).

incapable d'une telle ouverture. Cette communauté ne saurait se déduire de l'obligation éthique ; l'impératif ne l'ordonne pas ; elle n'en dérive pas à titre de conséquence. Aucune de ses formules n'ordonne effectivement d'agir de façon à produire une communauté éthique d'êtres raisonnables, mais d'agir comme si la maxime de son action devrait être érigée en loi universelle. L'ordonnerait-il qu'il se renierait comme impératif. L'obligation morale commande impérativement sans la visée d'un intérêt, sinon elle serait une loi conditionnelle pragmatique et non une loi morale catégorique et inconditionnelle. Il est de l'essence de la liberté kantienne d'être une causalité immédiate ; en son essence pure, elle n'est que la faculté de commencer une série d'évènements. Les conséquences qui en découlent n'ont en elles-mêmes aucune signification éthique. En définitive, à s'en tenir strictement à la pureté de la morale formelle kantienne, *« on ne fait pas un monde avec des phrases éthiques ; il n'y a pas de communauté éthique ; elle ne se fera jamais, cette communauté »*[624].

Bien plus, à cette communauté éthique manquent à première vue les attributs essentiels qui la définissent comme telle : le caractère communautaire et éthique. Il s'agit d'un simple regroupement de sujets du devoir sans qu'aucune volonté générale ne se dégage des volontés particulières rassemblées. Seule y a cours la généralité d'une loi qui s'impose à tous sans pour autant dériver d'une auto-législation communautaire. Cette pseudo-communauté manque aussi de caractère éthique ; du fait du mal radical, ce caractère, loin d'être son attribut n'est qu'une visée, une propriété à conquérir. Cette communauté rassemble des sujets qui ont encore besoin de conversion. Logiquement, à moins d'un changement de cap conceptuel, elle étend à l'échelle d'un Nous le principe de l'autonomie individuelle ; ce qui, du fait du mal radical, nous est apparu illusoire. Cette instance communautaire continuerait donc à subir les limitations de l'autonomie individuelle. Elle devrait donc rassembler des sujets fragiles ou imparfaitement régénérés. A moins d'une rupture profonde dans la logique de l'éthique kantienne, l'attribut éthique de cette communauté est d'avance manqué. Un dépassement s'impose

---

[624] Jean-François LYOTARD, *Le différend*, p. 186.

donc, celui de l'éthique de l'autonomie. La puissance institutionnelle de l'autonomie ou l'auto-détermination avouant son incapacité face au mal radical, l'éthique de l'autonomie doit en appeler à une forme d'hétéronomie, le secours d'un législateur suprême. Kant doit admettre que : *« L'idée sublime à jamais pleinement réalisable d'un corps éthique se rétrécit dans les mains humaines ; elle devient alors une institution, qui, pouvant sans doute n'en représenter purement que la forme se trouve en ce qui concerne les moyens d'ériger une telle totalité, très limitée par les conditions de la nature humaine sensible. (...) Etablir un peuple moral de Dieu n'est donc pas une œuvre dont la réalisation pourrait être attendue des hommes mais seulement de Dieu »*[625].

Autrement dit, Kant attend la fondation de la communauté éthique universelle du législateur divin. D'où son statut de *« Peuple de Dieu sous des lois éthiques »*[626] incarnant le Royaume de Dieu sur la terre. Cette Idée de Dieu comme souverain législateur de la communauté éthique n'est pas absolument nouvelle. La seconde *Critique* le présupposait implicitement pour l'idéal du règne des fins, en ces termes : *« Nous sommes, il est vrai, des membres législateurs d'un royaume moral possible par liberté, et que la raison pratique nous représente comme un objet de respect, mais en même temps nous en sommes les sujets, non le souverain, et méconnaître l'infériorité du rang que nous occupons comme créatures, et refuser par présomption l'autorité de la sainte loi, c'est déjà commettre une infraction à l'esprit de cette loi, quand bien même on en remplirait la lettre »*[627].

Kant entend ainsi sauver le progrès éthique de l'impasse, au prix d'un quasi reniement de sa morale de l'autonomie. L'hétéronomie menaçait déjà la révolution éthique individuelle sous la forme de l'appel à l'assistance surnaturelle de la grâce ; la menace s'aggrave ici. L'aide de la grâce divine qui dépendait du mérite de l'homme s'impose comme une nécessité incontournable. Dans le progrès historico-politique, nous avons vu la liberté prendre le relais de la nature et l'homme s'affirmer comme son

[625] KANT, *La Religion dans les limites de la simple raison*, Pléiade, t. III, pp. 121-122 (Ak. VI, 100).
[626] *Ibid.*, p. 119 (Ak. VI, 98).
[627] KANT, *Critique de la raison pratique*, Pléiade, t. II, p. 708 (Ak. V, 82).

propre rédempteur. Il ne demeure pas longtemps à ce rang. Dans la pensée éthico-religieuse de Kant, un recul et un retour en arrière s'opèrent. L'homme, du fait de sa situation pervertie, attend maintenant sa rédemption de Dieu. Toute avancée se paye d'un recul : la communauté éthique rassemble en vue de leur libération des sujets qui perdent leur autonomie. Kant s'en défend. Le recours à la grâce divine et au législateur divin participe de ce qu'il appelle *« des parerga de la religion à l'intérieur des limites de la pure raison ; elles n'y appartiennent pas de manière intégrante, mais y confinent »*[628]. Le recours aux *parerga* ayant lieu dans les limites de la rationalité, on pourrait ne pas l'accuser d'irrationalité. Bien plus, à ses yeux, l'intervention de Dieu ne ruine pas forcément la liberté et la responsabilité morale de l'homme.

Bien que Kant refuse au rassemblement des sujets autonomes, le rang de souverain législateur, il ne renonce pas à l'autonomie de chacun ; il tente de concilier leur autonomie avec la législation divine en affirmant leur simultanéité : *« On ne peut concevoir comme législateur suprême d'un corps éthique que celui par rapport auquel tous les vrais devoirs et par conséquent aussi ceux de nature éthique, peuvent être représentés en même temps comme ses commandements »*[629]. Il considère ainsi les lois morales de l'autonomie comme étant en même temps des lois divines. Le Législateur divin représente pour lui le symbole de l'altérité de la loi morale qui ne signifie pas obligatoirement son origine divine. Il précise que : *« Ce doit être un être autre que le peuple qui puisse être indiqué comme légiférant publiquement pour un corps éthique. Néanmoins, les lois éthiques ne peuvent être conçues comme dérivant originairement que de la volonté de cet Être supérieur car elles ne seraient plus alors des lois éthiques et le devoir qui lui serait conforme ne serait plus une libre vertu »*[630].

Quoi qu'en dise Kant, derrière les subtilités de l'analogie, le secours divin se présente comme une hypothèse irrationnelle qui se pare du beau nom de *"parerga de la raison"*. Il s'agit bien d'une incursion de la raison au-delà d'elle-même alors que tous les

---

[628] *Id., La Religion dans les limites de la simple raison*, Pléiade, t. III, p. 70 (Ak. VI, 52).
[629] *Ibid.*, p. 120 (Ak. VI, 99).
[630] *Ibid.*, pp. 119-120 (Ak. VI, 99).

recours ont été épuisés. Fort du secours divin, la communauté éthique universelle porte maintenant l'espoir de notre libération. La destination morale de l'homme se trouve à nouveau relancée à un niveau communautaire et institutionnel. La communauté s'insère elle aussi dans un processus de rénovation et de redressement moral. La société corruptrice doit se convertir en rempart contre le mal. La communauté d'autonomie limitée ou de fondation quasi hétéronome, porte paradoxalement l'Idée de liberté à son plus haut niveau d'effectivité. Dans le Souverain Bien politique, la liberté ne se réalise que sous la condition de la contrainte juridique. Dans la cité éthique, la liberté se passe de cette condition. Alors que dans l'état civil, les hommes sont soumis à des lois de contrainte, dans l'état éthique, *« ils sont soumis à des lois qui ne contraignent pas, c'est-à-dire de pures lois de la vertu »*[631]. Ironie du sort ou paradoxe renversant : l'auto-institution politique produit des sujets, l'autonomie limitée de la cité éthique, des citoyens libres de toute contrainte. La communauté éthique définit véritablement le Souverain Bien éthique, l'horizon rationnel de la politique, le point d'aboutissement ou la terre promise longtemps désirée par le genre humain. Cette terre promise s'apparente malheureusement à un leurre ; le pèlerin de la liberté n'y est pas au bout de ses peines. Au cœur même de l'institution censée venir à bout du mal destructeur et épanouir la liberté, resurgit le mal qui l'investit.

Si le passage du mal radical au Bien radical s'est avéré difficile pour l'individu, à plus forte raison le sera-t-il pour la communauté. Avec Dieu, pourrait-on rétorquer, cet être sur lequel le mal n'a aucune prise, la victoire est assurée. Tel n'est pas le cas. La communauté éthique universelle représente l'union de tous les hommes sous la loi de la vertu et dans la profession de foi morale de la raison pratique. Cette République éthique - encore appelée "*Eglise invisible*" lorsque comme Idée, elle n'est pas l'objet d'une expérience possible[632] - a pour toute constitution, c'est-à-dire pour toute loi fondamentale, la loi du devoir, et Dieu comme législateur. Bien que Dieu soit le fondateur (*Stifter*) de la communauté éthique universelle, il revient à l'homme d'en être l'auteur (*Urheber*) d'un point de vue institutionnel. La communauté éthique universelle a

---

631 *Ibid.*, p. 115 (Ak. VI, 95).
632 *Ibid.*, p 122 (Ak. VI, 101).

besoin d'une forme dont la détermination n'est pas *« une affaire intéressant le Législateur divin, mais on peut, non sans raison, reconnaître que la volonté divine consiste en ce que nous devrions réaliser nous-mêmes l'Idée rationnelle d'une telle communauté »*[633]. Les hommes réalisent ainsi cet archétype sous la forme d'Eglises particulières qui en sont les schèmes. Dans leur multiplicité, elles constituent autant d'expressions limitées de la véritable Eglise présente en chacune d'elle sous la forme d'un germe. En effet, bien qu'il n'y ait qu'une vraie religion, *« dans les diverses Eglises qui se séparent en raison de la diversité de leurs formes de croyance, on peut néanmoins découvrir une seule et même religion vraie »*[634]. Toutefois, entre la pureté de l'Idée de communauté éthique universelle ou d'Eglise invisible et la réalité des Eglises historiques, s'interpose une distance infinie ; un abîme sépare la pure Idée de l'Eglise universelle et les Eglises visibles censées l'incarner. Les conditions d'une résurgence du mal sont de nouveau réunies. Comme d'habitude, le mal s'insère à travers la distance séparant l'homme et l'idéal. Le mal, par cette faille, envahit l'institution ecclésiale.

Ce mal radical de l'Eglise s'exprime en des modalités multiples. Alors qu'il fallait établir le règne de Dieu sur la terre, *« on a fondé l'empire des prêtres, et non pas celui de Dieu en nous »*[635]. La domination cléricale maintient l'homme dans un état de minorité. A ce cléricalisme, dégradant s'ajoute l'intolérance, la superstition, l'hypocrisie et le faux culte. Ce qui sous-tend toutes ces manifestations du mal de l'Eglise c'est toujours le renversement ou la perversion (*Umkherung*). Comme au niveau individuel, le mal consiste en une perversion. La foi rationnelle pure se trouve subordonnée à une foi historique qui n'en devrait pourtant être que "*le véhicule*"[636] ou le "*le simple fil conducteur*"[637]. Un noyau de rites, d'institutions qui sont des éléments contingents, prennent la place de la pure foi rationnelle et

633 *Ibid.*, p 128 (Ak. VI, 105).
634 *Ibid.*, p 131 (Ak. VI, 108).
635 KANT, *Réflexions sur l'anthropologie*, n° 1396 (Ak. XV, 608).
636 Id., *La Religion dans les limites de la simple raison*, Pléiade, t. III, p. 129 (Ak. VI, 106).
637 *Ibid.*, p. 142 (Ak. VI, 116).

prétendent définir la vraie religion. De même, l'observance des lois statuaires prend le dessus sur la conduite morale vraiment bonne. Convaincu d'assurer son salut en multipliant les observances et se croyant justifié par ses œuvres, l'homme met l'obligation morale au service de l'observance. Il en résulte un culte hypocrite et la superstition. L'idéal de pureté de cœur s'épuise dans un ritualisme fétichiste, l'extériorité prend le dessus sur l'intériorité. De fait, *« nous cherchons la religion non pas en nous mais hors de nous »*. Inauthenticité, impureté, superficialité réductrice, telles sont les marques du faux culte, symbole du mal radical religieux aux conséquences désolantes : divisions antagonistes des Eglises s'excommuniant réciproquement, chacune se présentant *« comme la seule qui soit universelle »*[638]. Les schèmes particuliers et parcellaires des Eglises visibles usurpent le statut de l'idéal de la République spirituelle universelle. L'idéal de la belle totalité éthique rassemblant tous les êtres raisonnables dans une République de la vertu se disloque en Eglises antagonistes.

Comme le ver dans un fruit, le mal radical mine de l'intérieur le Souverain Bien éthique, ronge de l'intérieur l'institution ecclésiastique. Après avoir corrompu l'intériorité humaine, puis perverti les relations d'homme à homme, le mal attaque maintenant l'ébauche du royaume de Dieu sur la terre. Sa corruption, loin de se restreindre à la dimension humaine touche même l'œuvre de Dieu. Dieu serait-il lui aussi sous la menace d'un mal que l'*Essai* nous avait pourtant présenté comme propre à l'homme ? Nous avons là l'indice d'un mal au-delà de l'humain, voire surhumain, la figure d'une troisième modalité du mal radical.

Tout laisse croire à l'existence d'un cercle infernal du mal. La corruption morale résultant de la vie sociale requiert comme solution l'institution d'une communauté éthique universelle ; sa réalisation nécessite le véhicule des Eglises historiques. Mais le mal radical touche l'institution ecclésiastique et compromet la réalisation de l'Eglise universelle. Jean Louis Bruch expose en ces termes ce cercle du mal : *« Au terme d'une trajectoire qui décrit la conversion et la régénération de l'homme pécheur, c'est le mal radical que l'on retrouve et au cœur de l'institution même qui*

---

638 *Ibid.*, p. 131 (Ak. VI, 108).

devait servir de véhicule à la communauté éthique c'est-à-dire à l'humanité régénérée, elle-même indispensable à la régénération de l'individu »[639].

Il ne fait plus guère de doute : un spectre hante la destination morale de l'humanité, le spectre du mal. De fait, la trame de *La Religion* dévoile un mal qui sans cesse réapparaît identique à lui-même. C'est la figure du même qui apparaît sous une forme autre, l'altérité d'une identité. Jamais définitivement vaincu, il hante le devenir de l'homme, le ramenant toujours au point de départ, l'éloignant de son point d'aboutissement. *« Pris en étau entre un mal toujours déjà là et un mal toujours de retour, constamment menacés d'une retombée dans le mal »,* sommes-nous menacés de sombrer dans "un sauvage désespoir" comme le suppose Jacob Rogozinski [640] ? Bien que la destination humaine soit travaillée par le mal radical, le désespoir ne semble pas le dernier mot de la philosophie kantienne de la liberté.

B. LA LIBERTE SELON L'ESPERANCE

A première vue, la pérennité du mal incline au désespoir. L'humanité, confrontée au mal radical, ne connaît pas la jouissance d'une liberté conquise. Bien au contraire, *« pour assurer sa liberté continuellement agressée, il* [l'homme] *doit toujours demeurer armé pour le combat »*[641]. Notre abandon au mal nous oblige à une lutte interminable contre ce mal sans cesse renaissant, à l'image du rocher de Sisyphe, créant ainsi une proximité entre la philosophie kantienne du progrès et la conception abdéritaine pourtant récusée par Kant. Ceci dit, le mal radical ne nous condamne pas à une déchéance irrémédiable. Le combat est interminable parce qu'il se nourrit justement de l'espoir d'une victoire. En définitive, le mal radical soumet l'homme à l'épreuve de la patience car *« la traversée de ceux qui ne cèdent pas au mythe du progrès immédiat et reconnaissent avec Kant que la destinée de l'humanité doit*

---

639 Jean-Louis BRUCH, *La philosophie religieuse de Kant,* p. 75.
640 Jacob ROGOZINSKI, *Le don de la loi ; Kant et l'énigme de l'éthique*, p. 297.
641 KANT, *La Religion dans les limites de la simple raison*, Pléiade, t. III, p. 112 (Ak. VI, 93).

affronter l'énigme du mal radical est de longue durée »[642]. Sous la forme d'un germe[643], il y a une présence réelle de l'Eglise invisible dans les Eglises visibles et il faut espérer que ce germe se développe progressivement et qu'ainsi se réalise l'Idée de communauté éthique universelle. *« Bien que les hommes aient fait sans succès l'essai de nombreuses formes pour une Eglise, ils ne doivent pas cependant cesser, par de nombreuses tentatives (s'il en faut) qui éviteraient le mieux possible les fautes des précédentes, à tendre vers ce but »*[644]. Kant ne désarme donc pas face au mal radical sans cesse renaissant. Il inscrit la victoire du Bien dans une dynamique d'espérance. Son dernier mot n'est donc pas le désespoir[645]. Une espérance de victoire, si timide soit-elle, motive le combat qui est de longue haleine. Seulement, cette patience à laquelle l'humanité se trouve astreinte ne connaît pas de limites : l'édification effective de *« l'Etat éthique divin est encore éloignée de nous à l'infini »*[646]. La patience consiste ici en l'attente active d'une victoire qui ne vient pas. De fait, le mal doit toujours être vaincu et ne l'est jamais définitivement ; la paix perpétuelle recherchée est toujours attendue et la constitution civile parfaite jamais parfaitement réalisée. La réalisation des idéaux kantiens est elle-même un idéal : *« La pure constitution républicaine est une simple idée dont ils ne font que se rapprocher sans cesse »*[647]. On comprend alors que Georg Cavallar définit la philosophie kantienne du progrès comme « *a gradual approach or advance*

[642] Henri D'AVIAU DE TERNAY, *La liberté kantienne, un impératif d'exode*, p. 95.

[643] KANT, *La Religion dans les limites de la simple raison*, Pléiade, t. III, p. 149 (Ak. VI, 122).

[644] *Ibid.*, p. 128 (Ak. VI, 105).

[645] Ceci a fait dire à Alexis Philonenko : *« On ne le dit jamais assez, la Religion dans les limites de la simple raison est une théorie d'abord synthétique puis systématique de l'espérance » (Métaphysique et politique chez Kant et Fichte*, Paris, p. 151). A sa suite, Olivier Reboul soutient que *« sa philosophie religieuse* [de Kant] *n'a pas pour dernier mot le désespoir mais l'espérance » (Kant et le problème du mal*, p. 258).

[646] KANT, *La Religion dans les limites de la simple raison*, Pléiade, t. III, p. 149 (Ak. VI, 123).

[647] Id., *Réflexions sur la philosophie du droit*, n° 8077 (Ak. XIX, 612).

towards the ideals of reason »[648]. L'histoire empirique ne coïncide jamais avec son idéal. On ne peut que s'en approcher graduellement. Le fini reste éternellement incapable d'infini. L'homme ne se divinise jamais[649]. Le progrès de la liberté se donne finalement comme un processus illimité qui suppose la succession d'une lignée interminable de générations se relayant au combat. L'histoire de la liberté ne connaît pas de fin, sauf la fin de l'homme lui-même. L'horizon, cette destination d'apparence proche, s'éloigne à mesure que l'on marche en sa direction. Terre promise dont l'accès est toujours remis à plus tard, telle se présente la destinée de la liberté travaillée par le mal radical qui revient toujours, imposant au pèlerin de la loi d'incessants défis à relever.

Non seulement le progrès éthique s'avère une quête inachevée, mais il comporte également une dimension fortement conflictuelle. Même si le Bien en est la visée, il s'agit toujours et avant tout de sortir des mailles du mal puisque *« le combat que tout homme moralement bien intentionné doit, en cette vie, sous la conduite du bon principe, soutenir contre les attaques du mauvais ne peut, quels que soient ses efforts, lui procurer de plus grand avantage que la libération de la domination du dernier »*[650]. En d'autres termes, le progrès de la liberté s'arrête à la forme négative d'une libération toujours reportée et jamais pleinement accomplie. Or, un progrès sans fin reste-t-il encore un progrès si on n'atteint jamais son terme ? On voit mal comment l'élan du progrès peut se soutenir quand, dès le départ, on le sait sans fin. A cette quête sans fin de la philosophie kantienne de la liberté, Hegel opposera une philosophie de l'histoire s'achevant dans la réalisation de l'Absolu. Kant, lui, n'assigne pas de limite historique au progrès de la liberté qui *« peut toujours franchir toute limite assignée »*[651]. De fait, la quête historique inachevée de la liberté est sans limite et sans fin.

---

[648] Selon Georg Cavallar, *"la philosophie de l'histoire essaye de lire l'histoire comme une approche graduelle ou un progrès vers les Idées de la raison"* (*Kant and the theory and practice of international right*, p. 8).

[649] Ce reproche a été formulé pour Hegel à l'endroit de la philosophie kantienne de l'histoire (*Leçon de philosophie religieuse*, Chapitre VIII, § 3).

[650] KANT, *La Religion dans les limites de la simple raison*, Pléiade, t. III, p. 112 (Ak. VI, 93).

[651] KANT, *Critique de la raison pure*, Pléiade, t. I, p. 1029 (Ak. III, 248).

La visée du Souverain Bien (*die Absicht aufs höchstes Gut*) dont la réalisation historique est impossible, trouve refuge dans l'au-delà du monde sensible. En désespérant de sa complète réalisation historique, Kant lui aménage un refuge transcendant. Ce qui sauve en effet sa philosophie de la liberté de l'illusion du progrès, c'est ce qui en faisait la faiblesse, son idéalité. L'idéal historique trouve dans le monde intelligible un refuge idéal. En bute aux obstacles et à la dureté de l'histoire empirique, l'Idée de liberté fait retour à son site originel, le suprasensible. Tous les idéaux historico-politiques, à défaut de se réaliser phénoménalement finissent toujours par revêtir le statut d'Idées régulatrices. Ainsi en est-il de la paix perpétuelle, ou de la Constitution juridique parfaite à propos de laquelle Kant déclare : *« Tout factum (fait) est objet dans le phénomène (des sens), en revanche, ce qui ne peut être présenté que par la raison pure, ce qui ne doit être compté au nombre des Idées auxquelles on ne peut faire correspondre dans l'expérience aucun objet adéquat, ainsi une Constitution civile parmi les hommes, voilà la chose en soi elle-même »*[652].

Comme la Constitution civile parfaite, Kant inscrit le Souverain Bien au nombre des Idées. *« Concept d'une perfection encore absente de l'expérience »*[653], elles servent de conditions restrictives de la pratique, de normes de référence aux essais historiques. Dans cette logique, l'idéal républicain se divise en *Respublica noumenon* et *Respublica phaenomenon*[654], la première servant de référence transcendantale à la seconde qui en est l'analogon. L'Idée républicaine représente même la norme de toute constitution politique. En définitive, le monde intelligible a tous les traits d'un royaume des perfections idéales ; toutes les réalisations historiques de la liberté sont pensées par analogie avec des concepts de la raison pure. L'idéal s'exile dans le suprasensible en laissant la réalité historique se contenter de représentations imparfaites et insatisfaisantes. Cette pureté du monde intelligible connaît cependant la souillure du mal radical qui pénètre dans ce monde idéel. Le choix intemporel du mal radical et le retournement de la

---

[652] Id., *Métaphysique des mœurs,* Pléiade, t. III, p. 649 (Ak. VI, 371).
[653] Id., *Propos de pédagogie*, Pléiade, t. III, p. 1152 (Ak. IX, 445).
[654] Id., *Le Conflit des facultés*, Pléiade, t. III, p. 902 (Ak. VII, 91).

conversion signent l'intemporalité de la liberté. *La Religion* redonne à la liberté transcendantale ses lettres de noblesse. Elle l'assigne à un au-delà du monde sensible dans lequel elle était pourtant censée s'incarner. Cette référence constante au suprasensible sur le terrain de l'histoire traduit peut-être une nostalgie de Kant pour le monde des Idées. Alain Boyer a pu ainsi soutenir que, pour Kant, *« la destinée de l'homme, c'est avant tout le suprasensible, l'arrière-monde »*[655]. Ce renvoi perpétuel au monde intelligible pose tout de même question. Ce monde intelligible ne serait-il pas *« l'abîme où s'évanouissent toutes les difficultés »* ?[656] s'interroge à juste titre Victor Delbos. Tout porte à le croire, car il sert de refuge à la raison confrontée à l'inintelligibilité, à sa propre incapacité de compréhension. Il est manifestement l'indice d'un retrait dans l'idéal lorsqu'il n'arrive pas à imposer sa marque dans l'épaisseur de l'empirie.

L'horizon nouménal n'est pas l'unique refuge de la liberté kantienne ; le progrès de la liberté, s'ouvre, du fait du mal radical, à un au-delà de la raison. Le mal entraîne la raison humaine au-delà du monde sensible de l'homme, vers celui de *"l'insondable champ du surnaturel*[657] ". L'infirmité morale de l'homme contraint la raison à excéder ses propres limites en faisant appel au secours divin. Parlant du recours aux *parerga*, Kant reconnaît que : *« dans la conscience de son impuissance à satisfaire son besoin moral, la raison s'étend jusqu'à des Idées transcendantales, qui pourraient combler ce vide, sans toutefois se les approprier comme une possession élargissant son champ »*[658]. Sous l'horizon du mal radical, la morale kantienne débouche sur la religion et son rationalisme historique s'accommode d'une théodicée pourtant vigoureusement récusée un an seulement auparavant dans *Sur l'échec de toute tentative philosophique en théodicée.* Même si Kant s'en défend, au terme de sa théorie du progrès de la liberté, l'histoire et le sort de l'homme sont quasiment abandonnés au

---

655 Alain BOYER, *Hors du temps ; un essai sur Kant*, p. 257.

656 Victor DELBOS, « Sur la théorie kantienne de la liberté » in *Bulletin de la Société française de philosophie*, n°1, 1905, p. 15.

657 KANT, *La Religion dans les limites de la simple raison*, Pléiade, t. III, p. 70 (Ak. VI, 52).

658 *Ibid.*, p. 70 (Ak. VI, 52).

"Deus ex machina" de la Sagesse suprême, quel que soit le point de vue éthique où l'on se place.

On peut déceler deux trajectoires du progrès éthique chez Kant : un progrès individuel vers la destinée de l'âme et un progrès collectif vers la communauté éthique universelle. Sa pensée est *« prise entre la conception individualiste du règne des fins et la conception communautaire de la cité éthique »*[659]. Quelle que soit la trajectoire, toutes deux finissent par l'appel au secours divin. Sur le plan individuel, la réconciliation de la vertu et du bonheur, de la loi et du vouloir, en un mot la réalisation parfaite de la liberté et la fin des combats de l'homme ne peuvent se réaliser qu'à la condition d'une existence individuelle indéfiniment prolongée. A cette condition s'ajoute celle d'un Dieu juste, qui promet la béatitude aux êtres raisonnables qui en sont dignes. Ce sont les postulats de la liberté, de l'immortalité de l'âme et de Dieu que Kant nomme *"Postulate der Praktischen Vernunft"*[660]. Que la *Dialectique de la raison pratique* compte la liberté parmi les postulats de la raison, étonne ; l'*Analytique de la raison pratique* l'avait déjà affirmée comme un fait *(factum rationis)*. Mais la liberté comme postulat exprime chez Kant, *« la dimension d'espérance de la liberté elle-même »*[661]. L'obligation morale se nourrit en effet de l'espérance d'un accomplissement ultime dans une vie transcendant l'existence terrestre. Cette liaison du bonheur et de la moralité est attendue d'un Être supérieur, Dieu. La philosophie kantienne de l'histoire finit ainsi par quitter son propre terrain, l'historicité. La destination morale de l'individu excède ma temporalité historique ; la fin ultime du progrès se trouve renvoyée dans un monde autre que le nôtre. *« La fin de l'histoire elle-même est dans l'infini »*[662], suggère Hannah Arendt. Le Souverain Bien se présente finalement comme une finalité eschatologique. Or, que peut bien signifier un progrès au-delà du temps de l'homme, un progrès hors du temps et sans temporalité ? Si la *Critique de la raison pratique* réservait l'intervention de Dieu à l'au-delà, *La Religion* la situe dans l'ici-bas sous le forme des *parerga* (la grâce,

---

659 Jean-Louis BRUCH, *La philosophie religieuse de Kant*, p. 171.
660 KANT, *Critique de la raison pratique*, Pléiade, t. II, p. 769 (Ak. V, 132).
661 Paul RICOEUR, *Le conflit des interprétations ; essai d'herméneutique*, p. 411.
662 Hannah ARENDT, *Juger sur la philosophie politique de Kant*, p. 117.

les miracles, les mystères) comme soutiens à la puissance morale déficiente de l'homme en proie au mal radical.

Sur le plan communautaire, l'action de Dieu consiste en l'union des êtres raisonnables dans une communauté éthique universelle en vue de la réalisation de la fin intégrale de l'humanité. *« Comme l'homme ne peut pas réaliser lui-même l'Idée du Bien suprême inséparablement liée à la pure intention morale (non seulement sous le rapport du bonheur qui s'y rattache, mais aussi sous celui de l'association des hommes pour la fin totale) et que cependant il trouve en soi le devoir d'y travailler, il a recours à la croyance en une collaboration ou une disposition du souverain moral du monde, seules capables de rendre cette fin possible, et c'est alors que s'ouvre l'abîme du mystère »*[663].

Ainsi la troisième question directrice du système philosophique kantien – "*Que m'est-il permis d'espérer ?*" -, marque le passage de l'éthique à la religion. Ce passage se fait progressivement. Par le biais de la loi morale, l'éthique kantienne se prolonge dans une philosophie de la religion. *« La loi morale,* mentionne la seconde *Critique, conduit à la religion (...), c'est-à-dire à reconnaître tous les devoirs comme des commandements divins »*[664]. Au-delà de la simple analogie entre le devoir et les commandements divins, la morale aboutit à une religion de la raison sous la forme d'une foi de la raison (*Vernunftglaube*) qui postule l'immortalité de l'âme, la liberté et Dieu. Avec le mal radical, l'entrée de la religion dans la morale kantienne s'accentue. Pour venir à bout du mal radical qui excède manifestement sa puissance, la raison va au-delà du cercle étroit de la foi rationnelle tout en prétendant en rester à une religion dans les limites de la simple raison. En réalité, les *"parerga de la religion à l'intérieur des limites de la pure raison"*, n'appartiennent pas à son domaine propre[665]. Ils se situent aux

---

[663] KANT, *La Religion dans les limites de la simple raison*, Pléiade, t. III, p. 170 (Ak. VI, 139).

[664] KANT, *Critique de la raison pratique*, Pléiade, t. II, p. 765 (Ak. V, 129). On retrouve presque mot à mot la même affirmation dans la *Religion dans les limites de la simple raison* : *« La loi morale conduit infailliblement à la religion par où elle s'élargit jusqu'à l'Idée d'un législateur moral tout-puissant, extérieur à l'homme »* (Préface de la première édition, Pléiade, t. III, p. 18 (Ak. VI, 6).

[665] KANT, *La Religion dans les limites de la simple raison*, Pléiade, t. III, p. 70 (Ak. VI, 52).

confins de la raison. La pensée religieuse de Kant se déploie finalement sous la forme de cercles concentriques comprenant au départ une religion de la raison ou foi rationnelle, puis une religion dans les limites de la raison et enfin une religion hors des limites de la raison. Ce qui conduit ainsi la raison hors d'elle-même c'est la quête d'une délivrance du mal. La religion concentre donc toutes les espérances de Kant. Sa philosophie de l'histoire s'ouvre au champ religieux de l'espérance. La victoire du Bien, la sainteté, le bonheur font l'objet d'une espérance religieuse. Au désespoir historique répond en écho l'espérance religieuse. La conviction rationnellement fondée du progrès politique cède la place au plan éthique, à l'espérance du progrès. A cette espérance manque la certitude du savoir. Kant reconnaît d'ailleurs avoir limité le savoir pour faire place à la croyance. En un mot, l'idéal ne descend pas pleinement sur la terre, mais il y trace un chemin d'espérance. Et celle-ci se donne sur le mode de l'attente (*Erwartung*) et suppose la patience.

Que retenir de l'analyse de la rationalité kantienne de l'histoire ? Kant certes n'a pas élaboré une œuvre historique de l'envergure d'une quatrième critique. En dépit de la dispersion de sa pensée historique dans les opuscules tout aussi variés que circonstanciels, une Idée assure la cohérence de sa pensée, l'Idée de liberté. Comme un fil conducteur, elle relie les opuscules historico-politiques à l'ensemble systématique de l'œuvre ; elle traverse toute sa philosophie critique, l'éthique, la politique, l'histoire et sa philosophie de la religion, en somme, tout le système kantien. Cette cohérence d'ensemble construite autour de la “clef de voûte“ *(Schlußstein)* de la liberté n'exclut pas des oscillations révélatrices non pas tant d'une pensée inconséquente, mais de l'hétérogénéité fondamentale de son objet. Si donc la philosophie de l'histoire puise ses fondements et sa cohérence dans la philosophie transcendantale et pratique, elle lui offre en retour un terrain d'éclairage inattendu en permettant à ses principes de prendre pied dans la réalité empirico-historique de l'existence humaine. La causalité intelligible de la liberté, pour transcendantale qu'elle soit, ne se contente pas de faire voir les effets de sa spontanéité dans le cours phénoménal du monde, elle investit toute l'histoire humaine qui devient l'histoire de son incarnation progressive. Elle doit se réaliser dans l'histoire de façon multiforme, comme la reprise instituante d'une Idée. Comme telle, elle sert de référence transcendantale à toutes les institutions historiques mondaines. Avec elle, on ne peut reprocher à Kant un idéalisme oublieux de la réalité, de l'action, un formalisme vide et stérile.

La confrontation de l'Absolu avec le devenir et la contingence révèle l'illusion d'une réalisation totale de l'Absolu dans le devenir. L'épaisseur de l'empirie, l'obstacle difficilement surmontable du mal radical enraciné dans l'intelligible, renvoient les Idées à leur site originel. Elles n'y retournent cependant pas sans avoir imprimé leur marque sur le monde empirique sous la forme de schèmes encore imparfaits appelés à s'élever progressivement vers l'identité avec l'Idéal. Il y a en définitive chez Kant un va-et-vient entre rationalité et empirie, Absolu et devenir. Cette philosophie pose la question cruciale du destin historique des Idées. Cette question se pose à toutes les époques et notamment à la nôtre.

QUATRIEME PARTIE :

LA LIBERTE KANTIENNE A L'EPREUVE DE L'HISTOIRE

L'histoire de la théorie kantienne de la liberté que nous avons explorée réfute l'opinion selon laquelle la philosophie kantienne de l'histoire serait purement marginale, exotérique et extérieure au noyau critique de son système. Forme de vulgarisation réussie de la philosophie transcendantale pure selon Cassirer, cette part de sa philosophie s'affirme non comme une pièce rapportée du système kantien, mais plutôt comme un élément important de la philosophie transcendantale. Cette philosophie pose la question cruciale du destin historique des Idées. Qu'en est-il de la rationalité historique kantienne et de son affirmation du progrès du genre humain ? Son idéal historique relève-t-il de la pure spéculation ? L'expérience politique et morale de la modernité[666] nous permet-elle de parler d'une actualité de Kant ? Cette tentative d'interpréter le présent à la lumière de Kant s'avère risquée. Non seulement un tel projet déborderait largement le cadre restreint de ce travail, mais il lui manquerait aussi le recul nécessaire par rapport à l'histoire en train de se faire. L'oiseau de Minerve, symbole depuis Hegel de la pensée philosophique, ne prend-il pas son envol qu'à la tombée de la nuit ? Loin de nous l'ambition d'évaluer en quelques pages toute la modernité éthico-politique à l'aune de l'idéal historique kantien, tant les questions à aborder sont diverses et complexes : la mondialisation, le phénomène de la guerre, le totalitarisme, le terrorisme... Modestement, il s'agit simplement pour nous de dégager de la confrontation de la rationalité historique kantienne avec l'historicité, quelques pistes à titre d'hypothèses provisoires.

Kant avait perçu dans l'expérience sublime de la Révolution française le signe annonciateur d'une réalisation possible de son idéal historique. La modernité laisse-t-elle transparaître une quelconque incarnation de l'idéal historique kantien ? Pour Jean-François Lyotard, si la *Begebenheit* kantienne avait pour occasion

---

[666] L'appellation « modernité » mérite une précision. La chronologie historique classique, situe les Temps modernes entre la fin du Moyen Âge et la Révolution française (entre 1492 et 1789). Nous prenons ici "modernité" dans son acception philosophique. Par modernité, nous entendons la période allant de la fin du 19e siècle, date d'apparition du terme, à nos jours. C'est non seulement une période caractérisée par une tradition du nouveau, manifeste dans de multiples innovations, mais aussi une période de crises que nous ne manquerons pas d'analyser. La modernité est synonyme ici d'époque contemporaine.

la Révolution française, aujourd'hui, *« les occasions données à ce "sens communautaire" très cultivé s'appelleraient : Auschwitz, un abîme ouvert quand il faut présenter un objet capable de valider la phrase de l'Idée des droits de l'homme ; Budapest 1956, un abîme ouvert devant la phrase de l'Idée du droit des peuples, la Kolyma, un abîme ouvert devant la phrase du concept spéculatif (illusoire) de la dictature du prolétariat »*[667].

Autrement dit, comme au temps de Kant, l'expérience de la Révolution française crée une communauté d'affects partagés entre l'admiration pour son idéal et un *"frisson d'horreur"* devant la Terreur ; un sens communautaire se constitue aussi à notre époque dans l'épreuve et la souffrance d'un mal extrême empruntant des visages multiformes : totalitarisme, guerres, camps de concentration… Ce sens commun a besoin d'une reconstruction pour devenir la base d'un véritable monde commun.

---

[667] Jean-François LYOTARD, *L'enthousiasme ; la critique kantienne de l'histoire*, p. 108.

CHAP. I : L'EXPERIENCE HISTORIQUE DU SUBLIME CHEZ KANT

Comment une philosophie transcendantale pure peut-elle s'accommoder d'une philosophie de l'histoire sans se renier ? Un abîme la sépare en effet de l'histoire dans la contingence de son effectivité. Malgré l'hétérogénéité apparemment irréductible de ces deux domaines, la pensée kantienne comprend tout de même une philosophie de l'histoire. Celle-ci prend la forme de ce qu'il conviendrait d'appeler un "idéalisme historique"[668] qui établit un va-et-vient ou un dialogue entre rationalité et empirie, absolu et devenir, par le biais de l'expérience du sublime. Celle-ci nous ouvre quelques pistes de compréhension de notre époque.

I. L'IDÈALISME HISTORIQUE DE KANT

S'il fallait résumer d'un trait la rationalité kantienne de l'histoire que nous avons analysée, on peut la définir comme un "idéalisme historique". L'intitulé du titre de son premier opuscule historico-politique - *Idée d'une histoire universelle* - confirme cette appellation de la philosophie kantienne de l'histoire. Ce titre sous-entend qu'il s'agit d'une pensée de l'histoire qui ne prétend pas à la connaissance du devenir historique. Elle puise ses principes essentiels d'élaboration et d'appréhension du devenir de l'humanité dans la philosophie transcendantale fondée par la trilogie des Critiques. Ainsi, l'Idée de la raison pure, la liberté et le concept de nature sous-tendent le processus historique orienté vers l'horizon des Idées régulatrices : la Constitution civile parfaite, symbole de la chose en soi, la paix perpétuelle, l'Eglise universelle... De même, la téléologie historique trouve son fondement dans le principe de finalité de la *Critique de la faculté de juger*. Jean-Marc Ferry conclut que : *« Le système des trois critiques et ses ontologies, la nature et la liberté, définit le cadre architectonique de la question de*

[668] C'est ainsi qu'on nomme généralement la philosophie hégélienne de l'histoire ; cette appellation, pour des raisons que nous aborderons au fur et à mesure, nous semble convenir en un certain sens à la philosophie kantienne du devenir historique.

l'histoire, entendu au sens de l'histoire universelle »[669]. Cet idéalisme historique incline naturellement Kant à un *"rationalisme juridique"*[670]. Il détermine l'Idée de liberté en sa dimension transcendantale, comme le principe métaphysique du droit. Il pose des principes *a priori* comme régulateurs pour l'action politique. Ce rationalisme historico-juridique reste incompris de beaucoup de lecteurs qui lui reprochent une philosophie juridique trop abstraite manquant d'assises institutionnelles précises. On oublie que Kant ne se targue pas d'être un juriste ou un spécialiste du droit constitutionnel. Sa contribution politique se présente comme une doctrine transcendantale du droit, une *Métaphysique des mœurs* qui pose des principes *a priori* comme régulateurs pour l'action politique. Sa doctrine politique revêt un caractère *a priori* en ce sens qu'il entend donner au droit un fondement rationnel et non pas empirique. Lui-même définit sa contribution à la pensée juridique comme *« une métaphysique du droit (qui fait abstraction de toutes les conditions de l'expérience) »*[671].

A la base de ce choix se trouve la conviction maintes fois répétée selon laquelle l'on ne saurait tirer ce qui doit être de ce qui est. La pureté de l'idéal historique, qu'il soit moral ou politique, commande à la raison de s'élever au-dessus de la contingence des faits pour penser l'histoire idéelle de l'inscription de la liberté dans la nature. De fait, la philosophie kantienne du progrès invoque très peu d'événements historiques comme preuves ; elle fait peu appel aux grands hommes et aux héros, acteurs de l'histoire. Préférant utiliser des principes *a priori*, elle fait presque abstraction du donné historique et pense le devenir de façon idéelle. *« Que le monde dans son ensemble progresse sans cesse vers le mieux, c'est ce qu'aucune théorie n'autorise l'homme à admettre, mais bien la raison pure pratique qui lui demande dogmatiquement d'agir selon une telle hypothèse, et il se forme ainsi d'après ce principe une théorie à*

---

[669] Jean-Marc FERRY, *La question de l'histoire : Nature, Liberté, Esprit ; les paradigmes métaphysiques de l'histoire chez Kant, Fichte, Hegel entre 1784 et 1806*, p. 42.

[670] C'est ainsi que Michel VILLEY définit la philosophie du droit de Kant qui se donne comme un système de droit rationnel tiré de la raison pure (*Leçons d'histoire de la philosophie du droit*, p. 256).

[671] KANT, *Sur un prétendu droit de mentir par humanité*, Pléiade, t. III, pp. 439-440 (Ak. VIII, 429).

laquelle il ne peut sans doute à ce point de vue accorder rien de plus que la concevabilité, ce qui ne suffit pas, tant s'en faut, à prouver la réalité objective de cet idéal au point de vue théorique, mais donne pleine satisfaction à la raison au point de vue moralement pratique »[672].

En d'autres termes, la question du progrès relève de la raison qui est la faculté des Idées et non pas de l'entendement qui définit la faculté des concepts. Objet de pensée et non pas de connaissance, elle ne relève pas d'une science du devenir ; l'affirmation du progrès se donne non comme une certitude indubitable mais comme une hypothèse postulée par la raison pratique. Alexis Philonenko soupçonne dans ce choix de l'idéalité, une fuite hors de l'opacité du réel : *« Il semble bien que sa théorie de l'histoire ne rencontre jamais l'historicité concrète et même qu'elle s'en détourne volontairement »*[673]. Cette opinion est à nuancer car Kant garde le contact avec la réalité historico-politique de son temps. Son œuvre *Qu'est-ce que les lumières ?* répond à une préoccupation du moment. Le *Projet de paix perpétuelle* a été écrit dans le cadre de la paix de Bâle de 1795 entre les puissances européennes. *Le Conflit des facultés* se réfère à la Révolution de 1789. L'actualité sous-tend donc la plupart des textes historico-politiques de Kant. Seulement, il ne l'invoque pas à titre de preuve. Ce choix de l'idéalité éthico-politique a l'avantage de fonder la pratique humaine sur une base qui n'est plus contingente, à savoir l'Idée, dont les caractéristiques essentielles restent l'universalité et l'atemporalité. Par ce fondement idéel, l'idéal historique transcende les contingences historiques et traverse les époques. Mais cette permanence maintenue de l'idéal traversant toutes les époques n'est-elle pas le signe d'une réalisation manquée ou d'une réalisation impossible ? Le problème de la valeur d'une telle philosophie de l'histoire se pose ici.

Un écueil guette cette idéalisation de l'historicité, celui d'une vaine spéculation sur un domaine qui relève davantage de la praxis que de la théorie. Sous peine de se réduire à un idéal spéculatif, l'idéal historique kantien doit se référer à l'autorité de l'expérience humaine. Si sa philosophie de l'histoire ne veut pas céder à un

---

[672] KANT, *Quels sont les progrès réels de la métaphysique en Allemagne depuis le temps de Leibniz et de Wolf ?*, Pléiade, t. III, p. 1259 (Ak. XX, 7, 307).

[673] Alexis PHILONENKO, *La théorie kantienne de l'histoire*, p. 189.

idéalisme utopique, sa confrontation avec l'historicité concrète s'impose. Il ne suffit pas, en effet, d'assigner au processus historique un horizon de sens et d'affirmer le progrès du genre humain vers cet horizon ; encore faut-il la confirmation de l'expérience historique. Pour que le progrès ne soit pas une pure vue de l'esprit, il faut le juger à l'aune de l'histoire empirique des hommes. Kant en convient : si *« le problème du progrès n'est pas à résoudre immédiatement par l'expérience (...). Il faut bien rattacher pourtant à quelque expérience l'histoire prophétique de l'espèce humaine »*[674]. Ce propos de Kant suggère d'abord qu'on ne peut répondre à la question de l'évolution du genre humain en faisant fi de toute référence historique. La raison affirmant le progrès du genre humain doit appuyer cette affirmation par un fait qui lui assure une efficience historique. Ceci dit, ce fait ne sert que d'attestation qui confirme le postulat du progrès ; et même là, une condition s'impose, celle d'une médiation entre l'idéal et l'événement historique. Entre la pensée du progrès et le cours réel de l'histoire s'interpose la médiation du penseur qui réfléchit sur le sens des événements ou la médiation de la perception des spectateurs. En lui-même, l'événement peut ne pas être porteur de sens ; sa signification relève de la réflexion sur l'événement.

Enfin, la nature du lien entre cet événement et l'affirmation du progrès n'est pas de l'ordre de la preuve expérimentale. Il ne s'agit pas tant de constater, par l'observation, la progression réelle du genre humain vers sa destination, mais de déceler les signes qui confirment l'Idée de progrès. *« Le progrès d'un être en commun,* écrit Jean-François Lyotard, *ne se juge pas sur des intuitions empiriques mais sur des signes »*[675]. La notion de signe historique ne prétend donc pas à l'objectivité du concept, ni au statut de preuve irréfutable. Avec cette notion, on se trouve aux marges du domaine de la connaissance. Visiblement, Kant, en élevant la Révolution française au rang de signe d'histoire *« est allé au-delà des limites systématiques de sa philosophie »*[676]. En résumé, la liaison entre l'événement et l'Idée de progrès, loin d'être immédiate est indicative

[674] KANT, *Le Conflit des facultés*, Pléiade, t. III, pp. 892-893 (Ak. VII, 83-84).
[675] Jean-François LYOTARD, *L'enthousiasme ; la critique kantienne de l'histoire*, p. 48.
[676] Jürgen HABERMAS, *Une époque de transition ; écrits politiques*, p. 172.

et significative : il s'agit d'un *"signe précurseur"*[677], c'est-à-dire d'un événement qui fait signe ou atteste et d'un fait qui signifie. Il "indique" le sens, annonce et manifeste. En effet, l'événement recherché *« indiquerait d'une manière indéterminée quant au temps, l'existence d'une telle cause [l'espèce humaine comme cause de son avancée vers le mieux] et aussi l'action de sa causalité dans l'espèce humaine, et qui ferait conclure au progrès vers le mieux comme conséquence inéluctable, laquelle conclusion ensuite pourrait aussi être élargie à l'histoire du passé, cependant de telle façon que cet événement ne doive pas lui-même être considéré comme cause de ce progrès, mais seulement comme indication, comme signe historique (signum rememorativum, demonstrativum, prognostikon) »*[678].

A la recherche de ce signe, le penseur de l'histoire devient un guetteur. Il guette les moindres signes de changement en direction de l'idéal ; il scrute le présent pour y déceler quelques indices annonciateurs du progrès, *« un fait de se livrer, une donne qui ne ferait qu'indiquer, un indice du progrès »*[679]. L'événement qui répond à ces critères, Kant le trouve dans le fait de la Révolution française. Il lui attribue le statut de *"signe historique"*. Elle marque en quelque sorte l'irruption de la liberté dans le monde, l'indice d'un pont momentanément jeté entre l'*unübersehbare Kluft* du monde de la nature et celui de la liberté[680]. Soumis à l'épreuve de la confirmation de l'expérience, le postulat kantien du progrès du genre humain trouve dans le signe de la Révolution, l'attestation de son effectivité. Il apporte à l'idéalisme kantien la confirmation de l'expérience qui lui manquait.

A première vue, à en juger par la contingence de l'événement signifiant le progrès, on dirait que l'idéal historique kantien porte l'indice d'une fragilité et d'une incertitude. Il dépend dans son attestation empirique d'un sentiment qui oscille entre un affect d'enthousiasme devant l'idéal révolutionnaire, et un frisson

---

677 KANT, *Réflexions sur la philosophie du droit*, n° 8077 (Ak. XIX, 611).

678 Id., *Le Conflit des facultés*, Pléiade, t. III, p. 894 (Ak. VII, 84).

679 Jean-François LYOTARD, *Le différend*, p. 235.

680 Jean-François Lyotard suggère qu'avec la *Begebenheit* de la Révolution française, les lèvres de l'abîme à franchir entre le mécanisme et la liberté ou la finalité, se ferment presque sans pour autant supprimer l'abîme qui les sépare (*Op. cit.* pp. 253ss).

d'horreur devant le cycle infernal de la Terreur révolutionnaire, comme nous le verrons. De même, la distance entre la particularité de cet événement singulier et l'universalité de sa portée étonne. Kant tire d'un fait singulier l'attestation d'un progrès qui concerne non seulement tous les hommes, mais aussi toutes les générations humaines passées, présentes et à venir. L'universel trouverait son point d'attache dans la particularité d'un événement.

En réalité, ce qui pour Kant a valeur de signe, ce ne sont pas tant l'événement contingent de la Révolution, ses acteurs et ses héros successifs, mais l'idéal qui les sous-tend. Au-delà de la contingence, il y a une permanence que la Révolution manifeste : l'existence d'une disposition morale du genre humain au progrès. C'est ce qui lui assure sa pérennité de signe d'histoire traversant les époques. Parce qu'il a mis au jour dans la nature humaine une disposition et une faculté de progresser, un *« tel phénomène dans l'histoire des hommes ne s'oublie plus »*[681] ; il est *« beaucoup trop grand, trop intimement uni à l'intérêt de l'humanité (...) pour ne pas devoir être rappelé au souvenir des peuples à l'occasion de quelconques circonstances favorables et être réveillé pour la répétition de nouvelles tentatives de ce genre »*[682]. L'avènement de la Révolution française offre à Kant l'occasion d'une mise en situation de la raison historique. Il reste à savoir si de cette confrontation à l'historicité, l'idéal historique kantien en sort plus confirmé.

II. LE SIGNE HISTORIQUE DE LA REVOLUTION

La Révolution est la présentation sensible de l'Idée de liberté, son irruption dans le cours historique. Les révolutionnaires entendent en effet fonder une société d'hommes libres, une République. Pour cela, le peuple à travers ses représentants, arrache la souveraineté des mains du roi et prend en main sa destinée. Il se donne lui-même une constitution qui le place dans les conditions aptes à éviter la guerre offensive, avec à l'horizon, une promesse de paix civile et internationale. L'auto-détermination ou l'auto-législation passent ici par une désincarnation de la souveraineté de la personne du roi qui l'incarnait. Pour cela, les révolutionnaires ne se contenteront pas de

---

[681] KANT, *Le Conflit des facultés*, Pléiade, t. III, p. 898 (Ak. VII, 88).
[682] *Ibid.*, p. 899 (Ak. VII, 88).

la procédure de transfert de souveraineté que le roi réalise sans le savoir par la convocation des Etats généraux. La désincorporation ira jusqu'au régicide. Ainsi la Révolution accomplit l'idéal de la souveraineté populaire. Elle est porteuse d'un progrès du droit, l'indice d'une sortie de l'homme de la minorité et son entrée dans la majorité de l'auto-législation. Comme signe d'histoire, elle atteste de la réalisation possible de la raison sous sa forme juridique. L'événement de la Révolution *« indique une propriété et une capacité de l'espèce humaine à être cause de son avancée vers le mieux et à en être l'auteur »*[683].

Cette présentation sensible de l'idéal historique ne laisse pas indifférent le sens éthique des hommes. Elle excite ; elle enflamme – pour reprendre une expression de Kant[684] – le *Gemüt* (l'esprit ou le sentiment) des hommes. Elle *« remplit les simples spectateurs de la Révolution d'une sympathie si vive »*[685]. Elle trouve dans leurs esprits *« une prise de position, au niveau des souhaits, qui confine à l'enthousiasme (Enthusiasmus) »*[686]. On l'aura compris, l'importance significative de la Révolution ne se trouve pas dans sa trame événementielle ; elle se situe dans la perception extérieure de cet événement, dans la ferveur que suscite l'entreprise révolutionnaire chez les spectateurs désintéressés. Le caractère significatif de la Révolution, précise Kant effectivement *« ne consiste pas en d'importants faits ou méfaits accomplis par des hommes (...). Non : rien de tout cela. Il s'agit simplement de la façon de penser des spectateurs qui se trahit publiquement à l'occasion de ce jeu des grands bouleversements et qui (...) manifeste pourtant une prise de position si universelle et, en tout cas désintéressée pour les participants d'un camp contre ceux de l'autre »*[687].

Kant semble accorder plus d'importance aux spectateurs qu'aux acteurs. L'universalité et le désintéressement caractérisent leur enthousiasme. L'universalité de la sympathie pour l'idéal

---

683 *Ibid.*, p. 893 (Ak. VII, 84).

684 Kant définit l'enthousiasme comme *« l'état d'esprit où le sentiment qui, en vertu de quelque principe, s'enflamme au-delà du degré, qui convient »* [*Observations sur le sentiment du beau et du sublime*, Pléiade, t. I, p. 503 (Ak. II, 251)].

685 KANT, *Réflexions sur la philosophie du droit*, n° 8077 (Ak. XIX, 603).

686 Id., *Le Conflit des facultés*, Pléiade, t. III, p. 895 (Ak. VII, 85).

687 *Ibid.*, p. 894 (Ak. VII, 85).

révolutionnaire va au-delà des frontières de l'Etat concerné et on peut *« incontestablement le voir, non seulement chez le vulgaire politicien de café du commerce mais aussi chez l'homme cultivé qui raisonne en connaissance de cause »*[688]. Certes, on peut convenir avec lui qu'aucun intérêt personnel immédiat ne motive cette vive sympathie ; bien au contraire, dans les pays encore soumis au despotisme d'où ils admirent la Révolution, c'est *« une partialité qui pourrait leur devenir très préjudiciable »*[689]. Situés hors de la scène des enjeux politiques immédiats de la Révolution, ils méritent bien le rang de spectateurs que Kant leur attribue. Mais ils ne sauraient être des spectateurs passifs. Leur désintéressement ne saurait être total ou absolu. Ce qui se trouve en jeu dans l'événement révolutionnaire concerne le spectateur au plus haut point et engage son avenir. A moins que l'événement n'ait pas la portée significative et universelle que Kant lui attribue, la destinée du genre humain s'y trouve engagée et aucun être humain ne peut l'observer en spectateur passif. Kant le reconnaît, pour qu'un tel enthousiasme s'éveille, *« il faut qu'un intérêt véritable ou au moins bienveillant pour le genre humain dans son ensemble se présente à l'esprit du spectateur »*[690]. Faute d'avoir suffisamment clarifié les niveaux de passivité ou de participation sentimentale à l'événement de la Révolution, le propos de Kant paraît contradictoire. La participation des spectateurs peut difficilement être passionnée[691] ou mue par un intérêt pour le genre humain et en même temps *« absolument désintéressée »*[692]. Le vocabulaire de Kant le trahit peut-être. Sa perception du signe historique de la Révolution tend à considérer l'histoire comme une scène de théâtre où les acteurs jouent[693]. Or on conçoit difficilement que l'histoire soit un théâtre avec des spectateurs. Si elle l'était, tout homme serait à la fois metteur en scène, acteur et spectateur. Autrement dit, il ne saurait y avoir de théâtre historique et l'histoire ne saurait avoir de spectateurs comme l'affirme Michel Foucault :

---

688 KANT, *Réflexions sur la philosophie du droit*, n° 8077 (Ak. XIX, 603).
689 Id., *Le Conflit des facultés*, Pléiade, t. III, p. 894 (Ak. VII, 85).
690 Id., *Réflexions sur la philosophie du droit*, n° 8077 (Ak. XIX, 604).
691 Id., *Le Conflit des facultés*, Pléiade, t. III, p. 896 (Ak. VII, 86).
692 Id., *Réflexions sur la philosophie du droit*, n° 8077 (Ak. XIX, 603).
693 Kant conçoit la Révolution comme *« un jeu de grands bouleversements »* et considère que les spectateurs *« n'ont pas eux-mêmes été impliqués dans ce jeu »* (*Le Conflit des facultés*, Pléiade, t. III, pp. 894 et 895 (Ak. VII, 85).

« Il m'est impossible de considérer l'histoire comme théâtre. Je ne pense pas que l'histoire ait des spectateurs et l'idée ne me viendrait pas de comparer l'historien au metteur en scène »[694].

Quoique le caractère désintéressé de la ferveur des spectateurs de la Révolution ne soit pas absolue, il a une portée significative profonde. Dans ce désintérêt, joint à l'universalité de l'enthousiasme, on reconnaît aisément les caractéristiques du sentiment esthétique et du respect pur pour la loi morale[695]. L'enthousiasme recèle en effet une dimension esthétique. L'émotion universellement ressentie est révélatrice d'un sens commun partagé et renforcé par le fait même, en un sens communautaire ou en communauté d'affects[696]. Bien avant le *Conflit des facultés*, la *Critique de la faculté de juger* avait mis en évidence ce *sensus communis* qui fonde l'enthousiasme autour de la Révolution. Le sens commun esthétique est ce qui permet au jugement du goût de *« pouvoir se communiquer universellement »*[697]. Grâce à lui, se constitue autour du beau une forme d'intersubjectivité[698] esthétique, une communauté de sentiment esthétique partagé. Kant décèle un intérêt social au beau qui se révèle comme un lieu de rencontre humaine. *« Dans la mesure où l'homme est sociable, la communicabilité du jugement du goût ne peut que renforcer l'être-en-commun »*[699]. Le sens commun nous dispose donc à entrer dans une communauté. Cette portée politique du jugement du goût a retenu l'attention d'Hannah Arendt qui tient la faculté de juger comme *« l'une des facultés fondamentales de l'homme comme être politique, dans la mesure où il le rend capable de s'orienter dans le*

---

694 Michel FOUCAULT, *Dits et Ecrits*, Vol. 3, p. 80.

695 *La Critique de la* faculté *de juger* définit ainsi tour à tour la beauté : *« Est beau ce qui plaît universellement sans concept »* (Pléiade, t. II, p. 978, Ak V, 219) ; il plaît *« indépendamment de tout intérêt »* (Pléiade, t. II, p. 967, Ak. V, 211).

696 Les expressions "Gemeinsinn" (sens commun) et "Gemeinschaft" partagent une même racine "Gemein".

697 KANT, *Critique de la faculté de juger*, Pléiade, t. II, p. 1002 (Ak. V, 239).

698 Cette notion de la philosophie contemporaine n'est pas proprement kantienne mais sa théorie du sens commun en exprime l'Idée au point qu'Alexis Philonenko considère que *« l'acte esthétique est celui en lequel se révèle par excellence l'intersubjectivité »* (Alexis Philonenko, in Kant, *Critique de la faculté de juger*, Paris, Vrin, 1993, introduction, p. 12).

699 KANT, *Critique de la faculté de juger*, Paris, Vrin, 1993, note 2, p. 190.

domaine public, dans le monde commun »[700]. Au fondement de la sympathie universellement ressentie se trouve cette faculté éminemment politique. L'enthousiasme est une mise en pratique politique de la maxime du sens commun esthétique, la maxime de la pensée ouverte : *« Penser en se mettant à la place de tout autre être humain »*[701].

Cette dimension esthétique de l'enthousiasme se double d'une dimension éthique. *« Le véritable enthousiasme,* fait remarquer Kant, *ne porte que sur l'idéal, à savoir sur l'élément purement moral et ne peut être greffé sur l'intérêt »*[702]. L'admiration des spectateurs devant l'attestation empirique de l'idée de liberté se fonde sur un idéal partagé et se prend au partage par les spectateurs d'une valeur morale à partir de laquelle tous jugent, apprécient et adhèrent. C'est l'indication d'un sens commun éthique, la manifestation *« d'une disposition morale dans l'espèce humaine »*[703], l'indication enfin d'une communauté de destin, c'est-à-dire d'une communauté promise à une même destination éthique. Autour de la Révolution de 1789 se forme donc une communauté d'affects à la fois esthétique et éthique. Elle est malheureusement loin d'être parfaite ; elle porte la marque de l'ambiguïté et de l'ambivalence de l'événement qui la fonde.

La vérité de la Révolution ne se réduit pas, en effet, à l'idéal en passe de connaître un début de réalisation. Elle esquisse, certes, les traits de l'Idée de liberté prenant forme dans le cours du monde ; elle est empreinte incontestablement de la capacité de progrès de l'espèce humaine ; mais elle contient aussi la menace d'un abîme sans fond, celui de la Terreur et du régicide. La signification de la Révolution paraît fort contradictoire ; en fait, deux affects s'opposent à propos d'un même événement. Logiquement, l'un d'eux manque de vérité. Kant pourtant les maintient tous les deux en passant aisément de l'un à l'autre sans avoir le sentiment de se contredire comme si un pont imaginaire reliait ciel et enfer. Autant il condamne avec force la Terreur révolutionnaire qui culmine dans le

[700] Hannah ARENDT, *La crise de la culture*, p. 280.
[701] KANT, *Critique de la faculté de juger*, Pléiade, t. II, p. 1073 (Ak. V, 294).
[702] Id., *Le Conflit des facultés*, Pléiade, t. III, p. 896 (Ak. VII, 87).
[703] *Ibid.*, p. 895 (Ak. VII, 85).

régicide[704], autant il s'enthousiasme des promesses de la Révolution. Cette coexistence des opposés tient au principe même qui sous-tend le signe historique. La Révolution est un événement de la liberté qui tente de se présenter historiquement. Elle incarne l'irruption historique de la liberté dans le monde des phénomènes, son exposition dans un événement historique. Or il faut le reconnaître avec Françoise Proust, *« lorsque par l'homme, un acte de liberté commence dans le monde, alors se lèvent et paraissent paradis et enfer en même temps »*[705]. Telle est la liberté humaine en son statut originel : Bien et mal s'y côtoient dans une hétérogénéité irréductible. De même, dans la Révolution, il y a une proximité du meilleur et du pire : la possibilité même d'un progrès de l'humanité vers le meilleur porte aussi le signe d'une impasse possible de l'histoire humaine ; le mal le plus extrême se greffe sur l'événement révolutionnaire comme s'ils se conditionnaient réciproquement. Le sommet de la liberté, pour paraphraser la *Doctrine de la vertu*, passerait-il obligatoirement par la descente aux enfers ?[706] Quoique contradictoires, les deux affects sont vrais : l'idéal révolutionnaire se réalise sur fond d'abîme et est sans cesse menacé de sombrer dans l'abîme de la Terreur, de l'anarchie, de la dictature au lieu de réaliser la paix, l'ordre et l'idéal républicain. Pour Henri d'Aviau de Ternay, cette menace est caractéristique de toute nouvelle naissance ; il s'agit d'une fondation sur fond d'abîme : *« La nouvelle fondation qui émerge, avec ce progrès irréversible du droit pour l'histoire de l'humanité, est marquée par toute la violence et toute la fragilité d'une naissance »*[707].

Le sentiment du sublime de la *Critique de la faculté de juger* permet à Kant de résoudre cette contradiction apparente dans une

---

[704] Kant dans le *Conflit des facultés,* considère l'expérience révolutionnaire si *« remplie de misères et d'atrocités (...) au point qu'un homme réfléchi ne se déciderait cependant jamais à tenter l'expérience à un tel prix »* [*Le Conflit des facultés*, Pléiade, t. III, p. 895 (Ak. VII, 85)]. Mais c'est surtout dans une longue note de la *Doctrine du droit* que Kant exprime son horreur pour le régicide ; nous y reviendrons.
[705] Françoise PROUST, *Kant, le ton de l'histoire*, p. 168.
[706] KANT, *Métaphysique des mœurs,* Pléiade, t. III, p. 730 (Ak. VI, 441).
[707] Henri D'AVIAU DE TERNAY, *Un impératif de communication ; une relecture de la philosophie du droit de Kant à partir de la troisième critique*, p. 326.

coexistence des opposés. On éprouve le sentiment du sublime devant ce qui excède toute forme, toute limite. *« Nous nommons sublime ce qui est purement et simplement grand (...), ce en comparaison de quoi tout le reste est petit »*[708]. Les phénomènes devant lequel le sentiment du sublime nous saisit sont en grandeur (sublime mathématique) et en puissance (sublime dynamique) démesurés. Devant l'immensément grand ou l'infini de la puissance, l'imagination et la raison ne parviennent pas à s'harmoniser. Le démesuré et l'illimité engendrent de la crainte. L'expérience du sublime s'accompagne de frayeur, mais il plaît en même temps et, comme le beau, ravit et attire. Finalement, devant l'informe, les sentiments d'effroi et d'admiration se mêlent ; l'âme connaît un ébranlement (*Erschütterung*), c'est-à-dire *« une rapide alternance de répulsion et d'attrait provoquée par le même objet »*[709]. Le sublime est tension des forces de l'âme[710]. Comme le sublime esthétique, la Révolution si cruelle et si douloureuse, mais aussi chargée de promesses, provoque chez ses spectateurs répulsion et attraction. Condamnable pour la Terreur, elle attire tout de même par la cause qu'elle défend. Par son double affect contradictoire, elle compte parmi les événements engendrant le sentiment sublime qui, dans l'âme du penseur, assure la simultanéité d'affects contradictoires. Ce pathos au double affect synthétise en lui le paradoxe d'une Révolution à la fois admirée et rejetée. L'enthousiasme de ses spectateurs est l'un de ces affects ; il est une des modalités du sublime et même un mode extrême du sublime. C'est une sympathie pour le bien accompagnée de peine, un plaisir douloureux ; il est *"peur ravie", "jubilation inquiète", "enthousiasme effrayé", "horreur admirative"*[711], *"joie pénible"*[712]. En définitive, le signe historique de la Révolution engendre certes une communauté trans-politique d'affects fondée sur l'idéal partagé. La communauté du

---

708 KANT, *Critique de la faculté de juger*, Pléiade, t. II, pp. 1014-1017 (Ak. V, 248-250).

709 *Ibid.*, p. 1027 (Ak. V, 258).

710 Id., *Observations sur le sentiment du beau et du sublime*, Pléiade, t. I, p. 456 (Ak. II, 211).

711 Françoise PROUST, *Kant, le ton de l'histoire*, pp. 165, 166, 251.

712 Henri D'AVIAU DE TERNAY, *Un impératif de communication ; une relecture de la philosophie du droit de Kant à partir de la troisième critique*, p. 334.

sublime reste cependant marquée, comme le sublime lui-même, par la tension et le conflit.

Si Kant a décelé, dans l'expérience sublime de la Révolution de 1789, "les signes précurseurs" d'une incarnation de l'idéal dans le réel, plus de deux siècles après le *Conflit des facultés*, quels signes nous fait l'histoire aujourd'hui ? Dans le cours historique de son époque, il a discerné un événement sublime qui fait sens. Le pouvons-nous à notre tour ? Qu'est-ce qui dans notre présent fait sens pour une réflexion philosophique et mérite le statut de signe historique ? En l'absence de signes modernes, l'idéal historique kantien serait menacé d'invalidité. Plus qu'une simple application de concepts opératoires kantiens au présent, il s'agit surtout de voir si le paradigme kantien du signe historique et celui du sublime qui lui est attaché restent encore valables pour comprendre notre modernité.

A première vue, comme le sublime kantien fait de successions rapides d'attrait et de répulsion, la modernité suscite, elle aussi, espoir et dépit, frisson d'horreur devant ses drames et enthousiasme pour les idéaux en voie de réalisation. Elle nous renvoie des signes ambivalents de sens et d'absurdité. On retrouve en quelque sorte l'ambivalence de l'événement porteur du signe historique kantien et la joie douloureuse de l'enthousiasme des spectateurs de la Révolution. Ainsi, les hommes de notre époque manifestent une sensibilité particulière pour les droits de l'homme ; mais cette prise de conscience de la dignité de la personne humaine s'accompagne de graves violations des droits de l'homme. Aux signes d'une ouverture au droit par le triomphe de l'Etat de droit, répond l'antithèse du totalitarisme et de son système oppressif.

Notre époque voit en effet triompher un mode particulier de gestion de la cité, celui de la démocratie libérale. Ce triomphe, à première vue, n'est pas celui de la *Doctrine du droit* de Kant qui contient un rejet catégorique et explicite de la démocratie considérée comme un système politique souffrant d'un vice de forme. Elle est, selon le mot même de Kant, un *Unform*[713] c'est-à-dire un néant de

[713] Kant dans le *Projet de paix perpétuelle*, considère que : *« Toute forme de gouvernement qui n'est pas représentative, n'en est point »* [Pléiade, t. III, p. 344 (Ak. VIII, 352)] ; tel est malheureusement l'*Unform* de la démocratie qui fond dans la totalité populaire, le législateur, le souverain, l'exécuteur et l'exécutant des lois.

forme. De là son verdict sévère : *« la démocratie est nécessairement un despotisme »*[714]. Cette aversion de Kant pour cette forme informe de gouvernement se rapporte cependant à une démocratie précise, la démocratie directe. Il nous semble que, dans sa forme actuelle, indirecte et représentative, la démocratie se révèle proche de l'idéal républicain de Kant. La parenté entre les deux se situe à un double niveau : la constitution républicaine de Kant comporte étonnamment en son fondement essentiel, comme en ses principes organisationnels, les principes fondamentaux qui caractérisent aujourd'hui l'Etat de droit de forme généralement constitutionnelle et représentative.

Le noyau central de l'éthique kantienne, c'est-à-dire l'autonomie du sujet, a contribué à l'affirmation moderne de l'homme comme une subjectivité qui n'entend plus recevoir ses normes de conduite d'une instance supérieure dominatrice (la nature ou Dieu). Elle les tient de sa raison auto-instituante. L'autodétermination comme fondement institutionnel de légitimité politique a partie liée avec l'affirmation kantienne de l'autonomie individuelle. Elle se révèle comme une transposition de l'autonomie éthique individuelle au niveau collectif avec l'obligation de sa préservation. La démocratie libérale associe en effet la souveraineté du peuple avec la garantie de la liberté de l'individu. Kant, par le retrait éthico-politique du divin qu'il opère, serait l'un des fondateurs de la laïcité politique dans laquelle nous pensons encore l'Etat de droit aujourd'hui. *« L'actualité du kantisme,* assure Luc Ferry, *c'est la laïcité. Kant est celui qui nous invite à penser non seulement la politique et le droit, mais aussi l'éthique et la culture indépendamment d'une dérivation de type théologique »*[715].

Outre son fondement essentiel, l'Etat de droit moderne puise quelques-uns de ses principes organisationnels de la République kantienne. La séparation des pouvoirs, la liberté de pensée comme antidote aux dérives despotiques de la souveraineté[716] et garant de la

---

[714] *Ibid.*, p. 343 (Ak. VIII, 352).

[715] Luc FERRY, « Kant, penseur de la Modernité » in *Magazine littéraire*, avril 1993, n°309, p. 20.

[716] Il considérait effectivement la liberté de pensée comme *« le seul joyau qui nous reste encore dans la multitude des fardeaux de la vie civile et qui seul peut nous aider encore à trouver un remède à tous les maux de cette condition »*

liberté politique etc., tout ceci sert de base principielle et institutionnelle à l'actuelle démocratie représentative. Celle-ci incarne de nos jours la promesse de liberté politique chère au philosophe de Königsberg. Elle représente une des réalisations supérieures de la liberté politique. En somme, il n'est pas excessif de soutenir que l'idéal républicain trouve dans l'actuelle démocratie parlementaire, l'un de ses lieux de concrétisation. Tout porte à croire que Kant est un démocrate qui ne s'avoue pas tel : *"In Kant's legal philosophy, representative democracy is the ideal that accords with the spirit and letter of republicanism (...). The republic is identical with representative, constitutional democracy, where a people is literally asked for its consent, and those who obey the law also legislate"*[717].

Mais ce triomphe de la démocratie s'est accompagné de graves régressions sous la forme du totalitarisme. A l'opposé de l'idéal républicain et de son régime apaisé, modéré et légitime, la modernité a cédé à des formes politiques extrêmes et arbitraires. Le régime totalitaire substitue au pluralisme démocratique le "monisme" politique qui exclut toute opinion dissidente, tout pluralisme médiatique et impose le parti unique. Il tend à noyer dans la masse populaire tout ce qui incarne la différence. Il nie de ce fait l'altérité. Contrairement à l'Etat de droit démocratique, le totalitarisme incarne l'arbitraire d'un régime investi de tous les pouvoirs. Celui-ci ne se contente pas d'être simplement l'antithèse de l'idéal républicain, d'invalider le projet kantien d'extension de la constitution républicaine à tous les Etats ; plus dramatiquement, il rend caduque la promesse républicaine de libération. La domination totale définit le totalitarisme. Elle signifie la suppression de la liberté par la soumission de tous à un pouvoir absolument monolithique, soumission acquise par la répression et la terreur. Ce régime policier représente sans conteste *« la négation la plus absolue de la*

(*Qu'est-ce que s'orienter dans la pensée ?*, Pléiade, t. II, pp. 542-543 (Ak. VIII, 144).

[717] *"Dans la philosophie politique de Kant, la démocratie représentative est l'idéal qui s'accorde avec l'esprit et la lettre du républicanisme. La république est identique à la démocratie constitutionnelle représentative où le consentement du peuple est requis et ceux qui obéissent à la loi sont aussi ceux qui légifèrent"* (Georg CAVALLAR, *Kant and the theory and practice of international right*, pp. 31-32).

liberté »[718]. L'oppression totalitaire signe la négation totale de l'autonomie des sujets.

En somme, on assiste à une coexistence du meilleur et du pire dans la modernité qui se présente comme une époque aussi bien chargée de toutes les promesses des Lumières que des dénis les plus extrêmes des idéaux de liberté et de paix. Elle recouvre des réalités aussi antithétiques que le triomphe de la démocratie et le déploiement du totalitarisme. Elle énonce plusieurs vérités contradictoires : Auschwitz, par exemple, n'est pas son unique vérité, et même dans le mal extrême que ce drame énonce, se découvre aussi le bien, à travers des actes héroïques d'humanité au cœur de l'inhumain. Du fait de sa forte ambigüité axiologique, la modernité se présente au penseur comme un entrelacs de sens et de non-sens.

Dans cette ambivalence de la modernité, on croit d'emblée reconnaître les manifestations du sublime kantien relatif à la Révolution française. Quelques différences les séparent. A l'époque de Kant, l'événement singulier de la Révolution française suscite effroi et sympathie ; dans notre modernité, l'ambivalence des affects dérive d'événements bien disparates. Alors que la Révolution française comme *Begebenheit* a été l'occasion d'un sens communautaire partagé, aujourd'hui, rappelle Jean-François Lyotard, *« les occasions données à ce "sens communautaire" très cultivé s'appelleraient : Auschwitz, un abîme ouvert quand il faut présenter un objet capable de valider la phrase de l'Idée des droits de l'homme ; Budapest 1956, un abîme ouvert devant la phrase de l'Idée du droit des peuples, la Kolyma, un abîme ouvert devant la phrase du concept spéculatif (illusoire) de la dictature du prolétariat »*[719].

Cette disparité de significations est d'abord l'indice d'un siècle dont l'unité téléologique est véritablement éclatée ou d'un siècle énigmatique qui résiste à l'appréhension téléologique. Ce n'est pas seulement sa *Begebenheit* qui est fractionnée, démultipliée ; le sens que livre cette disparité de signes l'est aussi. Cette multiplicité des signes ne traduit pas une époque plus sensée que celle de Kant qui se

---

718 Hannah ARENDT, *La nature du totalitarisme*, p. 167.

719 Jean-François LYOTARD, *L'enthousiasme ; la critique kantienne de l'histoire*, p. 108.

contentait de la singularité significative d'un événement. La multiplicité des signes ne signifie pas autant d'attestations de réalisations de l'idéal historique kantien. Si le postulat kantien du progrès du genre humain a trouvé dans le signe de la Révolution la confirmation de son effectivité, on ne saurait en dire autant des occasions modernes du sens commun. On peut en effet douter de leur valeur de signes positifs de l'idéal. A en juger par les occasions modernes du sens commun citées par Jean-François Lyotard, le sublime moderne, en lieu et place de la rencontre humaine enthousiaste, voire passionnée, autour d'un idéal en voie de réalisation, réaliserait une "malencontre"[720] dans la terreur et l'horreur. C'est le dissensus qui semble caractériser l'expérience éthico-politique de la modernité engendrant « *une nouvelle sorte de sublime, encore plus paradoxal que celui de l'enthousiasme* »[721]. Il mérite qu'on s'y arrête plus attentivement pour mieux le cerner.

III. LE RÉGICIDE, FIGURE DU MAL EXTRÊME

L'*Essai sur le mal* de 1792 avait mis en évidence la gravité du mal radical ; il l'avait toutefois restreint dans les limites de l'humain. Quoique radical, il n'excède pas les limites de l'humain pour devenir diabolique car un tel mal *« n'est pas applicable à l'homme »*[722]. Quelques mois après la publication de l'*Essai*, avec l'exécution du roi Louis XVI, la perception de Kant semble changer subitement. On dirait qu'un dépassement des limites du mal radical s'opère. Le régicide porterait la trace du mal extrême ou diabolique dont la possibilité était pourtant exclue chez l'homme. Le vocabulaire de Kant le laisse penser. Jusque-là, le mal radical quoique renaissant sans cesse, ne portait jamais aux yeux de Kant le sceau de l'irrémédiable. L'exécution du roi se présente comme un "*crimen immortale, inexpiabile*"[723], qui *« subsistera éternellement et ne sera jamais effacé*[724]». C'est la figure du péché contre l'Esprit Saint que

[720] Marc RICHIR, *Du sublime en politique*, p. 78.

[721] Jean-François LYOTARD, *L'enthousiasme ; la critique kantienne de l'histoire*, p. 108.

[722] KANT, *La Religion dans les limites de la simple raison*, Pléiade, t. III, p. 49 (Ak. VI, 35).

[723] Id., *Métaphysique des mœurs*, Pléiade, t. III, note, p. 588 (Ak. VI, 322).

[724] *Ibid.*, p. 588 (Ak. VI, 322).

les théologiens considèrent comme irrémissible. Ce recours à un vocabulaire théologique traduit l'inquiétude de Kant apparemment horrifié par la gravité d'un tel acte.

La subversion ou l'inversion (*Umkehrung*) définissait déjà le mal radical ; elle est totale dans le crime des Jacobins. On assiste en effet à *« un renversement complet de tous les concepts du droit »*[725]. Ce crime porte la marque d'une perversion absolue du droit ; il est la conséquence d'une *« usurpation de la part du peuple »*[726] qui, à travers ses représentants à la Convention, s'institue souverain juge de son Souverain. Le roi incarnant en sa personne la loi, c'est la loi elle-même que le peuple ose juger ; il se produit *« un total renversement des principes du rapport qu'entretiennent le Souverain et le peuple »*[727]. En décidant légalement de la mort du roi, les Français tuent celui auquel ils doivent leur existence comme peuple souverain. Il s'agit d'une négation de la souveraineté qui le constitue comme peuple, en un mot d'une auto-négation, d'un *"suicide de l'Etat"*[728]. Ce crime des Jacobins s'accomplit au nom ou sous le couvert de la loi. Le régicide serait le fait même de la loi et se présente comme un crime légal. A l'usurpation de la souveraineté s'ajoute une usurpation de la Loi en son universalité : le meurtre est *« une exception à la règle », « de l'ordre du manquement »*[729], c'est-à-dire une violation occasionnelle de la Loi du devoir ; en décidant légalement de la mort du roi, on légalise le crime et on érige la violence en principe au-dessus du droit. *« La violence au front éhonté s'élève au nom de principes au-dessus du droit le plus sacré »*[730]. La violence s'accomplit légalement et supplante ce qui la proscrit. Bien plus grave que l'usurpation, le crime se couvre de motivations du bien. Un désir d'autonomie et d'émancipation du peuple à l'égard de son souverain ou encore la volonté de délivrer la loi de son incorporation dans le corps du roi pour le rendre à sa source originaire motivent cette exécution. L'acte de condamnation à mort de Louis XVI porte entre autre l'accusation : « coupable de

---

[725] *Ibid.*, p. 588 (Ak. VI, 322).
[726] *Ibid.*, p. 589 (Ak. VI, 322).
[727] *Ibid.*, p. 589 (Ak. VI, 322).
[728] *Ibid.*, p. 589 (Ak. VI, 322).
[729] *Ibid.*, p. 588 (Ak. VI, 322).
[730] *Ibid.*, p. 589 (Ak. VI, 322).

conspiration contre la liberté de la nation... ». Sans égard au paradoxe, Robespierre lui-même ne définissait-il pas son régime comme *"le despotisme de la liberté"*, c'est-à-dire un despotisme visant l'idéal de la liberté ? L'abîme qui s'ouvre ainsi au sein même de l'histoire du progrès ne serait rien d'autre que l'*Abgrund* entrouvert par la liberté se retournant contre elle-même, *« se déchaînant dans la destruction de sa propre promesse »*[731], travaillant contre sa propre avancée, le trou noir d'un gouffre de la liberté.

Hannah Arendt, dans son *Essai sur la Révolution,* traite de la Terreur révolutionnaire dont le régicide ne représente qu'un aspect extrême. Elle a mis en évidence ce paradoxe du mal se couvrant de l'innocence du bien. Bien que son analyse ne soit pas d'inspiration kantienne, elle n'en est pas moins proche de la conception de l'auteur de la *Doctrine du droit* et de sa note sur le régicide. Pour Hannah Arendt, un lien intime existe entre liberté et révolution : la cause de la liberté motive généralement les révolutions. Le combat pour cette cause justifie que les révolutionnaires suppriment ce qui symbolisait le fondement même de l'ordre étatique despotique ; ils substituent au pouvoir despotique du roi, le pouvoir du peuple souverain. On retrouve ici encore la dialectique de l'ordre et de la liberté. Malheureusement la liberté révolutionnaire se conquiert dans le sang. Ce que confirment la Terreur et le régicide dans la Révolution française. La violence criminelle se pare d'une motivation du bien et prend la forme d'une *"terreur de la vertu"*[732]. Le crime n'est plus caractéristique du méchant, mais aussi de l'homme bien intentionné mû par la quête du noble idéal de la liberté ou par des motivations de compassion. Les révolutionnaires font ainsi preuve d'une *"cruauté de la pitié"* pour ceux qui souffrent. Les mesures limitatives s'estompent puisque *« la bonté absolue est à peine moins dangereuse que le mal absolu »*[733]. *"Despotisme de la liberté", "terreur de la vertu", "violence de la bonté"*[734], ces paradigmes relatifs à la Révolution traduisent une perte des repères et l'effacement de la frontière entre le bien et le mal.

---

731 Jean-Luc NANCY, *L'expérience de la liberté*, p. 163.
732 Hannah ARENDT, *Essai sur la Révolution*, p. 113.
733 *Ibid.*, p. 117.
734 *Ibid.*, p. 120.

Le régicide vient rappeler à Kant la possibilité d'un au-delà du mal radical ; c'est le spectre d'un mal extrême, voire diabolique, hantant le mal radical lui-même. Au cœur même du mal radical, il subsistait toujours une ouverture à la loi, un espoir de retour au bien, si ténu soit-il. La mise à mort de celui qui incarnait la loi par les acteurs de l'événement porteur du progrès du droit, comporte la menace d'une fermeture définitive à la loi. Le régicide est *« comme un abîme engloutissant tout sans retour »*[735]. Ce mal absolu menace de faire basculer la dynamique révolutionnaire dans l'abîme ; son avènement au sein même de l'événement qui symbolisait l'espoir de progrès, interrompt le progrès vers le bien et l'incline davantage vers le mal. Dans ce régicide, il y va de l'idéal à la fois politique et moral de Kant et de toute la pensée éthico-juridique d'un penseur convaincu du progrès de l'espèce humaine vers sa fin ultime. L'*Abgrund* du régicide serait aussi l'abîme du kantisme. Un "frisson d'horreur" saisit le penseur médusé devant la figure du monstrueux, de l'informe. Le régicide symbolise cette démesure ; il représente une situation-limite, un mal qui dépasse toute mesure. Il n'est donc pas étonnant que Kant s'emploie à conjurer ce spectre du mal absolu dans l'histoire, en y employant toutes les subtilités de l'argumentation.

Kant tente de penser l'impensable ; mais, en définitive, il le conjure plutôt pour s'empêcher de le penser. On trouve ainsi sous sa plume, une seconde lecture de l'acte des Jacobins. A l'idée d'un crime inexpiable, résultant d'une procédure juridique en bonne et due forme et dérivant d'une volonté délibérée de rébellion contre la loi - symbole même du mal diabolique - se superpose constamment une autre hypothèse. Le meurtre du roi serait plutôt un geste incontrôlé de la vindicte populaire, commis par *« peur que si le monarque restait en vie, il vienne à reprendre le dessus et à lui infliger la punition méritée »*[736]. Il s'agirait donc d'un simple assassinat, condamnable certes, mais que la peur panique et l'instinct de conservation justifient. Cette dernière hypothèse semble manifestement la moins plausible ; la première est plus proche de la réalité des faits et de la vérité historique. Kant semble y souscrire ; en cela, il s'approche au plus près de l'abîme sans fond et sur le

---

[735] KANT, *Métaphysique des mœurs*, Pléiade, t. III, p. 589 (Ak. VI, 322).
[736] *Ibid.*, p. 588 (Ak. VI, 322).

point d'admettre le régicide comme le mal absolu, il se dérobe : *« Autant qu'on puisse en juger, il est impossible à l'homme de commettre un tel crime, par expresse méchanceté (toute gratuite) (...). On a donc raison d'admettre que l'adhésion à de telles maximes ne provient pas en réalité d'un principe prétendument juridique, mais de la peur de la vengeance que l'Etat susceptible de renaître un jour exercerait sur le peuple, et que cet appareil n'a été mis en œuvre que pour donner à cet acte une apparence de châtiment »*[737].

Le régicide ne serait donc qu'une parodie de justice, un simple meurtre maquillé en exécution au terme d'une procédure judiciaire. Il ne serait un crime inexpiable ou diabolique qu'en apparence. Ce va-et-vient de sa pensée entre les deux lectures de l'acte des Jacobins dérive peut-être d'un refus de reconnaître l'impensable. Il semble effrayé par l'abîme ouvert par le régicide ; il entrevoit bien le mal extrême dans toute son horreur, mais il use de subterfuges pour recouvrir rapidement cet abîme. De fait, il n'y reviendra plus dans ses œuvres ultérieures. Ce refus de la réalité du régicide participe plus d'un souci d'exorciser le spectre du mal absolu que de disculper les révolutionnaires. On sait que Kant condamne la Terreur provoquée par le moralisme despotique des Jacobins. Dans une lettre à Biester datée du 5 octobre 1793[738], Il dénonce sans concession les méthodes de la Terreur révolutionnaire. Confondant les deux sphères de la morale et de la politique, le moralisme despotique croit réaliser *« la régénération morale des citoyens »* par la politique. Une telle confusion ne pouvait qu'induire ce que Hannah Arendt appelle *"la terreur de la vertu"* par laquelle on prétend imposer par la force de la loi juridique, une conduite vertueuse. Ce coup de force aboutit à l'hypocrisie du point de vue éthique et au despotisme du point de vue politique. *« Malheur au législateur qui voudrait par la contrainte réaliser une constitution visant des fins éthiques ! Car, ce faisant, non seulement il instaurerait le contraire de la constitution éthique, mais encore il saperait et rendrait incertaine sa constitution politique »*[739].

---

737 *Ibid.*, p. 589 (Ak. VI, 322).

738 Id., *Briefwechsel*, Von Johann Erich Biester, pp. 651-652 (Ak. XI, 440).

739 Id., *La Religion dans les limites de la simple raison*, Pléiade, t. III, p. 116 (Ak. VI, 96).

La *Religion* admet que sur la disposition à l'humanité, peuvent se greffer *« des vices de la culture, et au plus haut degré de leur malignité, on peut les appeler des vices diaboliques »*[740]. Cette assertion laisse croire que, sur l'humanité, peut se greffer un mal inhumain. Mais Kant énonce l'hypothèse pour la récuser aussitôt. Les concepts de diabolique et d'angélique « *ne sont que les idées d'un maximum conçu comme mesure servant à la comparaison des degrés de la moralité au sens où l'on assigne à l'homme sa place au ciel ou en enfer, au lieu d'en faire un être intermédiaire qui n'occuperait ni l'un ni l'autre de ces endroits* »[741]. Cela dit, *« l'abîme du politique se laisse-t-il si facilement recouvrir ? »*[742], s'interroge Jacob Rogozinski au sujet de cette tentative kantienne de conjurer le spectre du mal absolu. Au signe historique qui, *« dans l'histoire des hommes ne s'oublie pas »*[743], répond un forfait qui *« subsistera éternellement et ne sera jamais effacé ».* Tous deux partagent des caractéristiques identiques : comme le signe historique, la fracture du mal extrême ne se referme pas ; sa trace dans l'histoire reste ineffaçable. La modernité ne porterait-elle pas la trace de ce mal plus radical que le mal radical ? L'expérience éthico-politique de notre époque semble se dérouler sur fond d'abîme, celui que Kant a entrevu dans le régicide.

---

740 *Ibid.*, p. 39 (Ak. VI, 27).

741 KANT, *Métaphysique des mœurs*, Pléiade, t. III, p. 757 (Ak. VI, 461).

742 Jacob ROGOZINSKI, « Un crime inexpiable (Kant et le régicide) », in *Rue Descartes, Collège international de philosophie*, n°4, avril 1992, p 103.

743 KANT, *Le Conflit des facultés*, Pléiade, t. III, p. 898 (Ak. VII, 88).

CHAP. II : L'EPREUVE MODERNE DU SUBLIME EN POLITIQUE

Le sentiment du sublime, rappelons-le, est composé d'un double affect contradictoire : un affect de sympathie et de "frisson d'horreur" (*Schauder*) devant la Terreur révolutionnaire et singulièrement le régicide. Ce qui apparaît en revanche dans le signe historique de notre temps, c'est en premier lieu, le versant douloureux du sublime. L'expérience éthico-politique de la modernité, en ses événements significatifs, semble faire place beaucoup plus au *Schauder* qu'à l'adhésion admirative. Notre époque serait ainsi confrontée à des menaces multiformes d'*Abgrund*.

I. LE PACIFISME JURIDIQUE RECUSE

En dépit du triomphe de l'Etat de droit, proche de l'idéal républicain de Kant, la modernité se révèle exposée à une violence apparemment insurmontable qui participe du versant tragique de l'expérience politique moderne du sublime. Kant associait pourtant la constitution républicaine à la pacification des relations interindividuelles et interétatiques. Convaincu que *« la constitution républicaine ne peut être génératrice de guerres »*[744], il espérait de l'auto-détermination politique et de l'extension de la constitution républicaine, une libération de l'oppression interindividuelle et des sociétés politiques pacifiées. Le rêve pacifique du républicanisme et du cosmopolitisme semble s'être brisé au XXe siècle. La brutalité de ce siècle dévoile les limites de l'identification de la constitution républicaine et de la paix, du despotisme et de la guerre. En notre temps, le phénomène de la guerre, par sa complexité, transcende les distinctions de régimes politiques. Les monarchies et les despotismes, fonctionnant généralement sur le registre de la violence, sont de prime abord considérés comme les obstacles à la paix. Et cependant, la forme républicaine de l'Etat, en sa version moderne, ne se révèle aucunement comme un gage de paix. Bien au

---

[744] *Ibid.*, p. 898 (Ak. VII, 88).

contraire, à notre époque constate Max Scheler, *« les républiques ont livré plus de guerres que les monarchies et des guerres plus importantes »*[745]. L'institution kantienne de la "Fédération d'Etats libres" devrait contribuer à la réalisation de la paix perpétuelle dans un ordre mondial pacifié et à une exténuation progressive des conflits interétatiques. La mise en place d'un droit international qui ressemble au droit des peuples kantien ne préserve pas les Etats d'une sorte d'état de nature international. Le projet kantien de paix perpétuelle reposait sur la bonne volonté des Etats participants. Or, les relations internationales répondent souvent à la logique irrationnelle de la raison du plus fort, persistance d'un état de nature au cœur de la légalité internationale. Les Etats censés garantir l'ordre international par leur puissance, leur stabilité et leur influence, s'avèrent quelquefois les premiers à le perturber.

En fin de compte, le pacifisme juridique de Kant nous apparaît comme une promesse non tenue. La violence guerrière a pris des proportions insoupçonnées qu'il n'aurait pu imaginer. Par deux fois et en un laps de temps très court, elle a pris une envergure mondiale. Sous sa forme actuelle, la guerre n'oppose plus des Etats entre eux. Elle met en conflit une coalition virtuelle d'Etats et un ennemi invisible, trans-étatique, non-identifiable comme entité politique et sans projet politique clairement formulé ; c'est l'indiscernable « terrorisme international », sans frontières politiques définies. Deux visions du monde s'opposent, chacune se présentant comme l'axe du bien et dénonçant l'autre comme celui du mal. C'est un conflit idéologique d'autant plus dangereux que la confrontation se déplace sur le terrain d'une violence meurtrière nourrie de convictions éthico-religieuses. Le phénomène de la guerre connaît donc de profondes mutations très éloignées des vues de Kant. Il présente un visage multiforme. Non seulement interétatique mais également intra-étatique, la guerre moderne n'oppose plus nécessairement des forces armées défendant des entités politiques constituées, mais se présente comme *« une guerre au civil »*[746], s'attaquant aux civils ou menée par des civils. Frédéric Gros revisitant le concept de "guerre", découvre que de nos jours, la

[745] Max SCHELER, *L'idée de paix et le pacifisme*, p. 109.
[746] Etienne TASSIN, *Un monde commun : pour une cosmopolitique des conflits*, p. 182.

guerre ne se réduit plus à un conflit armé public soutenu par une tension éthique (défense de l'honneur, courage, sens du sacrifice…) et mû par un objectif politique (donner consistance à un Etat comme unité politique, défendre sa souveraineté…). La modernité voit l'émergence de nouvelles formes de violences qui marquent comme la fin de la guerre classique. Cette fin ne signifie pas l'avènement de la paix perpétuelle, mais la démultiplication de la guerre dans des "états de violence" aux figures multiples : terrorisme, guerres civiles, guerres technoscientifiques ou professionnelles, mercenariat[747]… Manifestement, *« Kant s'est trompé, car en ce qui touche la guerre, l'humanité, comme on le sait, a progressé plus qu'en tout autre domaine »*[748]. Le progrès a lieu ici dans le sens d'une aggravation du phénomène de la guerre et non en direction de la paix perpétuelle.

Cette promesse non tenue du pacifisme juridique nous renvoie à l'idée kantienne d'une insociable sociabilité naturelle de l'homme. Celle-ci compte parmi les éléments indéracinables que le régime républicain ne suffit pas à guérir en l'homme, comme l'a cru à tort Kant. La guerre ne serait qu'une cristallisation politique du mal inhérent en tout homme et en toute société humaine. Cette irréductible conflictualité de la politique donne à penser que la guerre est, de façon latente, constitutive de la politique qui obéit à la logique discriminante de l'ami et de l'ennemi[749]. La violence qui sous-tend les rapports interétatiques semble impossible à éradiquer. En fait, l'échec du pacifisme juridique tient au fait qu'il repose sur un malentendu. Il sous-entend une opposition irréductible entre le droit et la guerre qu'il tente de conjurer au moyen du droit. Ce faisant, Kant ne semble pas percevoir le lien intrinsèque qui unit la guerre et le droit. Pour Frédéric Gros qui a mis en évidence ce lien intrinsèque, on réduit généralement la notion de droit à l'ordre et à la paix, et la guerre au désordre et à la violence, les deux s'excluant mutuellement. Or la guerre est incontestablement "un moment juridique"[750]. A commencer par sa définition, la guerre, entendue comme différend entre des Etats, oppose des entités juridiques

---

[747] Frédéric GROS, *Etats de violence ; Essai sur la fin de la guerre*, pp. 116ss.
[748] Alexis PHILONENKO, *La théorie kantienne de l'histoire*, p. 114.
[749] Carl SCHMITT, La n*otion de politique ; théorie du partisan*, p. 66.
[750] Frédéric GROS, *Op. Cit*, pp. 160ss.

constituées et inclut le droit. Force et violence la caractérisent toujours, certes, mais dans le cas de la "guerre loyale", elles s'exercent dans un cadre légal et obéissent à des règles et à des procédures juridiques.

La guerre n'est pas seulement liée au droit, elle est constitutive de droit. A l'intérieur de chaque Etat, la guerre s'affirme comme fondatrice de droit. Comme l'examen du droit politique kantien nous l'a révélé, l'institution du droit passe par la violence comme moment de fondation. L'ordre juridique naît de la force ; il suppose un moment de domestication des libertés sauvages, s'exerce par la contrainte, fût-elle légale, et la domination qui assurent l'effectivité du droit… La violence semble donc au commencement de la politique. Outre le fait que le droit a son origine liée à la guerre, précise Frédéric Gros, l'actualité du droit est une actualité de la guerre. L'Etat de droit vit du conflit. Le pluralisme instaure une bataille entre plusieurs systèmes de valeurs, une bataille d'idées et de personnes qui peut à tout moment dégénérer en violence verbale, physique ou même en lutte armée. L'Etat de droit est toujours l'aboutissement d'une guerre symbolique, l'expression de la victoire d'un clan sur un autre. *« Le droit,* conclut Frédéric Gros, *n'est que l'expression d'un rapport de forces précaire et transformable. Et la politique c'est bien la guerre continuée par d'autres moyens »*[751]. A l'intérieur de l'Etat de droit survit donc une guerre latente, certes, mais omniprésente. Derrière l'ordre et la paix civile subsistent des lignes de fractures, une violence plus ou moins contenue, une "guerre civile" interminable.

Cette analyse de Frédéric Gros élargit à l'extrême la notion de guerre assimilée presque à tout conflit ; elle semble conclure que la paix perpétuelle est utopique et qu'à la place s'installe la guerre perpétuelle. En réalité, elle permet une autre appréhension de l'idéal kantien de paix perpétuelle. L'omniprésence de la guerre sur le terrain politique n'invalide pas l'idéal kantien, mais elle permet de le penser autrement dans l'horizon de la guerre. La paix perpétuelle reste un horizon, un idéal régulateur qui s'inscrit dans un processus indéfini. Il en est ainsi des autres idéaux kantiens. Le cosmopolitisme, par exemple, ne saurait signifier la disparition

---

[751] *Ibid.*, p. 168.

complète des frontières, mais le projet de leur effacement progressif. Une “cosmopolitisation“ achevée dans un Etat universel marquerait la mort même du cosmopolitisme, préoccupé du respect de la liberté et de la dignité de chacun. Il s'ensuit que *« la seule chance du cosmopolitisme, c'est qu'il ne soit pas cosmopolitique* [752]*»*. Il en va de même pour la paix perpétuelle. Pour éviter que toutes les dispositions naturelles de l'homme ne sombrent dans un sommeil éternel[753], la paix perpétuelle ne devra jamais être perpétuelle. Il faut que subsistent quelques dangers et résistances, sans lesquels *« tous les talents resteraient à jamais enfouis dans leurs germes au milieu d'une existence de berges d'Arcadie, dans un amour mutuel, une frugalité et une concorde parfaites »*[754]. La paix perpétuelle ne peut rester une véritable paix humaine qu'en différant à jamais sa propre perpétuité. Si elle ne veut pas être la paix des cimetières, elle doit rester un idéal toujours différé. Kant pense la réalisation historique du Souverain Bien toujours de façon asymptotique. Convaincu que, *« concept d'un maximum, l'Idée ne peut jamais être donnée in concreto d'une manière adéquate »*[755], il présente effectivement la pleine réalisation de la liberté ou la paix perpétuelle « *comme le modèle que l'on doit avoir en vue pour rapprocher en s'y conformant toujours davantage la constitution légale des hommes de la perfection la plus haute »*[756]. Sa notion d'Idée régulatrice marque bien la distance à maintenir entre l'idéal et le réel. C'est cet écart que certaines idéologies modernes ont méconnu, entraînant ainsi notre époque dans des expériences politique tragiques.

[752] Geoffrey BENNINGTON, *Frontières kantiennes*, p. 101.
[753] KANT, *Idée d'une histoire universelle au point de vue cosmopolitique,* Pléiade, t. II, p. 193 (Ak. VIII, 21).
[754] *Ibid.*, p. 193 (Ak. VIII, 21).
[755] KANT, *Critique de la raison pure,* Pléiade, t. I, p. 1036 (Ak. III, 254).
[756] *Ibid.*, p. 1029 (Ak. III, 248).

II. LES INDICES MODERNES DU MAL EXTRÊME

L'expérience tragique du politique de notre temps dont participe le phénomène de la guerre, nous oriente d'emblée vers la théorie kantienne du mal radical et peut-être même vers un au-delà du mal radical kantien, vers le mal extrême qu'il proscrit de l'expérience humaine. Les drames de notre époque, en se parant de motivations éthiques, rappellent effectivement le "moralisme despotique" des Jacobins dénoncé par Kant.

Notre époque se présente comme celle de la terreur multiforme ; elle a vu s'épanouir les totalitarismes les plus cruels (fascisme, nazisme, communisme…), les camps de concentration ou d'extermination ; elle connaît la hantise du terrorisme. Ces pathologies modernes du politique sont difficiles à ramener à l'unité d'un seul concept. A défaut de leur attribuer un nom commun, on se contente généralement de les désigner par le lieu ou la date de leur drame : Auschwitz, la Kolyma, le 11 septembre… Ces expériences dramatiques comptent parmi les innommables ; elles restent sans nom commun parce qu'elles détruisent le sens commun. Cette multiplicité des désastres modernes lance alors un défi à celui qui tente de penser le présent. Qu'est-ce qui les lie conceptuellement ? Les différentes tentatives pour les cerner donnent lieu à une hétérogénéité terminologique apparemment irréductible : la monstruosité, l'extrême, l'horreur, l'irrationnel, le mal diabolique, la banalité du mal, l'impardonnable, l'enfer… Aucun de ces concepts ne réussit à exprimer adéquatement le mal de la modernité. Chacun d'eux ne renvoie qu'à un seul aspect d'une réalité insaisissable. Ils l'expriment, chacun à sa manière, sans toutefois atteindre ce qui se trouve à sa racine.

Cette diversité nominale n'impose-t-elle pas de faire retour à Kant et à son éthique, laquelle nous semble avoir trouvé la catégorie conceptuelle adéquate pour désigner toutes les figures de l'irrationnel moderne ? Le penseur, devant l'hétérogénéité des pathologies du présent, peut se référer à l'idée kantienne de mal radical, comme à une matrice originaire. Le XXe siècle définirait ainsi *« cent ans de mal radical »*[757]. D'Auschwitz au Goulag, de la Shoah au génocide rwandais, il ressort que le mal n'est pas accidentel et passager comme les événements qui le manifestent. Ces tragédies confirment qu'il est *« bien enraciné en l'homme »*[758]. Elles constituent la présentation brutale du mal radical en notre modernité. Leur récurrence révèle l'ordinaire du mal en l'homme, son universalité. Si l'Allemagne nazie, la Russie communiste ou tout autre peuple ont été, à un moment donné de leur histoire, les lieux de cristallisation de ce mal extrême, ce n'est nullement en raison de prédispositions nationales, culturelles. En fait, aucun peuple n'est à l'abri de tels événements. Ceci atteste de l'existence en chaque homme, - quelle que soit sa nationalité, sa race -, d'un tort, d'une défaillance inhérente à notre humanité. Sous la pression de circonstances particulières, cette défaillance porte aux pires errements. En la matière, il n'y a pas d'exception à la règle ; pour ce qui est du mal radical, personne n'en est indemne. C'est le signe d'une universalité humaine du mal et d'un mal communément partagé. Sur cette question, Kant se révèle donc comme un précurseur dont l'actualité est incontestable[759].

Ceci dit, cette notion kantienne de mal radical s'insère dans une hiérarchie qui comporte un "en deçà" et un "au-delà". En deçà du mal radical, l'éthique kantienne place la *fragilitas* et *l'impuritas*[760]. Au-delà, on trouve le mal diabolique, c'est-à-dire une intention d'admettre *« le mal en tant que mal comme motif de ses maximes »*[761] *et « par expresse méchanceté (toute gratuite) »*[762]. Cette hiérarchie du mal participe d'une philosophie des limites caractéristiques de la pensée kantienne : la connaissance a des

---

757 Un ouvrage commun de Joël KOTEK et Pierre RIGOULOT porte justement le titre : *Le siècle des camps : détention, concentration, extermination ; cent ans de mal radical (*Paris, Lattès, 2000).

758 KANT, *La Religion dans les limites de la simple raison*, Pléiade, t. III, p. 46 (Ak. VI, 32).

759 Jean-Louis BRUCH reconnaît à Kant ce rang de précurseur : *« Kant fut sans doute sur ce point un précurseur. Il aura fallu plus d'un siècle – et l'expérience des guerres du XXe siècle – pour que sa théorie du mal cesse de scandaliser les philosophes » (La philosophie religieuse de Kant,* p. 77).

760 KANT, *La Religion dans les limites de la simple raison*, Pléiade, t. III, p. 42 (Ak. VI, 30).

761 *Ibid.* p. 51 (Ak. VI, 37).

762 Id., *Métaphysique des mœurs*, Pléiade, t. III, p. 589 (Ak. VI, 322).

limites à ne pas franchir ; de même, le mal radical a une limite au-delà de laquelle il verse dans le diabolique. Face à l'expérience sanglante de la modernité, cette pensée des limites doit céder la place à une pensée du franchissement possible.

Pour ne considérer que la Grande Guerre, elle rompt avec l'art classique de la guerre par son haut degré de violence ; jointe à la seconde guerre mondiale et à ses millions de morts, elle fait du XXe siècle, un siècle au caractère meurtrier. Déjà le totalitarisme se situe à l'extrémité de la politique et le phénomène concentrationnaire se présente comme l'une de ses manifestations extrêmes. A l'image de l'échelle kantienne du mal, le système concentrationnaire, selon la classification qu'en donne Hannah Arendt, connaît une descente progressive, par degrés, dans les profondeurs des enfers[763]. *« On peut,* écrit-elle, *distinguer trois types de camps de concentration qui correspondent à trois conceptions fondamentales de la vie après la mort en Occident : Hadès, le Purgatoire et l'enfer »*[764]. L'Hadès représente les camps d'internement, de mise hors de danger d'ennemis potentiels. A un degré plus bas se situe le purgatoire des camps de rééducation soviétique, d'avilissement par le travail avec l'espoir d'échapper à la mort. Non loin de là se trouve l'enfer, les camps de concentration ayant pour but l'anéantissement systématique. Cette figure *« du mal absolu »,* c'est la géhenne des camps d'extermination. A partir du mal radical qui est en lui, l'homme aurait réussi à créer l'irrémédiable de l'enfer dans le monde. A ce niveau extrême du mal se découvre une mort pire que la mort. *« Depuis Auschwitz,* écrit Jean-François Lyotard, *la mort signifie avoir peur de quelque chose de pire que la mort »*[765]. La mort ici ne marque aucunement une révélation de l'infini en l'homme par la fin du fini en lui, mais plutôt la fin totale de l'homme, son anéantissement.

Par son extrême radicalité, le mal politique moderne tend à franchir les limites de l'humain et à frôler le diabolique. La fureur

---

[763] La hiérarchisation de la sotériologie chrétienne dont s'inspire Arendt distingue pour la vie dans l'au-delà, le ciel ou paradis, l'Hadès ou sommeil de la mort, le purgatoire, lieu de purification et l'enfer symbole de la damnation irrémédiable.

[764] Hannah ARENDT, *Le système totalitaire*, p. 182.

[765] Jean-François LYOTARD, « Discussion ou phraser "après Auschwitz" », in *Les fins de l'homme ; à partir du travail de Jacques Derrida*, colloque de Cerisy, p. 287.

destructrice légalisée rappelle fortement la perception kantienne du régicide, comme un crime quasi diabolique, un crime qui serait le fait même de la loi. La Solution finale participe justement de ces crimes : on tue au nom d'une "loi", d'un ordre qui prescrit l'impératif de l'extermination. Ne serait-on pas alors en présence de ce mal diabolique que Kant s'est refusé à reconnaître dans l'exécution de Louis XVI ? Comme le *« crimen immortale, inexpiabile »*[766], l'holocauste se refuse à l'oubli et se donne comme *« une expérience irrémissible de la modernité »*[767], un mal impardonnable. A l'instar du crime du régicide, de cette menace d'un *« abîme engloutissant tout sans retour »*, en chaque tragédie de la modernité, un abîme s'ouvre devant nous. A ce mal absolu convient, faute de mieux, le nom de l'Extrême, monogramme de toutes les atrocités modernes. L'Extrême moderne présente donc les traits de l'impossible mal diabolique kantien, devenu possible. Il représenterait la réalisation d'une impossibilité. Max Horkheimer lui reconnaît ce caractère diabolique : complices du déchaînement de l'enfer par notre silence et notre passivité, « n*ous aussi nous faisons partie de la cohorte des diables – nous aussi »*[768]. Si les traits généraux de l'Extrême incitent à l'identifier à l'impossible mal diabolique kantien, cette identification court cependant un risque, celui de manquer la complexité de l'Extrême moderne. Elle revient finalement à se représenter l'être humain non pas véritablement comme un homme, mais comme une créature diabolique tout entière orientée vers le mal ou un monstre animal à visage humain. Dans l'un ou l'autre cas, il serait difficilement imputable. Il faut donc trouver une juste appréhension de l'Extrême moderne pour ne pas manquer sa spécificité.

Mal extrême, il transcende les frontières de l'humain par son caractère inhumain, tout en relevant cependant de l'homme. L'Extrême, quoique inhumain dans ses manifestations, reste un mal humain. Les bourreaux ne sont pas des *ex-humanitas* malgré leur barbarie inhumaine ; ils restent des hommes comme nous. L'un des pièges de l'Extrême serait justement d'établir une discontinuité radicale entre eux et nous. Loin d'être absolument étrangère à la

[766] KANT, *Métaphysique des mœurs*, Pléiade, t. III, p. 588 (Ak. VI, 320).
[767] Alain BROSSAT, *L'épreuve du désastre ; le XXe siècle et les camps*, p. 51.
[768] Max HORKHEIMER, *Notes critiques sur le temps présent*, p. 66.

nature humaine, l'extrémité du mal moderne dérive de la liberté humaine. Elle est le fait d'une démesure de la liberté. Selon Kant, la démesure définit la liberté qui *« peut toujours franchir toute limite assignée »*[769]. Cette démesure de la liberté peut emprunter le chemin de l'horreur. Ce basculement possible de la liberté de l'humain dans l'inhumain, la Révolution française en a révélé la possibilité. En arrachant la souveraineté des mains du monarque pour la remettre à celles du peuple, elle visait l'autonomie politique, mais elle a versé dans le despotisme et la Terreur. La liberté est une promesse qui risque toujours de se pervertir en oppression et en terreur. C'est l'exemple d'une liberté humaine s'autodétruisant. Mal humain, l'Extrême excède la radicalité du mal kantien, sans pour autant dériver d'une dénaturation de l'homme par son passage au rang inférieur de l'animalité ou au rang d'un être diabolique, même si des crimes comme la Solution finale s'en approchent. Le mal moderne est d'une radicalité maximale, "le comble du mal". Sa radicalité ne consiste pas seulement en sa monstruosité, mais elle revêt d'autres formes, celle par exemple d'une monstruosité "ordinaire". C'est ce que tente de cerner Hannah Arendt par sa notion d'une "banalité du mal". Pour elle, en Eichmann[770], ce n'est pas tant la radicalité du mal qui se manifeste mais *« la terrible, l'indicible, l'impensable banalité du mal »*[771]. On ne soupçonne en lui rien de diabolique, de pervers ou de pathologique, mais l'effroyable normalité d'un homme ordinaire, exécutant de la façon la plus ordinaire *« le plus grand crime qui ait jamais été commis par un Etat »*[772]. Cet homme représente la figure d'un mal extrême incroyablement ordinaire.

On peut certes reprocher à Hannah Arendt de généraliser le paradigme de la banalité du mal à partir du cas singulier d'un

---

769 KANT, *Critique de la raison pure*, Pléiade, t. I, p. 1029 (Ak. III, 248).

770 Eichmann est un criminel nazi qui, lors de son procès à Jérusalem en 1961 considérait que son devoir, son impératif catégorique consistait à la mise en œuvre de la Solution finale. Le récit de son procès fait par Hannah Arendt publié sous forme d'ouvrage porte le titre « *Eichmann à Jérusalem ; rapport sur la banalité du mal* ».

771 Hannah ARENDT, *Eichmann à Jérusalem ; rapport sur la banalité du mal*, Postface.

772 Sylvie COURTINE-DENAMY, « La controverse autour d'Eichmann », in *Rue Descartes*, Collège de philosophie, avril 1992, p. 26.

simple exécutant de la Solution finale. Elle oublie de mentionner qu'au niveau supérieur des chefs qui ont décidé la Shoah, le concept de banalité ne suffit pas à rendre compte de ce choix délibéré du mal absolu. Il faut cependant reconnaître que son concept de "banalité" ne répond à aucun souci de banaliser ou de minimiser la monstruosité de la Shoah. En effet, pour Hannah Arendt, *« ce n'est pas le mal qui est banalité mais la banalité qui est le mal »*[773]. La banalité, chez elle, se rapporte aux individus commettant le mal le plus absolu, et non au mal qui garde toute sa dimension de radicalité absolue. Par ricochet, cette banalité subjective participe de la radicalité d'un mal qui, parce qu'il se banalise en ses exécutants, s'aggrave. C'est un mal d'autant plus radical qu'il est sans profondeur et sans racine. La banalité va de pair avec la radicalité, au lieu de la contredire.

En définitive, en leur fondement, les figures présentes de l'Extrême renvoient au mal radical kantien qui permet de le penser ; en ses manifestations extrêmes, il franchit la ligne du mal radical et s'affirme comme plus radical que le mal radical kantien. Un autre trait du mal extrême que comportait le régicide se laisserait déceler dans l'expérience tragique de la modernité, la menace d'un *"abîme (abgrund) engloutissant tout sans retour"*.

III. L'ABGRUND DE LA MODERNITÉ

Avec le mal extrême de la modernité, la destination éthique de l'homme se trouverait confrontée à une impasse. A l'encontre de l'éthique kantienne, on adresse généralement plusieurs critiques dont celle d'être formelle, excessivement rigoriste et porteuse d'une universalité purement abstraite. L'impératif catégorique exige de faire abstraction de toutes les déterminations sensibles et reste extérieur aux cas individuels ou aux situations particulières. La loi morale s'impose à tous sans exception, quelle que soit la situation où l'on se trouve. La confrontation avec le mal radical entraîne une crise de cette éthique, provoquant le passage de la morale individuelle de l'autonomie à une seconde éthique communautaire, elle aussi en proie au mal radical. Si le mal radical oblige Kant à réviser son éthique, qu'en est-il alors de sa confrontation avec la

---

[773] Theodor ADORNO, *Métaphysique ; concept et problèmes*, p. 171.

crise plus aiguë de la modernité, celle d'un mal si extrême qu'il frôle le mal diabolique ? L'Extrême moderne constitue un terrain propice à une confrontation de l'éthique formelle kantienne à la réalité humaine et sa mise à l'épreuve. Face à l'Extrême, se maintient-elle ? Peut-elle tenir en situation extrême ? *La Religion* annonçait la victoire du bon principe sur le mauvais par *« le travail invisible pour l'œil humain mais continuellement en marche du bon principe, afin d'édifier dans le genre humain en tant que communauté soumise aux lois de la vertu, une puissance et un royaume qui affirment la victoire sur le mal et assurent au monde sous sa domination, une paix éternelle ».*[774]

Dans les faits, - la modernité l'atteste -, la loi du devoir échoue dans son combat contre les forces du mal. La récurrence du mal, deux siècles après Kant, et du mal le plus extrême, traduit l'incapacité du bien à dominer le mal, et révèle la fragilité de la loi. En notre temps, plus qu'en tout autre, s'éprouvent sur plusieurs terrains les limites de la loi morale kantienne. Confrontée à l'Extrême, elle tend à perdre sa force d'obligation impérative et catégorique ; elle manque de s'imposer à tous et en toutes circonstances. Son sort dans les conditions inhumaines de vie, comme les camps, le révèle clairement. L'affirmation d'une disposition naturelle de l'homme au bien[775] semble connaître ici un démenti cinglant. Ces prédispositions postulées par Kant, confrontées à l'Extrême, s'apparentent à un leurre, une vue d'esprit invalidée par les faits. La voix de l'impératif catégorique intérieure à chaque homme, se trouve submergée par le commandement du *Führer*. L'intériorité de la loi serait-elle superficielle au point d'être évacuée par l'ordre du *Führer* ou effacée par l'appel de la survie en se servant, au besoin, de l'autre comme d'un moyen ? Qu'en est-il alors de l'injonction de l'impératif catégorique énonçant : *« Agis de telle sorte que tu traites l'humanité aussi bien dans ta personne que dans la personne de tout autre, toujours en même temps comme une fin, et jamais simplement comme un moyen »*[776] ?

---

[774] KANT, *La Religion dans les limites de la simple raison*, Pléiade, t. III, p. 151 (Ak. VI, 124).

[775] *Ibid.*, p. 60 (Ak. VI, 44).

[776] Id., *Fondements de la métaphysique des mœurs*, Pléiade, t. II, p. 295 (Ak. IV, 429).

Cette injonction de l'éthique kantienne s'avère difficilement applicable en situation extrême. Si du côté des victimes, ce retrait de la loi s'explique et se justifie par l'inhumanité organisée dans laquelle ils baignaient, il se comprend plus difficilement du côté des bourreaux. On ne peut pas en conclure que l'Extrême sonne définitivement le glas de toute éthique. Par contre, on peut soutenir que la crise de la modernité signe la fin d'une certaine éthique, celle des absolus indiscutables. Confronté à l'Extrême, la morale rigoriste kantienne, fondée sur l'absolu de la loi ou du devoir semble précaire. En lieu et place d'une raison sûre d'elle-même et d'une éthique absolument formelle, l'Extrême nous oblige à opter pour une raison située, voire pour une morale en situation. Que des situations extrêmes puissent induire de la part des hommes des réactions inhumaines montre qu'en vérité l'homme ne peut conserver les attributs de son humanité que dans des conditions humaines de vie. L'éthique exige une attention particulière aux conditions de vie de l'homme. La fin de l'éthique provoquée par l'Extrême n'est rien d'autre que la fin de l'éthique formelle ou d'une éthique désincarnée et l'appel à « *une éthique matériale des valeurs* »[777].

Jusque-là, nous avons restreint la défaillance de l'éthique kantienne à celle d'une loi morale fragile, incapable de tenir dans le combat contre le mal ; une faillite plus dramatique la guette aussi, celle d'une éthique engagée dans le combat, non contre le mal, mais aux côtés de celui-ci. Il ne s'agit plus de fragilité mais de perversion de l'éthique. La défaillance touche l'essence même de l'éthique comme fondement du bien par la suppression de la barrière entre le Bien et le mal, entre la loi éthique et l'Extrême. En la figure singulière d'un Eichmann invoquant l'impératif catégorique pour justifier sa participation à la Solution finale[778], l'éthique kantienne risque de se retrouver compromise car au service du mal absolu. Cet

---

[777] Au sens de Max SCHELER (Cf. *Le formalisme en éthique et l'éthique matériale des valeurs ; essai nouveau pour fonder un personnalisme éthique*, Paris, Gallimard, 1955).

[778] Hannah Arendt rapporte que Eichmann lors de l'interrogatoire de la police israélienne *« alla jusqu'à soutenir en appuyant les mots qu'il avait vécu toute sa vie selon les préceptes moraux de Kant, particulièrement selon la définition que donne Kant du devoir »* (*Eichmann à Jérusalem ; rapport sur la banalité du mal*, p. 222).

aveu d'un criminel nazi jette sur l'éthique kantienne un grave discrédit. Il corrobore l'affirmation sarcastique de Nietzsche selon laquelle, *« l'impératif catégorique a un relent de cruauté »* et le monde des concepts moraux de conscience, de devoir, de sainteté a été longuement et abondamment arrosé de sang[779]. Ce nazi, en s'affirmant kantien, laisse en effet entendre que nazisme et kantisme feraient bon ménage, iraient de pair sans aucune incompatibilité, se servant réciproquement de support mutuel. On peut tenter de disculper la doctrine morale de Kant en montrant la déformation opérée par Eichmann de l'impératif catégorique. *« Mon devoir c'est d'obéir à la loi et la loi c'est la loi ; on ne peut faire d'exception »* ; telle était la devise du nazi "kantien". Mais était-ce la loi du devoir dans sa pureté et son universalité ? Entre la loi du *Führer* prescrivant la Solution finale et la loi de l'impératif catégorique, il n'y a d'identité que nominale. Le devoir et l'obéissance dont se réclame Eichmann présentent les allures de l'impératif, mais un impératif perverti, affreusement déformé ; il transforme le commandement du bien en celui du mal absolu, universalise non le principe du bien, mais la fureur destructrice d'un homme. Il s'énonce en réalité comme suit : *« Agissez de telle sorte que le Führer, s'il avait connaissance de nos actes les approuverait ».*

Kant et sa morale ne sont donc pas coupables de compromission, mais victimes d'une déformation. Ceci dit, il reste que l'éthique kantienne subit une déviation parce qu'elle peut être pervertie. La revendication d'Eichmann trouve des appuis, si minces soient-ils, dans la pensée de Kant. La théorie juridico-éthique rigoriste de Kant tend à faire de chacun un docile sujet de la loi morale, quelles que soient les circonstances, et du fonctionnaire, un dévot de la loi juridique. Distinguant l'usage public de la raison et son usage privé, Kant écrit en effet : *« J'appelle usage privé celui qu'on a le droit de faire de sa raison dans tel ou tel poste civil ou fonction qui nous est confié. Or, pour maintes activités qui concernent l'intérêt de la communauté, un certain mécanisme est nécessaire en vertu duquel quelques membres de la communauté doivent se comporter de manière purement passive, afin d'être dirigé par le gouvernement,*

---

779 NIETZSCHE, *La généalogie de la morale*, pp. 88-89.

aux termes d'une unanimité factice, vers des fins publiques ou, du moins, afin d'être détournés de la destruction de ces fins. Dans ce cas, il n'est certes pas permis de raisonner ; il s'agit d'obéir (...). Ainsi, il serait très dangereux qu'un officier, qui a reçu un ordre de ses supérieurs se mît à raisonner dans le service sur l'opportunité ou l'utilité de cet ordre ; il doit obéir »[780].

Kant ne prescrit donc pas au fonctionnaire Eichmann l'analyse du contenu de la loi du *Führer* avant toute obéissance. Il peut certes exercer son jugement critique, mais il doit avant tout obéir. Entre le commandement de l'impératif catégorique – *« Agis uniquement d'après la maxime qui fait que tu peux vouloir en même temps qu'elle devienne une loi universelle »*[781] -, et cette injonction d'ordre juridique, *« Obéissez, ne raisonnez pas »*, entre la pensée éthique et juridique, il y a un hiatus, un écart par lequel peut s'engouffrer le mal extrême. L'absence d'un droit politique et éthique à désobéir, la sacralisation kantienne de la loi qui interdit toute désobéissance, constituent dans l'édifice théorique kantien autant de failles qui ont rendu sa perversion possible. Selon Adorno cette fragilité de l'éthique kantienne est à l'image de la fragilité du *"factum rationis"* sur lequel elle se fonde. En effet, *« lorsque Kant soutient que son impératif est simplement donné, cette affirmation contient sans aucun doute toutes sortes de sombres éléments autoritaires et irrationnels »*[782].

En définitive, confrontée au mal extrême, l'éthique ne se révèle pas seulement fragile ; elle menace de sombrer dans l'abîme de l'Extrême. Le symbole de cet abîme de l'éthique est le caractère tragiquement parodique du mal. Imitant le bien, le mal moderne, en la figure d'Eichmann s'affirme comme un devoir. Pour justifier *« le crime sans précédent de notre siècle »*[783], il invoque la loi et le devoir de Kant. C'est un mal d'autant plus pernicieux qu'il est usurpateur et mensonger ; il parodie le bien ; il est commis sous le couvert du bien. On tente de rationaliser l'irrationnel et l'absurde.

---

[780] KANT, *Réponse à la question : Qu'est-ce que les Lumières ?*, Pléiade, t. II, pp. 211-212 (Ak. VIII, 37).

[781] Id., *Fondements de la métaphysique des mœurs*, Pléiade, t. II, p. 285 (Ak. IV, 421).

[782] Theodor Adorno, *Métaphysique ; concept et problèmes*, p. 172.

[783] Hannah ARENDT, *Auschwitz et Jérusalem*, p. 248.

Albert Camus, dans son effort pour comprendre son temps, c'est-à-dire le nôtre, s'offusque des *« massacres sous la bannière de la liberté »*[784] *;* il se révolte du fait que *« le crime se raisonne »*[785] ou *« se pare de l'innocence du bien »*[786]. Comme sous la Révolution et à l'image de Saint-Just justifiant le régicide, on tue en prétendant que ce meurtre est rationnel. L'échafaud devient le symbole de la libération. Ce mal comme mimésis du devoir consacre l'effacement de la frontière du Bien et du mal, la confusion des absolus. A notre temps, fait encore remarquer Camus, domine le sentiment de l'absurde manifeste dans l'absence de valeur : *« On tisonne aussi bien les crématoires comme on se dévoue à soigner les lépreux »*[787]. La perte des repères semble totale. Le nihilisme éthique serait l'une des marques caractéristiques de notre époque : *« Qu'il n'y ait ni bien ni mal – ou ce qui revient au même, que seul le mal soit "bien" – telle est au contraire la thèse du nihilisme éthique, celle d'une modernité exténuée »*[788]. Devons-nous en rester à cette impasse ? Il nous faut plutôt en sortir et retrouver la voie d'une destination de l'homme. Certes, des expériences comme Auschwitz comptent parmi celles si terrifiantes qu'il n'y a rien à en dire et pourtant, il faut *« enchaîner après Auschwitz »*[789] et pouvoir déceler dans l'épreuve moderne du sublime kantien les traces d'un sens commun sur lequel bâtir un monde commun.

---

784 Albert CAMUS, *L'homme révolté*, p. 14.
785 *Ibid.*, p. 13.
786 *Ibid.*, p. 14.
787 *Ibid.*, p. 14.
788 Jacob ROGOZINSKI, *Le don de la loi, Kant et l'énigme de l'éthique,* p. 267.
789 Jean-François LYOTARD, « Discussion ou phraser "après Auschwitz" », in *Les fins de l'homme ; à partir du travail de Jacques Derrida*, colloque de Cerisy, p. 300.

CHAP. III : LA DIMENSION FONDATRICE DU SUBLIME MODERNE

Comme nous venons de le voir, dans l'expérience politique moderne du sublime domine avant tout la dimension de souffrance et le "frisson d'horreur". Ce qui a valeur de signes d'histoire aujourd'hui définit en fait des lieux de souffrances humaines. Mais ce qui se livre dans le sentiment de notre époque ne se réduit pas à l'horreur, sinon il lui manquerait une dimension essentielle du sublime. A en croire Jean-François Lyotard, ils seraient des occasions d'un sens communautaire. Au-delà de leur multiplicité, les événements faisant figure de signes d'histoire de la modernité nourriraient, chacun à sa manière, un sens commun qu'il faut pouvoir déceler et cultiver.

I. LE SENS COMMUN DE LA MODERNITE

La Révolution française comme expérience du sublime s'inscrit dans la problématique de la fondation liée au sublime. Malgré les dérives de la Révolution, elle crée une communauté d'affects partagés autour de ses promesses de fondation d'un nouvel ordre juridique. Comme toute naissance, l'engendrement de la nouveauté est marqué par toute la violence de l'arrachement à l'ordre ancien, par toute la violence et toute la fragilité d'une naissance[790]. Un saut de l'ordre ancien à l'ordre nouveau s'opère. Ce saut a lieu sur fond d'abîme. La nouvelle fondation en germe est sans cesse menacée de sombrer dans l'abîme du désordre et de la terreur qu'elle est censée endiguer. Ce paradoxe du sublime kantien pourrait s'appliquer en un certain sens à l'expérience historique de la modernité. Au-delà de sa dimension d'épreuve, l'expérience sublime de la modernité jouerait un rôle fondateur : elle constituerait "un moment de terreur fondatrice"[791]. Elle cultiverait ce que Jean-François Lyotard nomme "*un sens communautaire*".

[790] Henri d'AVIAU DE TERNAY, *Un impératif de communication ; une relecture de la philosophie du droit de Kant à partir de la troisième critique*, p. 326.
[791] Marc RICHIR, *Du sublime en politique*, p. 69.

Cette terreur fondatrice n'échappe pas à la problématique de la fondation du sublime ; comme pour le sublime relatif à la Révolution, elle a lieu sur fond d'abîme. Ainsi en va-t-il du sens commun qui se constitue en notre modernité. On le ressent dans la souffrance et sur fond d'abîme. De fait, plus que de simples occasions d'un sens communautaire très cultivé, les événements considérés comme *Begebenheiten* de la modernité se présentent avant tout comme des mises à l'épreuve du sens commun. La modernité cultiverait paradoxalement un sens communautaire à partir d'une mise à l'épreuve de celui-ci.

Ses dissensus rendent difficile un consensus sur son sens. De même, l'expérience tragique du politique en notre temps se révèle comme une menace de désintégration du sens commun dans ses différentes dimensions. Le sens commun s'entend d'abord comme capacité donnée à tous de juger, bon sens partagé permettant à tous de se comprendre, de s'entendre sur le sens ou encore cette sagesse commune à tous les hommes. Il se trouve que la démesure des manifestations de l'Extrême « *a ruiné nos catégories de pensée et de jugement* »[792]. Face à ces expériences tragiques, la pensée se trouve comme défaite, confrontée à sa propre impuissance. La difficulté à nommer adéquatement ces expériences est le signe qu'elles échappent aux prises rationnelles et à toutes les catégories traditionnelles d'appréhension conceptuelle. Les mots manquent à la langue pour le nommer et le concept fait défaut à la raison pour le penser. Confrontée à l'Extrême, la raison est menacée d'aphasie. Auschwitz, aux yeux d'Adorno ou de Jean-François Lyotard, est le symbole de l'horreur qui menace de faire taire le discours spéculatif ou qui rompt l'enchaînement des phrases sur l'historico-politique[793].

Le sens commun désigne aussi, dans un sens spécifiquement kantien, la communicabilité des sentiments, voire une communauté du sentir. Les tragédies de notre temps semblent avoir raison de ce *sensus communis*. La logique totalitaire, qu'elle soit nazie ou communiste, mue par le désir de domination totale rompt le

---

[792] Hannah ARENDT, *La nature du totalitarisme*, p. 47.

[793] Jean-François LYOTARD, « Discussion ou phraser "après Auschwitz" », in *Les fins de l'homme ; à partir du travail de Jacques Derrida*, Colloque de Cerisy, pp. 286ss.

consensus juris interétatique. Son monde s'est érigé sur les ruines du monde commun. A notre temps, l'emprise croissante du non-sens semble s'accompagner d'une perte du sens commun. La biopolitique totalitaire[794] trace dans la totalité humaine une ligne de partage séparant ceux qui doivent vivre et ceux qui sont destinés à la mort, les bourreaux et les victimes. Auschwitz est le symbole de l'impossibilité du "nous" communautaire, c'est-à-dire de la rencontre humaine dans le respect de la loi morale et de l'autre comme une fin. De l'impératif des SS « mourez », remarque Jean-François Lyotard, il est impossible de se faire délibérément l'obligé[795] ; on ne peut être que victime ; la rencontre humaine autour du devoir étant ici impossible, il n'y a pas de nous qui puisse rassembler les obligés avec le législateur. La communauté humaine est brisée.

Tout porte donc à croire que la modernité dans ses expériences tragiques tend à anéantir le sens commun. Mais il nous semble qu'en réalité, elle apparaît comme une mise à l'épreuve du sens commun qui, loin de disparaître, subsiste sur fond d'abîme. Toujours menacé de rupture, il se laisse encore percevoir, quoique difficilement, dans ce qui semble l'anéantir. Les tragédies énumérées par Jean-François Lyotard comme *Begebenheiten* de la modernité ont suscité au-delà de leur lieu d'avènement, un émoi général ou une condamnation quasi unanime. Ce sentiment d'horreur généralement ressenti prouve avant tout qu'il existe, un lien de communicabilité qui donne raison à Kant. Pour lui, en effet, la faculté de communiquer définit fondamentalement l'homme : *« On peut placer l'humanité dans la faculté et la volonté de communiquer réciproquement quant à ses sentiments (humanitas practica) ou simplement dans la réceptivité ou sentiment commun de contentement ou de souffrance que la nature nous donne »*[796].

La communicabilité des sentiments qui s'instaure se fonde non pas sur le contentement dû au plaisir du beau, mais sur des expériences tragiques. A ce lien naturel de communicabilité

[794] La notion de biopolitique employée entre autre par Michel Foucault peut s'appliquer aux régimes nazi ou communiste qui visent le contrôle de la vie et la maîtrise de la population, d'une race ou d'un peuple.
[795] Jean-François LYOTARD, *Op. cit.*, p. 299.
[796] KANT, *Métaphysique des mœurs*, Pléiade, t. III, p. 751 (Ak. VI, 456).

humaine, s'ajoutent comme appuis, un lien de solidarité qui rend les uns et les autres sensibles au sort d'autrui ou encore un sens partagé de l'idéal humain qu'émeut toute atteinte à la dignité humaine. Confrontés aux violations des droits de l'homme ou aux dénis de la liberté, les hommes prennent conscience de partager une même dignité humaine. Ainsi, de l'horreur de l'Holocauste naît une sensibilité particulière pour la dignité de la personne humaine. A cette horreur, nous devons la notion juridique de "crime contre l'humanité" énoncée depuis le tribunal de Nuremberg. Tout se passe comme si des expériences les plus inhumaines s'ensuivait pour les hommes de notre temps, une conscience plus aiguë de l'humain. Tout idéal bafoué ne signifie pas sa mort comme idéal, mais concentre l'attention de tous sur lui. Ainsi Auschwitz a rang de *Begebenheit* parce que sa négation de la dignité humaine éveille une sensibilité générale aux droits de l'homme ; de même le déni du droit d'un peuple à l'auto-législation que représente Budapest incite à la quête renouvelée de l'idéal démocratique et de l'idéal d'émancipation ; et la Kolyma, symbole de la "dictature stalinienne" en appelle, *a contrario*, à l'idéal de la liberté politique. En somme, tout déni grave d'un droit fondamental ravive la défense de ce droit et provoque l'attrait du plus grand nombre pour cet idéal.

Cette communauté d'idéal partagé semble répondre au souhait kantien que des liaisons plus ou moins étroites entre les peuples soient portées au plus haut point de sorte *« qu'une violation de droits commise en un lieu est ressentie partout »*[797]. A notre époque, la conscience acquise de partager une même dignité par-delà les différences culturelles et les barrières politiques, fonde une communauté universelle du sentir et du pâtir, une communauté d'affects suscités par le sort du semblable, de tout autre. La conscience de partager un même destin fonde une solidarité humaine active. De même, une violation de droit commise sur un point quelconque du globe, se trouve immédiatement ressentie par tous et partout. De cette communauté du sentir, émerge une conscience mondiale ayant la forme d'une opinion publique internationale portée par les nouveaux moyens de communication,

[797] Id., *Projet de paix perpétuelle*, Pléiade, t. III, p. 353 (Ak. VIII, 360).

entretenue par un réseau trans-étatique d'organisations aux dimensions transnationales.

L'espace public international qui se dessine ainsi trouve ses bases conceptuelles dans la doctrine du droit de Kant. Celui-ci avait conscience de l'enjeu fondamental de l'opinion publique et de l'importance de l'espace public. Fervent défenseur de la maxime des Lumières, le "*sapere aude*"[798] et de la maxime de la pensée élargie - *« Penser en se mettant à la place de tout autre être humain »*[799] -, Kant prescrit l'usage public de la raison qui *« doit toujours être libre et lui seul peut répandre les Lumières parmi les hommes »*[800]. En réclamant une liberté de pensée reconnue et préservée comme un droit, il veut tirer profit de la puissance d'émancipation du "*sapere aude*" et créer un espace politique à tous les niveaux du droit. Il prône ainsi la confrontation des idées dans un forum où l'on met *« son jugement à l'épreuve de l'entendement d'autrui »* et cela *« pour nous assurer de la vérité de notre jugement »*[801]. En somme, le droit cosmopolitique délimite un espace de libre communication des pensées et des sentiments que notre époque s'efforce de réaliser.

L'admiration devant ces idéaux kantiens d'universalité humaine ne doit pas nous dissimuler leurs limites. Comme s'il y avait une hiérarchie dans la dignité humaine des victimes, les drames n'ont pas le même retentissement. L'émoi que suscite une violation du droit dépend de *« machineries complexes politiques et médiatiques »*[802]. Ce faisant, une tragédie bien plus importante qui survient loin de l'espace occidental peut presque passer inaperçue[803]. De plus, Kant n'a pas décelé les risques de manipulation et de distorsion organisée de l'information. Il ne

---

798 *« Aie le courage de te servir de ton propre entendement »* (KANT, *Réponse à la question : Qu'est-ce que les Lumières ?*, Pléiade, t. II, p. 209 (Ak. VIII, 35).

799 Id., *Critique de la faculté de juger*, Pléiade, t. II, p. 1073 (Ak. V, 294).

800 Id., *Réponse à la question : Qu'est-ce que les Lumières ?*, Pléiade, t. II, p. 211 (Ak. VIII, 37).

801 Id., *Anthropologie du point de vue pragmatique,* Pléiade, t. III, pp. 946-947 (Ak. VII, 128).

802 Jacques DERRIDA, Jürgen HABERMAS, *Le "concept" du 11 septembre ; Dialogue à New York (octobre-décembre 2001) avec Giovanna Borradori*, p. 142.

803 Ainsi, les meurtres de masse par centaine de milliers au Rwanda ou au Darfour sont loin d'avoir eu le retentissement de l'attentat du 11 septembre.

pouvait imaginer que des marchands de communication, des spécialistes de l'endoctrinement pouvaient investir et pervertir l'espace public et lui faire servir des buts éloignés de la sauvegarde de la liberté. Comme beaucoup d'autres, Max Horkheimer dénonce cette perversion de la communication politique : *« La parole est devenue un instrument de manipulation utilisée par les misérables petits führers de la société de masse ; elle est leur marteau d'hypnotiseur, imposant l'obéissance par la gueule des appareils de la radio, ainsi que dans la solitude des interrogatoires de prison, accompagné des autres méthodes de torture »*[804].

La manipulation rationalisée de l'information, à travers la propagande politique, a servi d'assise à la domination et à l'oppression de régimes totalitaires. Il manque également à l'espace public moderne la dimension discursive et critique. Les vertus que Kant lui prêtait ont été en partie perverties par la communication de masse. Bref, la belle communauté de destin et de fraternité universelle ou l'espace public transparent de confrontation des idées semblent encore une utopie. C'est l'indice d'une conscience humaine dont l'universalité reste encore à construire et à renforcer. La communauté qui s'ébauche en notre temps n'est pas encore une communauté instituée, mais une communauté d'idéal sans lien social déterminé. Cette communauté idéale a un antécédent historique, la communauté universelle d'enthousiasme qui se crée autour de l'idéal révolutionnaire. De même, ce qui constitue notre sens commun n'est pas tant l'horreur, mais l'idéal manqué que l'horreur met en lumière. Bien que cette prise de conscience n'engendre pas une communauté instituée, elle a laissé quelques traces historiques concrètes.

En proie à l'Extrême et à la terreur, les hommes prennent conscience de former une communauté de destin, voire une communauté éthique. Un impératif catégorique les soude en une communauté liguée contre le mal politique radical. Les drames de notre époque fondent un nouveau consensus d'ordre éthique qui s'exprime sous la forme d'un impératif de résistance à la terreur : *« Agis de telle sorte que cela ne se répète plus jamais »*. Ainsi, pour Adorno, Hitler a légué aux hommes *« un nouvel impératif*

---

[804] Max HORKHEIMER, *Notes critiques sur le temps présent*, p. 46.

catégorique : penser et agir en sorte que Auschwitz ne se répète pas, que rien de semblable n'arrive »[805]. Un même devoir s'impose aux rescapés de l'Extrême : *« agir pour que l'effroyable ne se reproduise pas ni ne tombe dans l'oubli »*[806]. Cet impératif a inspiré maintes tentatives de résistance à la terreur. L'horreur a ainsi été le point de départ d'une refondation du droit et d'un effort d'aménagement de la coexistence pacifique interétatique. L'expérience tragique des deux guerres mondiales a favorisé la tentative d'instaurer un ordre international pacifié. L'institution successive de la SDN et de l'ONU participe des essais de reconstruction de la coexistence internationale. Ces essais ne seraient pas étrangers au pacifisme juridique de Kant. On s'accorde à reconnaître que la fondation de la SDN est bien d'inspiration intellectuelle kantienne[807] dans sa visée, et même jusqu'à son appellation de « *Völkerbund* » ou de "Société des Nations" qui sont des philosophèmes kantiens. De même, l'Organisation des Nations Unies s'efforce d'instaurer un droit international dont les grandes lignes avaient été tracées par Kant. La Charte des Nations Unies en définit les contours juridiques. Il s'exprime dans la Déclaration Universelle des Droits de l'Homme à laquelle tous les Etats ont successivement souscrit.

Tel est le sens commun qui se laisse percevoir dans les expériences tragiques du politique en notre temps. Il est ce qu'il y a de commun entre ces événements disparates ; ce qui les unifie et peut-être même leur donne sens. Virtuel et embryonnaire, fragile et sans cesse menacé de rupture et de ruine, ce sens commun a besoin d'être renforcé. Sur sa base, il est possible, en s'inspirant de Kant, de bâtir un monde commun.

---

[805] Theodor ADORNO, *Dialectique négative,* p. 351.

[806] Max HORKHEIMER, *Notes critiques sur le temps présent*, p. 259.

[807] Théodore RUYSSEN laisse entendre que l'un des Pères fondateurs de la SDN, le Président Wilson comptait parmi ses livres de chevet le *Projet de paix perpétuelle* de Kant (« Les origines kantiennes de la SDN », in *Revue de Métaphysique et de Morale*, n° XXXI, 1924, p. 355).

II. L'INSTAURATION D'UN MONDE COMMUN D'INSPIRATION KANTIENNE

Le sens commun de la modernité émerge de situations humaines tragiques. Il est possible d'envisager que ce sens commun qui s'éprouve à l'occasion de ces tragédies, puisse servir de base à l'instauration d'un monde commun inspiré du cosmopolitisme kantien.

A. LA MONDIALITE POLITIQUE KANTIENNE

A l'encontre de Kant, certains penseurs ont soutenu que, de nos jours, il s'agit de dépasser la souveraineté étatique au bénéfice de la post-nationalité ou de la supranationalité. En fait, Kant donne l'impression de tenir pour indépassable la souveraineté étatique. A y regarder de près cependant, il ne l'absolutise pas ; il envisage un dépassement de la souveraineté étatique. Il est un précurseur méconnu de la supranationalité, mais d'une supranationalité sans souveraineté. Au-delà du droit international, il développe par son droit cosmopolitique une forme d'universalité politique qui peut être éclairante pour notre époque. Cet aspect du droit compte parmi les nouveautés de la théorie politique de Kant : *„Kant habe mit seinem Recht der Weltbürger, das neben das staatliche Recht und an die Stelle des Völkerrechts der Weltbürger, das neben das staatliche Recht und an die Stelle des Völkerrechts getreten sei, eine dritte Dimension in die Rechtstheorie eingeführt"*[808].

Alors que le droit politique crée un espace interindividuel circonscrit dans les limites étatiques, le droit des peuples assure la coexistence interétatique ; cependant, tous deux laissent en suspens le problème des rapports entre les membres des différents Etats. N'étant ni des relations entre concitoyens, ni des relations entre Etats, ils ne relèvent ni du droit politique, ni à proprement parler du droit international. Le droit cosmopolitique prend en charge cet au-

---

[808] *« Avec son droit des citoyens du monde, Kant a introduit une troisième dimension dans la théorie du droit, à côté de droit politique et à la place du droit des peuples »* (Klaus- Jürgen GRÜN, « Internationale Konferenz zu Kants Friedensidee und dem heutigen Problem einer internationalen Rechts und Friedensordnung in Frankfurt am Main », in *Kant-Studien*, 87. Jahrgang 1996, p. 357.

delà du droit international. Ce *Weltbürgerrecht* se déploie à partir d'une question fondamentale : en dehors de son Etat d'appartenance, l'individu peut-il prétendre à un quelconque droit ? Etre étranger signifie-t-il la fin de tout droit ? Le droit cosmopolitique kantien se donne comme une philosophie politique de l'hospitalité. Ce droit *« doit se borner aux conditions d'une hospitalité universelle »*[809] et signifie *« uniquement le droit qu'a chaque étranger de ne pas être traité en ennemi dans le pays où il arrive »*[810]. La figure de l'étranger, constitue la pierre de touche du cosmopolitisme kantien. Kant, certes, précise que l'idée cosmopolite *« n'est pas quelque chose de philanthropique (éthique) mais c'est un principe juridique »*[811], mais en réalité cette figure de l'étranger est doublement significative.

Du côté de l'accueillant, l'hospitalité est un devoir d'humanité (*sollen*). L'étranger porte en lui l'humanité commune à tous et par conséquent, mérite qu'on l'accueille sans hostilité. L'hostilité, rappelons-le, caractérisait jusque-là les rapports interindividuels et interétatiques ; le droit cosmopolitique est un dépassement de l'hostilité par l'hospitalité. Il impose à tous un devoir moral d'accueil de l'autre. La politique se transcende ici en éthique juridique de l'hospitalité qui organise la rencontre pacifique des hommes. Du côté de l'étranger accueilli, l'hospitalité se présente comme un droit, le droit pour tout homme, du fait de son appartenance à l'humanité, de circuler partout sur la terre, d'entrer en communauté avec tout autre. En fait, le cosmopolitisme kantien défend le droit de tout homme d'épanouir pleinement son humanité. L'humanité ne signifie-t-elle pas « *d'une part le sentiment universel de sympathie, d'autre part, la faculté de pouvoir se communiquer de manière intime et universelle* »[812] ? L'homme kantien n'est pas seulement un animal politique mais aussi un animal cosmopolitique, ayant vocation d'entrer naturellement en commerce avec tous. La vocation naturelle de l'humanité est de communiquer. La Nature l'y dispose puisqu'elle *« a renfermé tous les hommes ensemble (du fait de la forme*

---

[809] KANT, *Projet de paix perpétuelle*, Pléiade, t. III, p. 350 (Ak. VIII, 358).
[810] *Ibid.*, p. 350 (Ak. VIII, 358).
[811] Id., *Métaphysique des mœurs*, Pléiade, t. III, p. 626 (Ak. VI, 352).
[812] KANT, *Critique de la faculté de juger*, Pléiade, t. II, p. 1146 (Ak. V, 355).

sphérique de leur séjour : globus terraqueus) dans des limites déterminées (...) ; tous les peuples sont originairement en situation de communauté du sol (...), en situation d'action réciproque physique possible (commercium), c'est-à-dire de rapport généralisé entre chacun et tous les autres consistant à se prêter à un commerce réciproque et ils ont le droit d'instaurer ce commerce avec chacun »[813].

Autrement dit, tout homme quel qu'il soit, parce qu'il partage naturellement avec tous, une communauté originaire du sol et un droit de possession commune de la terre, a droit de cité sur tout le globe terrestre. Ce cosmopolitisme nous renvoie l'image d'un monde sans frontières. L'institution étatique, pourtant nécessaire, marque la fin de ce cosmopolitisme naturel. L'humanité se trouve divisée en entités politiques rivales ; la terre se retrouve parcourue par des frontières politiques, objets de partitions et d'appropriations exclusives. *« L'humanité, à l'âge juridico-politique, se diffracte selon des espaces qui divisent sa multiplicité en la fixant ici ou là, selon des frontières arrêtées par une prévoyance qu'on pourrait dire bornée (...) ; le cosmopolitisme naturel ou réel s'est évanoui, a disparu sous l'extra-position juridique des différences humaines devenues altérités»*[814].

Le droit cosmopolitique, sommet du droit public kantien, se donne comme une reconquête politique de ce cosmopolitisme naturel évanoui. Il affirme l'homme comme *"citoyen du monde"*. Après l'étranger, le citoyen du monde est la figure symbolique centrale de la pensée cosmopolitique kantienne qui est, comme son nom l'indique, un *Recht der Weltbürger*. A défaut de l'Etat universel, la notion de *Weltbürger* sous-entend le dépassement des frontières politiques et de la citoyenneté nationale. Elle fait éclater virtuellement les frontières politiques. La frontière cesse d'être une clôture qui délimite le sol d'un Etat et circonscrit le citoyen dans un espace politique clos ; elle devient un lieu de passage. La *Doctrine du droit* reconnaît au citoyen le droit d'émigrer. *« Le sujet*

---

813 Id., *Métaphysique des mœurs*, Pléiade, t. III, p. 626 (Ak. VI, 352).

814 Michèle COHEN-HALIMI, « Un second effort pour être cosmopolite ; note sur la "géopolitique" kantienne », in *Le Cahier Philosophique d'Afrique*, 2003, p. 92.

(même considéré comme citoyen) a le droit d'émigrer car l'Etat ne saurait le retenir comme sa propriété »[815].

Jusque-là, nous avions cru que Kant absolutisait l'Etat ; mais son cosmopolitisme s'ouvre sur un horizon supérieur à l'Etat. Le citoyen, loin de se réduire à un instrument entre les mains de l'Etat, est une fin en soi qui peut transcender la politique. Le concept de "*citoyen du monde*" présuppose en effet une sociabilité et une civilité non plus simplement nationale ou étatique mais mondiale. Kant tente d'articuler nationalisme et universalisme dans une post-nationalité qui préserve les diversités nationales. Contrairement au cosmopolitisme des Stoïciens, celui de Kant n'institue pas les hommes en concitoyens d'une unique Cité, l'Etat mondial. Il ne conçoit pas non plus la citoyenneté mondiale comme une déterritorialisation de l'homme à l'instar du cosmopolitisme revendiqué par Diogène le Cynique qui, à la question d'où es-tu ? aurait répondu : *« Je suis citoyen du monde »* [816]. Autrement dit, je suis homme et en tant que tel, étranger nulle part.

Kant attribue la citoyenneté mondiale à tout homme qui, pourtant, continue de revendiquer son appartenance exclusive à une nation au territoire circonscrit. Le citoyen kantien se révèle en fin de compte hybride, *« à la fois citoyen d'une nation et membre à part entière de la société des citoyens du monde »*[817]. En fait, Kant admire l'idéal stoïcien de citoyenneté mondiale, mais il se refuse à la transposer sur le plan juridico-politique. Il manque à son idée cosmopolitique une armature juridique conséquente. Cet au-delà du droit international n'a de caractère juridique que de nom. Le droit international et son alliance des peuples manquaient déjà de force juridique ; le droit cosmopolitique manque complètement de juridicité. En l'absence d'un Etat mondial, support juridique incontestable d'une vraie citoyenneté d'envergure mondiale, peut-on véritablement parler d'un citoyen du monde ? La citoyenneté

---

[815] KANT, *Métaphysique des mœurs*, Pléiade, t. III, p. 609 (Ak. VI, 338).

[816] Stéphane CHAUVIER a admirablement situé le cosmopolitisme kantien entre celui de Diogène et celui des stoïciens dans son œuvre *Du droit d'être étranger ; essai sur le concept kantien d'un droit cosmopolitique* (pp. 50-52). Ainsi il rapporte qu'à la question d'où es-tu ? Diogène le Cynique aurait répondu : *« je suis citoyen du monde »,* c'est-à-dire ni grec, ni athénien ; je suis homme et en tant que tel, étranger nulle part.

[817] KANT, *Réflexions sur la philosophie du droit*, n°8077 (Ak. XIX, 612).

engage une participation à la construction de l'ordre politique dont on relève, à savoir l'ordre mondial pour ce qui concerne le cosmopolitisme. Une telle citoyenneté n'est-elle pas un leurre dans le cosmopolitisme de Kant ?

On peut penser comme Stéphane Chauvier qu'il *« n'est pas nécessaire que le monde soit politiquement unifié pour que les hommes soient citoyens du monde »*[818]. Ce penseur tente effectivement de donner à ce concept kantien le contenu réel et plénier d'une citoyenneté de participation et de co-législation. Comme tout homme est citoyen d'un Etat particulier et participe à sa législation, comme son Etat contribue à l'élaboration de lois interétatiques communes, ce citoyen contribue indirectement à façonner juridiquement le monde commun dans lequel il vit. Quand on sait, comme nous l'avons vu, que l'auto-législation chez Kant relève davantage du principe que de la réalité, on incline plutôt à penser que le citoyen du monde est un *"Weltbetrachter"*[819], un spectateur du monde alors que le progrès historique commande à l'homme d'être, non le spectateur, mais l'agent libre de sa destinée. Cette réduction du citoyen du monde au spectateur n'est pas étonnante. Kant, dans sa perception de la Révolution française, n'accorde-t-il pas plus d'importance aux spectateurs qu'aux acteurs ? Le cosmopolitisme se refuse à franchir le pas d'une véritable citoyenneté mondiale ; il se contente de considérer tout homme comme citoyen d'une République universelle qui n'existe que virtuellement. Il postule l'existence d'une sociabilité mondiale sans qu'existe un Etat mondial. A défaut de se doter d'une architecture juridique institutionnelle visible, sa mondialité politique reste idéelle.

En fait, à ce niveau de sa doctrine du droit, Kant se soucie moins d'organiser institutionnellement la vie commune que de permettre à chacun de vivre pleinement son humanité. La communauté mondiale n'a pour lui de sens que si tous accèdent à la reconnaissance de leur humanité. Il tente de donner à l'idée d'humanité une teneur politique, d'en faire un concept politique. Il trouve dans ce concept la base d'une réunification des altérités

---

[818] Stéphane CHAUVIER, *Du droit d'être étranger ; essai sur le concept kantien d'un droit cosmopolitique,* 1996, p. 60.

[819] Hannah ARENDT, *Juger ; sur la philosophie politique de Kant*, p. 73.

humaines dans une mondialité politique. Il en fait la base d'identité d'une communauté des citoyens du monde. Fond unique indifférencié, le concept d'humanité sert de principe médiateur et fédérateur de la diversité humaine ; il permet d'atténuer l'altérité humaine souvent conflictuelle. Le *jus cosmopoliticum* vise la constitution d'une communauté absolument inclusive, embrassant tous les hommes sans distinction ; le critère essentiel pour intégrer cette communauté étant celui de la rationalité humaine à laquelle, Kant adjoint la rationalité politique construite[820]. Le cosmopolitisme kantien pose l'universel rationnel comme fondement de la mondialité politique. Son éthique juridique de l'hospitalité défend l'existence de droits relatifs à l'humanité toute entière et à l'humanité en chaque homme, et par le fait, des droits transcendant les frontières politiques.

Son éthique de l'hospitalité préserve cependant les différences humaines et fait place à l'altérité. Elle vise à réaliser une conjonction entre deux pôles antithétiques en tension, celui de la diversité et de l'unité. Le substantif "cosmopolitisme" traduit en lui-même cette tension et cette synthèse. Il associe les mots "cosmos" et "polis" et tend d'emblée à considérer le monde comme une cité, une polis aux dimensions du cosmos sans autres frontières que les limites du globe. En ce sens, l'humanité se présente comme une cité unique où il n'y a pas d'étrangers, mais des citoyens d'une même *polis*. Ce droit cosmopolitique pense de façon idéelle *« l'unification possible de tous les peuples »*[821] et l'homme comme un citoyen du monde. Toutefois, dans le substantif "cosmopolitisme", on trouve aussi l'adjectif « cosmopolite » qui renvoie plutôt à la diversité d'une cité non fermée sur une identité, mais ouverte à l'étrangeté, riche de la diversité des provenances. Tous sont comme étrangers les uns par rapport aux autres, mais d'une étrangeté qui n'empêche pas la cohabitation enrichissante. C'est ainsi que Kant parle d'un "*droit cosmopolitique*" qui prescrit à toute cité un devoir d'hospitalité envers l'étranger.

En somme, l'humanité est l'enjeu sous-jacent du droit cosmopolitique kantien. Cependant, faire de l'humanité un concept

---

[820] L'entrée dans le Congrès permanent des Etats est conditionnée par l'exigence de la forme républicaine.

[821] KANT, *Métaphysique des mœurs*, Pléiade, t. III, p. 626 (Ak. VI, 352).

politique pose quelques problèmes. Carl Schmitt trouve autodestructeur l'usage politique du concept d'humanité. Il conçoit l'ordre civil comme un ordre de bataille et la guerre comme le fond permanent de la politique. La fraternité universelle que le concept politique d'humanité instaure supprimerait la discrimination de l'ennemi et de l'ami sur lequel s'exerce essentiellement la politique ; elle signerait la mort même de celle-ci par une dépolitisation complète des rapports humains. Ce faisant, conclut-il, *« l'humanité n'est pas un concept politique ; aussi n'existe-t-il nulle unité ou communauté politique, nul statut qui lui corresponde »*[822]. Une politisation du concept d'humanité n'est donc pas sans risque. Elle inscrit inévitablement cet absolu universel dans les débats politiques partisans au risque de perdre son universalité. L'absolu de l'humanité court ainsi un risque d'instrumentalisation politique. Politisé, le concept d'humanité, peut servir d'instrument au service d'une certaine vision du monde et de l'homme. *« "Les droits de l'homme",* s'interroge Jürgen Habermas, *n'ont-ils pas toujours servi de bouclier à une fausse universalité – à une humanité imaginaire derrière laquelle un Occident impérialiste pouvait dissimuler sa singularité et ses intérêts particuliers ? »*[823]. Ce risque est réel ; toutefois, il ne faut pas oublier que ce qui fonde le droit cosmopolitique échappe en fait aux prises du juridique. L'humanité comme sujet du droit excède paradoxalement le droit. C'est ce qu'Agnès Lejbowicz rappelle dans son œuvre au sous-titre évocateur, *L'impossible capture de l'humanité : « L'humanité, non pas malgré mais à cause de ce système de devoirs [devoir d'hospitalité par exemple] qui l'organise, reste [Juridiquement] incapturable car il appartient au devoir d'avoir toujours à devoir-être. Par conséquent, nul n'a de droit sur l'humanité, sous quelque forme que ce soit ; tous n'ont que des devoirs envers elle. En elle-même elle n'est que droit au-delà des droits »*[824].

En effet, l'humanité comme concept juridique et politique est transfrontalière et trans-temporelle. Les droits qui lui sont relatifs

[822] Carl SCHMITT, La n*otion de politique ; théorie du partisan*, p. 99.
[823] Jürgen HABERMAS, *L'intégration républicaine ; essais de théorie politique*, p. 247.
[824] Agnès LEJBOWICZ, *Philosophie du droit international ; l'impossible capture de l'humanité*, p. 315.

ont une suprématie sur le droit politique spécifique à chaque Etat et elle perdure par-delà les individus et les Etats qui forment la communauté internationale. Ce faisant, l'Idée juridique d'humanité s'inscrit dans une conception de l'histoire comme promesse et comme projet visant à la reconnaissance juridique et le respect de la dignité humaine de tous. L'humanité comme concept politique est le symbole d'un dépassement de la politique vers l'éthique. La dignité humaine prime sur les lois au sens étroitement juridique.

S'inspirant du cosmopolitisme kantien, le processus de construction d'un monde commun à notre époque peut s'orienter vers une mondialité politique fondée sur le concept d'humanité et vers un dépassement de la politique vers l'éthique dans un cosmopolitisme des droits de l'homme.

B. LE COSMOPOLITISME DES DROITS DE L'HOMME

Les droits de l'homme, intimement liés au concept d'humanité, pourraient constituer à notre époque le socle éthico-juridique et le support axiologique d'un monde commun. Dans cette perspective, le droit cosmopolitique kantien peut jouer un rôle décisif. Il accorde une importance essentielle aux droits de l'homme. La *Doctrine de la vertu « commande de tenir pour sacré le droit des hommes »*[825]. La *Religion* le considère même comme *« ce qui est le plus sacré au monde »*[826]. On retrouve la même affirmation dans les *Réflexions* : *« Il n'y a de sacré dans le monde que les droits de l'humanité dans notre personne et le droit des hommes »*[827]. Cette sacralisation des droits de l'homme les place au-dessus des autres idéaux puisque selon Kant, *« les droits de l'homme importent davantage que l'ordre et la paix »*[828]. Kant sous-entend ainsi que l'Etat et son ordre ne sont pas des fins en soi, pas plus que le cosmopolitisme et sa promesse de paix perpétuelle ne seraient des idéaux politiques en soi. Ils poursuivraient au-delà d'eux-mêmes une fin qui les transcende : le respect de la dignité incalculable de

---

[825] KANT, *Métaphysique des mœurs*, Pléiade, t. III, p. 676 (Ak. VI, 394).
[826] Id., *La Religion dans les limites de la simple raison*, Pléiade, t. III, p. 190 (Ak. VI, 159).
[827] Id., *Réflexions sur la philosophie morale*, n° 7308, Ak. XIX, 308.
[828] Id., *Réflexions sur l'anthropologie*, n° 1404, Ak. XV, 612.

la personne humaine à l'échelle de tous les Etats et de la planète ; ce qui requiert que l'ordre étatique et la paix cosmopolitique soient subordonnés à cet idéal. En subordonnant ainsi l'ordre et la paix aux droits de l'homme, Kant affirme la suprématie de ceux-ci sur le droit positif. *« Le droit naturel dans l'état de constitution civile (c'est-à-dire, le droit qui, en ce qui touche cette dernière, peut être dérivé de principes a priori) ne peut souffrir aucune atteinte de la part des lois statuaires de cette constitution »*[829].

Au-delà de la simple soumission du droit positif et de l'obligation de *« respecter saintement les droits de l'homme, dussent les souverains faire les plus grands sacrifices»*[830], Kant en arrive à considérer le droit naturel (d*as Naturrecht*[831]) dont relève les droits de l'homme, comme la base normative de tout droit positif. Le droit naturel sert de principe transcendantal pour toute institution politique légitime, de référence métahistorique au droit positif. *« L'idée d'une constitution s'accordant avec le droit naturel des hommes est la base de toutes les formes d'Etat »*[832]. Fondé en raison et sur la nature humaine et non sur la volonté d'un quelconque législateur, le droit naturel est l'indice d'une dimension métajuridique du droit.

En somme, Kant, bien qu'attaché au principe de la souveraineté étatique envisage bien une supranationalité. Le concept d'humanité et les notions de "droits naturels" ou de "droits de l'homme" permettent d'organiser l'*inter-esse* du monde, l'être-ensemble de la diversité politique sous la forme d'un espace mondial d'intersubjectivité. Cette supranationalité ne vise pas à soumettre la totalité du monde à un unique pouvoir central qui est la tentation de l'Etat mondial. Elle prend la forme d'une convergence de la diversité des Etats autour d'un même idéal éthico-politique : le respect de la dignité humaine au double niveau intra-étatique et international. La mondialité politique revêt ici la forme d'une

---

829 Id., *Métaphysique des mœurs*, Pléiade, t. III, pp. 508-509 (Ak. VI, 256).

830 Id., *Projet de paix perpétuelle,* Pléiade, t. III, p. 376 (Ak. VIII, 380).

831 Une précision terminologique s'impose ici. La notion de "droit naturel" recouvre à la fois le droit de la nature (*das natürlichen Recht*) qui définit le droit de l'homme naturel ou à l'état de nature, et le droit naturel (*das Naturrecht*) qui transcende le droit positif et permet de le juger [KANT, *Réflexions sur la philosophie morale*, n° 7084, (Ak. XIX, 245)].

832 KANT, *Le Conflit des facultés*, Pléiade, t. III, p. 902 (Ak. VII, 90).

communauté du *sensus communis* bâtie sur un consensus autour de valeurs communes. C'est une alliance au-delà de la politique. Elle puise son unité au sein de cette matrice politique et éthique que sont les droits de l'homme qui servent de cadre normatif commun et de référence à tous les Etats. Cette communauté n'incarne pas encore, à proprement parler, le règne des fins ou la communauté éthique universelle, mais elle en est comme l'ébauche, l'annonce sur le terrain politique.

A la suite de Kant, une version contemporaine du cosmopolitisme peut prendre la forme d'une universalité politique transcendant les frontières politiques, parce qu'elle serait fondée sur l'universalité des droits de l'homme. Ceux-ci définissent en effet des droits valables pour tout homme du simple fait de son humanité, indépendamment de son sexe, de sa religion, de son appartenance politique... Mais, comme le concept d'humanité auquel ils se rattachent, la mise en œuvre politique des droits de l'homme ne va pas de soi. Les droits de l'homme sont-ils une politique et ont-ils une signification politique ?[833] Comme droits naturels, ils préexistent à toute législation positive ; ils transcendent la législation étatique et lui servent de principes normatifs. Peut-on alors les transformer en normes juridiques alors qu'ils se situent à la fois en deçà et au au-delà de toute législation juridique ? Par ailleurs, on peut les considérer comme des droits individuels, chacun revendiquant pour soi le respect de la propriété, de l'égalité, de la liberté et de sa dignité. Tel est le point de vue marxiste : *« Ce qu'on appelle les "droits de l'homme", distingués des droits du citoyen, ne sont autres que les droits de la société civile, c'est-à-dire de l'homme égoïste, de l'homme séparé de l'homme et de la communauté »*[834]. La revendication des droits de l'homme tend donc à la dislocation de la communauté politique, à une atomisation des individus. Réduits ainsi aux seuls droits de l'individu égoïste, ils ne sont pas politiques. Mais Marx, comme le montre Lefort, n'a pas perçu que ces droits relatifs à l'individu s'inscrivent dans un rapport à autrui ; la liberté d'opinion par

---

[833] Ainsi s'interroge Claude Lefort (*L'invention démocratique ; les limites de la domination totalitaire*, p. 45).

[834] Karl MARX, *A propos de la question juive*, in *Philosophie*, Paris, Gallimard, 1982, p. 71.

exemple est une liberté de rapport, un droit pour l'individu de sortir de lui-même et de se lier aux autres par la parole et la pensée.

Si l'on admet, à l'encontre de la vision marxiste, leur caractère politique, leur effectivité juridique pose toutefois problème. En l'absence d'un Etat universel, le cosmopolitisme des droits de l'homme ne serait-il pas une simple vue de l'esprit, une pure abstraction ? La coercition externe définit le droit qui s'entend comme *« une contrainte (physique ou psychique) grâce à l'activité d'une instance humaine spécialement instituée à cet effet, qui force au respect de l'ordre et châtie la violation »*[835]. Cette instance de coercition fait défaut au cosmopolitisme des droits de l'homme. On peut alors légitimement se demander avec Agnès Lejbowicz si *« un droit dépourvu de la force nécessaire à la sanction pour rendre ses règles effectives peut encore se définir comme droit ? »*[836] Le cosmopolitisme des droits de l'homme semble relever davantage de la convention que du droit en stricte rigueur de termes.

Or, pour nombre de penseurs, l'efficacité d'une politique des droits de l'homme requiert une intégration politique mondiale, voire l'établissement d'une souveraineté mondiale capable non seulement de condamner toute violation de droits de l'homme mais aussi de coercition. Selon Jürgen Habermas, l'horizon d'expérience de son époque avait conduit Kant à tenir pour indépassable la souveraineté étatique et à prôner son maintien dans le droit cosmopolitique. Il s'agit maintenant de passer à *"une nouvelle constellation politique"*[837] au-delà de la diversité des Etats-nations. Dépassant alors l'idée kantienne de *Völkerbund*, Jürgen Habermas prône l'établissement d'une démocratie mondiale cosmopolitique[838]. Celle-ci passe par une réforme de l'ONU, qui transforme son Assemblée Générale en Parlement mondial et la dote d'une force coercitive capable d'imposer le respect des droits de l'homme.

---

835 Max WEBER, *Economie et société*, p. 33.

836 Agnès LEJBOWICZ, *Philosophie du droit international ; l'impossible capture de l'humanité*, p. 16.

837 D'où le titre de son ouvrage *Après l'Etat-nation, une nouvelle constellation politique* (Fayard, 2000).

838 Jürgen HABERMAS, *La paix perpétuelle ; le bicentenaire d'une idée kantienne*, p. 49.

Cette solution institutionnelle de Habermas excède manifestement la rationalité juridique de Kant qui s'est refusé à fonder juridiquement l'alliance pour la paix perpétuelle et son cosmopolitisme des droits de l'homme. Le point de vue de Jürgen Habermas sous-estime cependant le refus des Etats d'abdiquer leur souveraineté. La souveraineté définit le monopole de tout droit, s'approprie le droit de faire le droit, s'affirme même quelquefois comme droit à l'exception, droit même de suspendre le droit : le souverain kantien, rappelons-le, est un *ex lex*. En face de cette souveraineté étatique au pouvoir exclusif, le cosmopolitisme des droits de l'homme, tel que Jürgen Habermas l'envisage, pose l'homme comme souverain. La perspective habermassienne d'une démocratie cosmopolitique aboutit à la confrontation de deux absolus inconditionnels. Dans cette confrontation, l'inconditionnalité de la première ne peut que prendre le pas sur celle des droits de l'homme, car il appartient à la souveraineté d'être absolue et de régner sans partage. Or, une politique basée sur les droits de l'homme vise au contraire à placer la dignité humaine au-dessus du droit positif des Etats.

De plus, malgré leur codification juridique, il est de la nature des droits de l'homme d'être davantage – du fait de leur enracinement dans le droit naturel - une exigence d'ordre moral qui ne s'impose pas par la force comme l'attend Jürgen Habermas de la réforme de l'ONU. Kant ne fait-il pas reposer l'alliance pour la paix perpétuelle uniquement sur la bonne volonté des Etats associés ? Sa communauté des citoyens du monde n'a pas un fondement politique comparable au contrat politique originaire qui fonde la souveraineté étatique. Le respect de la dignité humaine s'impose à nous comme une obligation morale. Or, il est de la nature des obligations morales d'être *« des lois qui ne contraignent pas »*[839] à la manière des lois juridiques ; *« les devoirs éthiques enveloppent une coercition qui ne peut que relever d'une législation interne »*[840]. De ce fait, le cosmopolitisme des droits de l'homme fonde une obligation d'ordre moral partagée par tous les Etats. Il n'institue pas une véritable République des citoyens du

839 KANT, *La Religion dans les limites de la simple raison*, Pléiade, t. III, p. 115 (Ak. VI, 95).

840, Id., *Métaphysique des mœurs*, Pléiade, t. III, p. 676 (Ak. VI, 394).

monde mais une République d'Etats rationnels. Ce cosmopolitisme des droits de l'homme consiste à faire de la dignité de la personne humaine, la référence ultime de la praxis politique. Ce qui n'est chez Kant qu'une ébauche mérite d'être prolongé aujourd'hui.

Son éthique juridique de l'hospitalité connaît par exemple quelques restrictions dont on pourrait envisager le dépassement à notre époque. En énonçant que le droit cosmopolitique s'arrête aux conditions de l'hospitalité universelle, Kant assigne une limite au droit international : la souveraineté de chaque Etat. De plus, Kant définissait l'hospitalité uniquement comme un droit : l'idée cosmopolite *« n'est pas quelque chose de philanthropique (éthique) mais c'est un principe juridique »*[841]. Il la fait dépendre de la souveraineté étatique et de la loi positive. A cette restriction juridique s'ajoute une autre limite : l'hospitalité se restreint uniquement à un droit de visite. L'étranger ne peut prétendre au droit *« à s'implanter sur le sol d'un autre peuple que sous réserve d'un contrat particulier »*[842]. Pour Jacques Derrida, cette inscription kantienne de l'hospitalité dans le droit la détruit, la souveraineté ne pouvant s'exercer qu'en excluant. *« Le penseur du droit cosmopolitique à l'hospitalité universelle, l'auteur du Troisième article en vue de la paix perpétuelle, est aussi, celui qui détruit à sa racine la possibilité même de ce qu'il pose et détermine ainsi. Et cela tient à la juridicité de ce discours, à l'inscription dans un droit de ce principe d'hospitalité »*[843].

L'hospitalité kantienne, loin de revêtir la forme d'un devoir moral inconditionnel, est conditionnée par la forme de la légalité. Or, l'inconditionnalité définit fondamentalement l'hospitalité. Elle est devoir d'accueil de l'étranger, non en fonction de sa provenance politique, mais au nom de la communauté du sol et surtout du partage de la même humanité, de la même dignité incalculable. Kant soumet l'inconditionnalité de l'hospitalité à des conditions juridico-politiques. On offre l'hospitalité à condition que l'autre se soumette à des règles et réponde à des critères juridiques fixés. On l'accepte sur un territoire donné, non à cause de sa dignité humaine, mais pour ce qu'il peut apporter. Tel est le

---

841 *Ibid.*, p. 626 (Ak. VI, 352).

842 *Ibid.*, pp. 626-627 (Ak. VI, 353).

843 Jacques DERRIDA, *De l'hospitalité*, p. 65.

danger qui guette ce cosmopolitisme restreint à une politique de l'hospitalité, à une hospitalité juridiquement contrôlée. La version contemporaine du cosmopolitisme devrait dépasser cette hospitalité conditionnée pour une hospitalité inconditionnelle qui transcenderait véritablement le droit. *« La loi de l'hospitalité absolue commande de rompre avec l'hospitalité de droit »*[844].

La notion même de "droits de l'homme" renvoie en quelque sorte à une extériorité de la politique. Le concept de droit y perd son ancrage juridique ; il s'enracine solidement dans la nature humaine et échappe ainsi à la contingence des régimes et des systèmes de gouvernement. En leur contenu essentiel, ces droits constituent des normes pour toute législation positive. *« La notion de droit de l'homme* selon Claude Lefort, *fait signe en direction désormais d'un foyer immaîtrisable ; le droit en vient à figurer vis-à-vis du pouvoir, une extériorité ineffaçable »*[845]. Ils incarnent des droits qui ne doivent souffrir aucune atteinte de la part des lois civiles. Leur extériorité traduit, en fait, leur suprématie sur le droit politique. Ils expriment un idéal qui transcende et oriente la politique. Conformément à cette hiérarchie, la conditionnalité du droit doit céder le pas à l'inconditionnalité de la dignité humaine et la politique de l'hospitalité doit faire place à une véritable éthique de l'hospitalité. Jacques Derrida définit celle-ci comme *"l'exposition sans limites à la venue de l'autre"*[846], l'ouverture au tout autre. C'est au prix finalement de l'acceptation de l'irréductible étrangeté des individualités qu'un monde commun est possible et qu'une véritable citoyenneté mondiale peut naître.

En définitive, l'universalité politique entendue comme cosmopolitisme des droits de l'homme se donne comme un dépassement de la politique vers l'horizon éthique, conformément à la philosophie éthico-politique kantienne. Celle-ci établit un rapport de subordination de la politique à la morale : *« La vraie politique ne saurait faire un pas, sans avoir auparavant rendu hommage à la morale ; unie à celle-ci, elle n'est plus un art difficile ni compliqué (...). La politique doit plier le genou devant*

---

[844] *Ibid.*, p. 29.

[845] Claude LEFORT, *L'invention démocratique ; les limites de la domination totalitaire*, p. 64.

[846] Jacques DERRIDA, *Voyous ; deux essais sur la raison*, p. 205.

la morale»[847]. Autrement dit, la pratique politique doit se plier en dernier ressort aux principes moraux. La totalité cosmopolitique doit, s'accomplir dans la communauté éthique universelle. De ce fait, le cosmopolitisme des droits de l'homme est un projet de réalisation de la suprématie de l'éthique sur la politique ou d'accomplissement de la politique dans l'éthique.

Cette suprématie de l'éthique sur la politique aurait de profondes implications sur le droit international. Si, selon Kant, la souveraineté des Etats n'a rien à craindre d'une communauté juridique internationale, elle a fort à craindre d'une communauté éthique mondiale régie par les droits de l'homme. Kant, au nom de la sauvegarde de la souveraineté étatique, proscrivait le droit d'ingérence, en stipulant que : *« aucun Etat ne doit s'ingérer de force dans la constitution, ni dans le gouvernement d'un autre Etat »*[848]. Même dans la Ligue des Etats, *« les Etats s'engagent à ne pas s'immiscer dans leurs discussions intestines respectives »*[849]. Or, la défense de la dignité humaine légitime d'une certaine manière l'ingérence. La protection de la personne humaine comme fin en soi exige de faire exceptionnellement entorse à l'inviolabilité de la souveraineté étatique, base du droit international. Sa transcendance en appelle à des juridictions aux compétences universelles, capables de défendre la personne humaine, au besoin contre son propre Etat, ou de soustraire des individus à la juridiction de leurs Etats en cas de crime contre l'humanité. Tout ceci contribue à l'émergence de la figure du citoyen du monde. La mise en place difficile d'une justice internationale à la compétence universelle contribue à mettre en place progressivement le statut de ce citoyen du monde[850].

Bien entendu, l'impartialité de cette justice internationale en germe reste à établir. De même, le droit d'ingérence peut être la porte ouverte à des dérives impérialistes, sous le couvert des droits de l'homme. On ne peut éviter ce risque que par un droit

---

847 *Ibid.*, p. 375 (Ak. VIII, 379).

848 KANT, *Projet de paix perpétuelle,* Pléiade, t. III, p. 337 (Ak. VIII, 346).

849 Id., *Métaphysique des mœurs*, Pléiade, t. III, p. 616 (Ak. VI, 344).

850 Le traité de Rome (17 juillet 1998) a institué la Cour Pénale Internationale, la première juridiction pénale internationale permanente, mais bien d'Etats traînent à le signer ou à le ratifier ; au 1er avril 2009, seuls 108 Etats l'avaient ratifié.

d'ingérence ou une justice indépendante, libérée de la tutelle d'un Etat particulier. Dans la situation actuelle, comme le notait déjà Max Scheler, sans une force militaire propre, les Nations Unies, en empruntant les armées des grandes puissances restent l'instrument de leur politique[851]. Seule une décision d'ingérence communautairement discutée, c'est-à-dire démocratiquement délibérée, peut prétendre à la légitimité. Le cadre d'exercice de cette délibération et de cette décision peut être, à défaut de l'Etat fédéral mondial, une sorte de République mondiale des Etats sans souveraineté. Elle consisterait à faire entrer les rapports entre les Etats, dans une sorte de communauté métapolitique visant à la défense de la dignité de la personne humaine. En cet idéal réside la promesse de restauration d'un monde commun. Ce serait le signe d'un véritable sens commun. Mais cette démocratie mondiale sans Etat mondial ne serait-elle pas un idéal hors d'atteinte ?

La confrontation de l'idéal historique kantien à l'historicité et à la modernité que nous avons tentée s'avère éclairante. Elle nous a permis de tracer quelques pistes sous forme d'hypothèses. Au temps de Kant, l'*Abgrund* de la Révolution ne l'a pas empêché de percevoir cet événement historique comme porteur d'un progrès irréversible du droit et d'affirmer que son idéal historique, loin d'être une utopie, est susceptible de s'incarner dans le réel. Même la Terreur et le régicide ne l'ont pas détourné de sa foi en un progrès historique qui saurait surmonter l'impasse de l'histoire. De même, à notre époque, les expériences les plus tragiques du politique recèlent certains indices d'une communauté éthique possible.

[851] Max SCHELER, *L'idée de paix et le pacifisme*, p. 118.

CONCLUSION

C'est sur l'Idée de liberté que se constitue la majeure partie de la philosophie de Kant. Cette Idée de liberté s'enracine dans sa philosophie transcendantale et constitue le noyau central de sa philosophie éthique, historique et politique. Sa pensée historico-politique conçoit la trame du devenir historique du genre humain comme un processus d'incarnation de l'Idée de liberté dans le monde. Kant présente donc l'histoire humaine comme un processus de réalisation d'un absolu, l'Idée de liberté. Cet absolu se scinde en une multiplicité de pseudo-absolus à atteindre : la Constitution civile parfaite - symbole de la chose en soi[852]-, la paix perpétuelle, la communauté cosmopolitique, le règne des fins, la communauté éthique universelle. La rationalité kantienne de l'histoire ouvre au genre humain un avenir en apercevant, derrière le désordre de l'expérience humaine, un horizon de sens.

L'examen de ce processus d'inscription de la liberté dans le cours du monde découvre la dimension tragique de la liberté humaine. Loin de se réduire uniquement à la bonne volonté et à l'autonomie, elle se révèle capable de se nier elle-même dans le choix de la maxime contraire à la loi du devoir ; la liberté kantienne est aussi mauvaise volonté, hétéronomie et liberté pour le mal. Le mal radical, choix délibéré de l'homme, traduit une altérité inhérente à la liberté elle-même ; il n'est rien d'autre que l'autre versant d'une liberté choisissant l'aliénation. Il *« provient de la liberté »*[853]. La liberté de l'être raisonnable fini apparaît comme une promesse capable de remettre en cause ce qu'elle promet. Le "commencement spontané" n'engendre pas toujours "un miracle de l'être" ; il peut se réduire à un jaillissement spontané du néant.

Cette négation de la liberté par elle-même rend problématique la destination historique de l'Idée de liberté. *« Comment est-il possible qu'un homme par nature mauvais fasse de lui-même un homme bon ; c'est ce qui dépasse tous nos concepts ; en effet,*

[852] KANT, *Métaphysique des mœurs,* Pléiade, t. III, p. 649 (Ak. VI, 371).
[853] Id., *La Religion dans les limites de la simple raison*, Pléiade, t. III, p. 61 (Ak. VI, 45).

comment un arbre mauvais peut-il porter de bons fruits ? »[854] Pour Kant, le salut de l'homme et de sa destination morale ne peuvent venir d'ailleurs, mais de la puissance de commencement de la liberté elle-même. *« Nonobstant cette chute, le commandement "nous devons devenir des hommes meilleurs – ce commandement résonne en notre âme sans avoir perdu de son intensité »*[855]. L'impératif de devenir meilleur subsiste même dans la chute et laisse ouverte la possibilité d'un nouveau départ, d'un commencement fondé sur ce qui a conduit la destination morale dans l'impasse, à savoir la liberté humaine. Faculté de l'homme de commencer spontanément une série d'événements dans le monde, la liberté contient toujours la promesse d'un nouveau commencement, d'une sortie du mal radical. L'être libre reste toujours capable de se ressaisir, de retrouver la voie du bien. Du fait de la capacité de la liberté humaine à initier une série d'événements dans le temps, il y a de la place, même dans un présent irrationnel, pour l'irruption de l'événement, pour un recommencement orienté vers le bien. Ce commencement peut certes se réduire à une répétition de l'horreur ; cela n'empêche pas que le présent demeure fondamentalement disponible, aussi bien ouvert à la catastrophe qu'au "miracle de l'être" selon l'expression de Hannah Arendt.

Le mal radical, loin donc de condamner définitivement le processus historique à l'impasse et l'homme au désespoir, l'incite à l'espérance. *« Le vrai et le bien que tout homme en vertu de ses dispositions naturelles peut saisir par l'intelligence aussi bien que par le cœur, ne manquent pas, dès lors qu'ils sont devenus publics, de se communiquer universellement, grâce à l'affinité naturelle qui est la leur avec la disposition morale des êtres raisonnables. Les obstacles suscités par les causes politiques et sociales qui peuvent s'opposer de temps à autre à leur diffusion, servent plutôt à rendre encore plus intime l'association des âmes pour le bien (qui dès lors qu'il a été saisi dans leur regard, n'abandonne plus leur pensée). Voilà donc le travail (invisible pour l'œil humain) mais continûment en marche du bon principe, afin d'édifier dans le genre humain, en tant que communauté soumise aux lois de la*

---

[854] *Ibid.*, p. 61 (Ak. VI, 45).
[855] *Ibid.*, p. 61 (Ak. VI, 45).

vertu, une puissance et un royaume qui affirment la victoire sur le mal ».[856]

Autrement dit, en dépit du mal radical persistant, l'histoire humaine implique une tension vers le bien. Les obstacles à la destination morale de l'homme mettent celui-ci sur la voie d'un progrès indéfini vers un terme jamais définitivement atteint. La fin du processus historique kantien serait un idéal dont on s'approche à l'infini. Telle est la théorie kantienne de la liberté, à la fois tragique et chargée d'espérance.

Cet idéalisme historique avait besoin de se confronter à l'expérience humaine pour juger de sa valeur. Sa confrontation à l'historicité se noue autour de l'événement de la Révolution française, mais paradoxalement, sous la forme d'une antinomie. Kant admire la Révolution et salue en elle l'avènement du droit et un pas déterminant vers la constitution républicaine et sa promesse de paix interétatique. La Révolution est un exemple majeur de l'irruption de l'Idée de liberté dans le cours historique. En même temps, il n'approuve aucun mouvement révolutionnaire et il condamne toujours le fait révolutionnaire que rien ne peut justifier. Il désapprouve la Terreur et le régicide dans la Révolution française. Cette ambivalence du jugement de Kant sur la Révolution s'enracine dans le principe qui sous-tend l'histoire humaine selon Kant, la liberté humaine qui suppose une proximité du meilleur et du pire.

Nous y avons décelé une clef pour la compréhension de notre époque. Que l'histoire humaine cède, de multiples manières, à l'Extrême tiendrait en partie à ce versant irrationnel de la liberté humaine. Notre modernité donne l'image d'une époque en crise. Dans cette crise, qu'est-ce qui peut encore faire sens, indiquer la direction de la destination morale du genre humain ? Notre modernité et avec elle le processus historique, s'achèveraient-ils dans l'impasse d'un mal extrême ? Les manifestations les plus extrêmes du mal inclinent au désespoir. Contre cette tendance au désespoir certes légitime, nous sommes enclins à partager la thèse habermassienne d'une modernité inachevée. La modernité constituerait un projet inachevé, une attente insatisfaite qui

[856] *Ibid.*, pp. 150-151 (Ak. VI, 123).

maintient l'espoir d'un progrès vers le bien, offre la possibilité de sa reconstruction. Bien loin d'épuiser tout le sens des temps modernes, l'expérience tragique du politique en notre temps manifeste plutôt que *« nous ne sommes pas encore suffisamment "modernes", si du moins la modernité est autre chose que l'âge de l'atroce et de l'absurde »*[857]. La modernité reste un projet inachevé qui n'a pas encore révélé toute sa signification. Nous sommes loin d'avoir réalisé les promesses des Lumières. Nous ne sommes pas encore suffisamment majeurs. Le monde des Lumières reste donc à venir, sous la forme d'un cosmopolitisme des droits de l'homme. Ainsi, la capacité de l'homme de se ressaisir fonde l'espoir d'une autre modernité. Si l'on est convaincu que l'Extrême n'a pas définitivement anéanti en l'homme le germe du bien, on peut tenter une reconstruction philosophique de la modernité. L'espoir de restauration d'un monde sensé et d'un monde commun repose sur l'hypothèse d'un "germe", d'une part de bien resté intact en l'homme mauvais et de la persistance d'un sens commun, si précaire soit-il, dans les désastres de notre époque. Cet espoir renvoie à la dynamique d'espérance dans laquelle Kant inscrit sa philosophie de la liberté. L'espérance kantienne se fonde sur une disposition originaire au bien qui persiste et survit aux ravages des forces du mal à l'œuvre dans l'histoire. Le *Projet de paix perpétuelle* l'affirme : *« La Providence, qui règle le cours du monde, est justifiée suffisamment par le maintien du principe moral qui ne s'éteint jamais dans l'homme »*[858].

---

[857] Marc RICHIR, *Du sublime en politique*, p. 481.
[858] KANT, *Projet de paix perpétuelle*, Pléiade, t. III, p. 376 (Ak. VIII, 380).

BIBLIOGRAPHIE

I. LES OEUVRES DE KANT

1. KANT (E.), Œuvres *philosophiques*, t. I, Paris, Gallimard, Coll. « Bibliothèque de la Pléiade », dir. de F. Alquié, 1980.
2. KANT (E.), Œuvres *philosophiques*, t. II, Paris, Gallimard, Coll. « Bibliothèque de la Pléiade », dir. de F. Alquié, 1985.
3. KANT (E.), Œuvres *philosophiques*, t. III, Paris, Gallimard, Coll. « Bibliothèque de la Pléiade », dir. de F. Alquié, 1986.
4. KANT, *Opuscules sur l'histoire,* Trad. de S. Piobetta, GF-Flammarion, Paris, 1990.
5. KANT, *œuvres inédites :*
   - *Réflexions sur l'anthropologie* (AK XV), Trad. de M. Castillo, in *Kant, l'avenir de la culture*, Paris, PUF, 1990.
   - *Réflexions sur la philosophie morale et la philosophie du droit* (Ak., XIX).
   - *Réflexions*, in *Théorie et pratique*, Trad. F. Proust, GF-Flammarion, 1994.
   - *Lettre sur la morale et la religion,* Trad. de J.L. Bruch, Paris, Aubier Montaigne, 1969.
   - *Opus postumum,* Trad. de F. Marty, Paris, PUF, 1986.
   - *Lose Blätter aus Kants Nachlass*
   - *Briefwechsel* (Ak. XI).

II. LES OUVRAGES SUR KANT

1. ALQUIE (F.), *Leçon sur Kant : la morale kantienne*, Paris, La table ronde, 2005.
2. ARENDT (H.), *Juger ; sur la philosophie politique de Kant*, Trad. de M. Revault D'allonnes, Paris, Seuil, 1991.
3. AVIAU DE TERNAY (H. d'), *La liberté kantienne, un impératif d'exode*, Paris, Cerf, 1992.
4. " ", *Un impératif de communication ; une relecture de la philosophie du droit de Kant à partir de la troisième critique*, Paris, Cerf, 2005.
5. " ", *Traces bibliques dans la loi morale chez Kant*, Paris, Beauchesne, 1986.

6. " ", *Une approche herméneutique de la problématique de la liberté dans les trois Critiques de Kant*, Thèse de doctorat, dir. de L. Braun, juin 1978.
7. BANHAM (G.), *Kant's practical philosophy from critique to doctrine*, Manchester, Palgrave Macmillan, 2003.
8. BARTHELEMY-MADAULE (M.), *Bergson, adversaire de Kant*, Paris, PUF, 1966.
9. BECK (L.), *A commentary on Kant's Critique of practical reason*, Chicago Press, 1960.
10. BEINER (R.) & BOOTH (W.J.), *Kant and political philosophy: the contemporary legacy*, London, Yale University Press, 2000.
11. BENNINGTON (G.), *Frontières kantiennes*, Paris, Galilée, 2000.
12. BOURGEOIS (B.), *Philosophie et droits de l'homme de Kant à Marx*, Paris, PUF, 1990.
13. BOUTROUX (E.), *La philosophie de Kant*, Paris, Vrin, 1968.
14. BOYER (A.), *Hors du temps ; un essai sur Kant*, Vrin, Paris, 2001.
15. BRUCH (J.-L.), *La philosophie religieuse de Kant*, Paris, Aubier Montaigne, 1968.
16. CARNOIS (B.), *La cohérence de la doctrine kantienne de la liberté*, Paris, Seuil, 1976.
17. CASSIRER (E.), *Rousseau, Kant, Goethe ; deux essais,* Trad. de J. Lacoste, Paris, Belin, 1991.
18. CASSIRER (E.), HEIDEGGER (M.), *Débat sur le kantisme et la philosophie,* Trad. de P. Aubenque, J.M. Fataud, P. Quillet, Paris, Beauchesne, 1929.
19. CASTILLO (M.), *Kant et l'avenir de la culture*, Paris, PUF, 1990.
20. " ", *Kant ; l'invention critique,* Paris, Vrin, 1997.
21. " ", *Emmanuel Kant, histoire et politique*, Paris, Vrin, 1999.
22. " ", *La responsabilité des modernes ; essai sur l'universalisme kantien*, Paris, Edition Kimé, 2007.
23. CAVALLAR (G.), *Kant and the theory and practice of international right*, Cardiff, University of Wales Press, 1999.
24. CHALIER (C.), *Pour une morale au-delà du savoir; Kant et Levinas*, Paris, Albin Michel, 1998.

25. CHAUVIER (S.), *Du droit d'être étranger ; Essai sur le concept kantien d'un droit cosmopolitique*, Paris, L'Harmattan, 1996.
26. COHEN-HALIMI (M.), *Entendre raison; essai sur la philosophie pratique de Kant*, Paris, Vrin, 2004.
27. COHEN (H.), *Kants Begründung der Ethik*, Berlin, Bruno Cassirer, 1910.
28. COVELL (C.), *Kant and the law of peace: a study in the philosophy: a study in the philosophy of international law and international relations*, New York, Macmillan Press, 1998.
29. DELBOS (V.), *La philosophie pratique de Kant*, Paris, PUF, 1969.
30. " ", *De Kant aux post-kantiens*, Paris, Aubier, 1992.
31. DELEUZE (G.), *La philosophie critique de Kant*, Paris, PUF, 1963.
32. DUPOND (P.), *Raison et temporalité : le dialogue de Heidegger avec Kant*, Bruxelles, Ousia, 1996.
33. EISLER (R.), *Kant-Lexikon*, Trad. du Centre national du livre, Paris, Gallimard, 1994.
34. FERRY (J.-M.), *La question de l'histoire : Nature, Liberté, Esprit ; les paradigmes métaphysiques de l'histoire chez Kant, Fichte, Hegel entre 1784 et 1806*, Bruxelles, Edition de l'Université de Bruxelles, 2002.
35. FERRY (L.), *Philosophie politique*, T.1 & 2, Paris, PUF, 1984.
36. GOLDMANN (L.), *La communauté humaine et l'univers chez Kant*, Paris, PUF, 1948.
37. GOULYGA (A.), *Emmanuel Kant, une vie,* Trad. de J.-M. Vaysse, Paris, Aubier, 1985.
38. GOYARD-FABRE (S.), *Kant et le problème du droit*, Paris, Vrin, 1975.
39. " , La *philosophie du droit de Kant*, Paris, Vrin, 1996.
40. GUYER (P.), *Kant's system of nature and freedom; selected essays*, New York, Oxford University Press, 2005.
41. " ", *Kant on freedom; law and happiness*, Cambridge, Cambridge University Press, 2000.
42. HABERMAS (J.), *La paix perpétuelle ; le bicentenaire d'une idée kantienne*, Trad. de R. Rochlitz, Paris, Cerf, 1996.
43. HERDER, *Idée pour la philosophie de l'histoire de l'humanité*, Trad. de M. Rouché, Paris, Aubier, 1962.

44. HÖFFE (O.), *Introduction à la philosophie pratique de Kant ; la morale, le droit et la religion*, Trad. de F. Ruegg & S. Gillioz, Paris, Vrin, 1993.
45. " ", *Kant's cosmopolitan theory of law and peace*, Translate by Alexandra Newton, Cambridge, Cambridge University Press, 2006.
46. KRÜGER (G), *Critique et morale chez Kant*, Trad. de M. Régnier, Paris, Beauchesne, 1961.
47. KRYGER (E.), *La notion de liberté chez Rousseau et ses répercussions sur Kant*, Paris, Librairie A.G. Nizet, 1978.
48. LACROIX (J.), *Kant et le kantisme*, Paris, PUF, 1966.
49. LOSURDO (D.), *Autocensure et compromis dans la pensée politique de Kant*, Trad. de J.-M. Buée, Lille, Presse Universitaire de Lille, 1993.
50. LYOTARD (J.-F.), *L'enthousiasme ; la critique kantienne de l'histoire*, Paris, Galilée, 1986.
51. MARTY (F.), *L'homme habitant du monde. à l'horizon de la pensée critique de Kant*, Paris, Honoré Champion éditeur, 2004.
52. " ", *La naissance de la métaphysique chez Kant ; une étude sur la notion kantienne d'analogie*, Paris, Beauchesne, 1981.
53. MUGLIONI (J.-M.), *La philosophie de l'histoire de Kant ; qu'est-ce l'homme ?*, PUF, Paris, 1993.
54. NANCY (J.L.), *L'impératif catégorique*, Paris, Flammarion, 1983.
55. " , *La faculté de juger ; Dies irae*, Paris, Minuit, 1985.
56. ONFRAY (M.), *Le songe d'Eichmann*, précédé de *Un kantien chez les nazis*, Paris, Galilée, 2008.
57. PHILONENKO (A.), *Théorie et praxis dans la pensée morale et politique de Kant et de Fichte en 1793*, Paris, Vrin, 1968.
58. " ", *Etudes kantiennes*, Paris, Vrin, 1982.
59. " ", *La théorie kantienne de l'histoire*, Paris, Vrin, 1986.
60. " ", *L'œuvre de Kant : la philosophie critique*, T.2 : *Morale et politique*, Paris, Vrin, 1993.
61. " ", *Métaphysique et politique chez Kant et Fichte*, Paris, Vrin, 1997.
62. PROUST (F.), *Kant, le ton de l'histoire*, Paris, Editions Payot, 1991.

63. PUECH (M.), *Kant et la causalité*, Paris, Vrin, 1990.
64. RAULET (G.), *Kant, histoire et citoyenneté*, Paris, PUF, 1996.
65. REBOUL (O.), *Kant et le problème du mal*, Montréal, Presse de l'Université de Montréal, 1971.
66. RENAUT (A.), *Kant aujourd'hui*, Paris, Aubier, 1997.
67. RIVELAYGUE (J.), *Leçons de métaphysique allemande*, T. 2 : *Kant, Heidegger, Habermas*, Paris, Grasset, 1992.
68. ROGOZINSKI (J.), *Kanten ; Esquisses kantiennes*, Paris, Editions Kimé, 1996.
69. " ", *Le don de la loi ; Kant et l'énigme de l'éthique*, Paris, PUF, 1999.
70. ROUSSET (B.), *La doctrine kantienne de l'objectivité ; l'autonomie comme devoir et devenir*, Paris, Vrin, 1967.
71. ROVIELLO (A.-M.), *L'institution kantienne de la liberté*, Bruxelles, Ousia, 1984.
72. RUYSSEN (T.), *Kant*, Paris, Félix Alcan, 1904.
73. SCHOPENHAUER (A.), *Critique de la philosophie kantienne*, Trad. de J. Lefranc, L'Harmattan, Paris, 2004.
74. SOMET (Y.), *Critique et révolution*, Thèse de doctorat, dir. F. Galichet, Université des Sciences Humaines de Strasbourg, 1994.
75. TOSEL (A.), *Politique de Kant*, Paris, PUF, 1988.
76. " ", *Kant révolutionnaire : droit et politique*, Paris, PUF, 1988.
77. VIALATOUX (J.), *La morale de Kant*, Paris, PUF, 1968.
78. VICENTI (L.), *Education et liberté : Kant et Fichte*, Paris, PUF, 1992.
79. VLACHOS (G.), *La pensée politique de Kant ; métaphysique de l'ordre et dialectique du progrès*, Paris, PUF, 1996.
80. WEIL (E.), *Problèmes kantiens*, Paris, Vrin, 1963.
81. YOVEL (Y.), *Kant et la philosophie de l'histoire*, Trad. de J. Lagrée, Paris, Méridien Klincksieck, 1989.

III. AUTRES OUVRAGES

1. ADORNO (T.), *Dialectique négative,* Trad. de G. Coffin, J. Masson, O. Masson, A. Renaut, D. Trousson, Paris, Payot & Rivages, 2001.
2. ALQUIE (F.), *La nostalgie de l'être,* Paris, PUF, 1950.
3. ARENDT (H.), *La crise de la culture : huit exercices de pensée politique*, Trad. P. Levy, Paris, Gallimard, 1972.
4. " ", *La vie de l'esprit*, Trad. de L. Lotringer, Paris, PUF, 1983.
5. " ", *La nature du totalitarisme*, Trad. de M.- I. De Launay, Paris, Payot, 1990.
6. " ", *Eichmann à Jérusalem ; rapport sur la banalité du mal*, Trad. de A. Guérin, Paris, Gallimard, 1991.
7. " ", *Auschwitz et Jérusalem*, Trad. de S. Courtine-Denany, Paris, Deuxtemps Tierce, 1991.
8. " ", *Les origines du totalitarisme ; Le système totalitaire*, Trad. de J.-L. Bourget, R. Davreu, P. Lévy, Paris, Seuil, 1972.
9. " ", *Essai sur la Révolution*, Trad. de M. Chrestien, Paris, Gallimard, 1967.
10. BERGSON (H.), Les *deux sources de la morale et de la religion*, Paris, PUF, 1995.
11. BOURGEOIS (B.), La *raison moderne et le droit politique*, Paris, Vrin, 2000.
12. BOUTON (C.), *Le procès de l'histoire ; fondements et postérités de l'idéalisme historique de Hegel*, Paris, Vrin, 2004.
13. " ", *Temps et liberté*, Toulouse, Presse Universitaire du Mirail, 2007.
14. BROSSAT (A.), *L'épreuve du désastre ; le XXe siècle et les camps*, Albin Michel, Paris, 1996.
15. BRUNSCHVICG (L.), *Le progrès de la conscience dans la philosophie occidentale*, Paris, Felix Alcan, 1927.
16. " ", *L'expérience humaine et la causalité physique*, Paris, PUF, 1949.
17. CAMUS (A.), *L'homme révolté*, Paris, Gallimard, 1951.
18. CASSIRER (E.), *Liberté et forme*, Trad. de J. Carro, M. Willmann-Carro et J. Gaubert, Paris, Cerf, 2001.
19. CLAVIER (P.), *Les idées cosmologiques*, Paris, PUF, 1997.

20. COULMAS (P.), *Les citoyens du monde ; histoire du cosmopolitisme*, Trad. de J. Etoré, Paris, Albin Michel, 1995.
21. DELCHIO (G.), *Philosophie du droit*, Paris, Dalloz, 1953.
22. DELSOL (C.), *La grande méprise ; justice internationale, gouvernement mondial, guerre juste...*, La Table ronde, Paris, 2004.
23. DERRIDA (J.), *Le droit à la philosophie du point de vue cosmopolitique*, Paris, Unesco Verdier, 1997.
24. " ", *Cosmopolites de tous les pays encore un effort*, Galilée, Paris, 1997.
25. " ", *Voyous ; deux essais sur la raison*, Galilée, Paris, 2003.
26. " ", *Pardonner : l'impardonnable et l'imprescriptible*, Paris, L'herme, 2005.
27. " ", *De l'hospitalité,* Paris, Calmann-Lévy, 1997.
28. DERRIDA (J.), HABERMAS (J.), *Le "concept" du 11 septembre ; Dialogue à New York (octobre-décembre 2001) avec Giovanna Borradori*, Trad. de C. Bouchindhomme, S. Gleize, Paris, Galilée, 2004.
29. FERRY (L.), *Philosophie politique*, t. I, *Le droit ; la nouvelle querelle des anciens et des modernes*, Paris, PUF, 1984.
30. " ", *Philosophie politique,* t. II, *Le système des philosophies de l'histoire*, PUF, Paris, 1996.
31. " ", *Philosophie politique*, t.III, *Des droits de l'homme à l'idée républicaine*, t.III, Paris, PUF, 1985.
32. FICHTE (J.G.), *Fondement du droit naturel*, Trad. de A. Renaut, Paris, PUF, 1984.
33. " , *Fichtes Briewechsel herausgegeben von H. Schulz*, Leipzig, 1925.
34. FINKIELKRAUT (A.), *La défaite de la pensée*, Paris, Gallimard, 1987.
35. FOUCAULT (M.), *Dits et Ecrits*, Vol.3, Paris, Gallimard, 1994.
36. FOURASTIE (J.), La *grande métamorphose du XXe siècle*, Paris, PUF, 1961.
37. GAUCHET (M.), *Le désenchantement du monde ; une histoire politique de la religion*, Paris, Gallimard, 1997.
38. GELLNER, *Nation et nationalisme*, trad. de B. Pineau, Paris, Payot, 1989.

39. GOYARD-FABRE (S.), *Les fondements de l'ordre juridique*, Paris, PUF, 1992.
40. GROS (F.), *Etats de violence ; essai sur la fin de la guerre*, Paris, Gallimard, 2006.
41. HABERMAS, *Droit et démocratie, entre faits et normes*, Paris, Gallimard, 1997.
42. " ", *La pensée post-métaphysique ; essais philosophiques*, Trad. R. Rochlitz, Paris, Armand Colin, 1993.
43. " ", *Après l'Etat-nation, une nouvelle constellation politique*, Trad. de R. Rochlitz, Paris, Fayard, 2000.
44. " ", *Une époque de transitions ; écrits politiques 1998-2003*, Paris, Fayard, 2005.
45. " ", *L'intégration républicaine ; essais de théorie politique*, Trad. de R. Rochlitz, Fayard, 1996.
46. HEGEL, *Principe de la philosophie du droit*, Paris, Gallimard, 1940.
47. HEIDEGGER, *De l'essence de la liberté humaine ; introduction à la philosophie*, Trad. de E. Martineau, Paris, Gallimard, 1987.
48. HERDER, *Idée pour la philosophie de l'histoire de l'humanité*, Trad. de M. Rouché, Aubier, 1962.
49. HORKHEIMER (M.), *Notes critiques sur le temps présent*, Trad. de S. Cornille, P. Ivernel, Paris, Payot, 1993.
50. JASPERS (K.), *Bilan et perspectives*, Trad ; de H. Naef et J. Hersch, Paris, Desclée de Brouwer, 1956.
51. JÜNGER (E), *L'Etat universel*, Trad. de H. Plard & M.B. de Launay, Paris, Gallimard, 1990.
52. KELSEN (H.), *La démocratie : sa nature, sa valeur*, Trad. de C. Eisemann, Paris, Economica, 1988.
53. KOTEK (J.) et RIGOULOT (P.), *Le siècle des camps : détention, concentration, extermination ; cent ans de mal radical*, Paris, Lattès, 2000.
54. LAMORE (C.), *Modernité et morale*, Paris, PUF, 1993.
55. LEFORT (C.), *L'invention démocratique ; les limites de la domination totalitaire*, Fayard, 1981.
56. LEIBNIZ, *Essais de théodicée sur la bonté de Dieu, la liberté de l'homme et l'origine du mal*, Paris, Aubier Montaigne, 1962.

57. LEJBOWICZ (A.), *Philosophie du droit international ; l'impossible capture de l'humanité*, Paris, PUF, 1999.
58. LENOBLE (J.) & A. BERTEN, *Dire la norme, droit, politique et énonciation*, Bruxelles, Edition Story-Scienticia, 1990.
59. LEVY-BRUHL (L.), *La morale et la science des mœurs*, Paris, Félix Alcan, 1904.
60. LYOTARD (J.-F.), *Le différend*, Paris, Editions de Minuit, 1983.
61. MARX (K.), *A propos de la question juive*, in *Philosophie*, Paris, Gallimard, 1982.
62. MONTESQUIEU, *De l'esprit des lois*, in *Œuvres complètes*, t. II, Paris, Gallimard, Coll. « Bibliothèque de la Pléiade », 1949.
63. MORIN (E.), *Pour sortir du XXe siècle*, Paris, Fernand Nathan, 1981.
64. NABERT (J.), *L'expérience intérieure de la liberté*, Paris, PUF, 1994.
65. " ", *Essai sur le mal*, Paris, Cerf, 1997.
66. NANCY (J.-L.), La *communauté désœuvrée*, Paris, Nouvelle Edition, 1990.
67. " ", *La création du monde ou la mondialisation*, Paris, Galilée, 2002.
68. " ", *L'expérience de la liberté*, Paris, Galilée, 1988.
69. " ", *La généalogie de la morale*, Trad. de H. Albert, Paris, Gallimard, 1964.
70. PEGUY (C.), *Cahiers XII*, in *Œuvres en prose complètes*, Paris, Gallimard, Coll. « Bibliothèque de la Pléiade », 1992.
71. PHILONENKO (A.), *La liberté humaine dans la philosophie de Fichte*, Paris, Vrin, 1966.
72. PLATON, *La République*, in *Œuvres complètes,* t. I, Coll. « Bibliothèque de la Pléiade », Trad. De Léon Robin, Paris, Gallimard, 1950.
73. PONTON (L.), *Philosophie et droit de l'homme*, Paris, Vrin, 1990.
74. RAWLS (J.), *Théorie de la justice*, Trad. de C. Audard, Paris, Seuil, 1997.
75. " , *Le droit des gens*, Paris, Esprit, 1996.
76. RENAUT (A.), *Le système du droit*, Paris, PUF, 1986.
77. RICHIR (M.), *Du sublime en politique*, Paris, Payot, 1991.

78. RICOEUR (P.), *Le conflit des interprétations ; essai d'herméneutique*, Paris, Seuil, 1969.
79. " ", *Soi-même comme un autre*, Paris, Seuil, 1990.
80. RIVELAYGUE, *La passion de la raison*, (Hommage à Ferdinand Alquié), Paris, PUF, 1983.
81. ROGOZINSKI (J.), *Le moi et la chair ; introduction à l'égo-analyse*, Cerf, Paris, 2006.
82. ROUSSEAU (J.-J.), *Du contrat social*, Garnier-Flammarion, Paris, 1966.
83. RUYSSEN (T.), *Les sources doctrinales de l'internationalisme*, t. III, *De la révolution française au milieu du XIX*[e] *siècle*, Paris, PUF, 1961.
84. SCHELER (M.), *L'idée de paix et le pacifisme*, Trad. de R. Tandonnet, Paris, Aubier, 1953.
85. " ", *Le formalisme en éthique et l'éthique matériale des valeurs ; essai nouveau pour fonder un personnalisme éthique*, Trad. de M. Gandillac, Paris, Gallimard, 1955.
86. SCHELING (F.W.J.), *Recherche sur la liberté humaine*, Paris, Payot, 1977.
87. SCHMITT (C.), La *notion de politique ; théorie du partisan*, Paris, Calman-Lévy, 1972.
88. SCHOPENHAUER (A.), *Le monde comme volonté et comme représentation*, Trad. de A. Burdeau, Paris, Livre de Poche, 1991.
89. " ", *Le fondement de la morale*, Trad. de A. Burdeau, Paris, Aubier Montaigne, 1978.
90. SPINOZA, *L'éthique*, Trad. de R. Caillois, Paris, Gallimard, 1954.
91. STRAUSS (L.), *Droit naturel et histoire*, Trad. de M. Nathan et E. De Dampierre, Paris, Flammarion, 1986.
92. TASSIN (E.), *Un monde commun : pour une cosmopolitique des conflits*, Paris, Seuil, 2003.
93. TODOROV (T.), *Face à l'extrême*, Paris, Seuil, 1991.
94. " ", *Mémoire du mal, tentation du bien : enquête sur le siècle,* Paris, Robert Laffont, 2000.
95. VILLEY (M.), *Leçons d'histoire de la philosophie du droit*, Paris, Daloz, 1962.
96. WALKER (R.), *La loi morale*, Trad. de G. Chaufour, Paris, Seuil, 2000.
97. WEBER (M.), *Economie et société*, Paris, Plon, 1971.

IV. OUVRAGES COLLECTIFS

1. *Annales de philosophie politique*, n°4, *La philosophie politique de Kant*, PUF, Paris, 1962.
2. *Bulletin de la Société française de philosophie*, 5e année, n°1, « Sur la théorie kantienne de la liberté », Paris, Colin, 1905.
3. CASSIRER (E), COHEN (H.), NATORP (P.), *L'école de Marbourg*, in *Œuvres XLVIII*, Trad. de C. Berner, F. Capeillères, M. De Launay, C. Prompsy, I. Thomas-Fogiel, Paris, Cerf, 1998.
4. COHEN-HALIMI (M.) (dir.), *Kant et la rationalité pratique*, Coll. "Débats philosophiques", Paris, PUF, 2003.
5. *L'année 1793 : Kant sur la politique et la religion*, dir. de J. Ferrari, Paris, Vrin, 1995.
6. *L'Année 1795 : Kant ; Essai sur la paix*, dir. de P. Laberge, G. Lafrange ; D. Dumas, Paris, Vrin, 1997.
7. *L'Année 1796 : sur la paix perpétuelle de Leibniz aux héritiers de Kant ;* dir. de J. Ferrari, S. Goyard-Fabre, Paris, Vrin, 1998.
8. LEQUAN (M.), *Métaphysique et philosophie transcendantale selon Kant*, Paris, L'Harmattan, 2006.
9. *Modernité, démocratie et totalitarisme : Simone Weil et Hannah Arendt*, Acte du colloque organisé par la Maison des Sciences de l'homme, Paris, Klincksiek, 1996.
10. ROBELIN (J.) (dir.), *Kant anti-kantien*, Rouen, Publication de l'Université de Rouen, 2004.
11. ZARKA (Y.C.) et LAFAYE (C.G.), (dir.) *Kant cosmopolitique*, Paris, Editions de l'Eclat, 2008.

V. ARTICLES, REVUES, PERIODIQUES

1. BELLAVAL (P.), « La théorie kantienne du mal radical : un conflit des interprétations » in *Interprétations de Kant,* Cahiers Eric Weil III, dir. de J. Quillien et G. Kirscher, Lille, Presse universitaire de Lille, 1992.
2. BOURGEOIS (B.) et D'HONDT (J.), *La philosophie et la révolution française*, (Actes du colloque de la Société française de philosophie, 31-2 juin 1989), Paris, Vrin, 1993.
3. BRANDT (R.), « Aux origines de la philosophie kantienne de l'histoire : l'anthropologie pragmatique », in *Revue Germanique Internationale*, Paris, PUF, n° 6, septembre 1996.

4. BURGELIN, « Kant et les fins de la raison », in *Revue de Métaphysique et de Morale*, Paris, Armand Colin, 1952.
5. COHEN-HALIMI (M.), « Un second effort pour être cosmopolite ; note sur la "géopolitique" kantienne », in *Le Cahier Philosophique d'Afrique*, Ouagadougou, 2003, n° 1.
6. COURTINE-DENAMY, « La controverse autour d'Eichmann », in *Rue Descartes*, Collège de philosophie, Paris, Albin-Michel, n° 4, Avril 1992.
7. D'HONDT (J.), « La ruse de la raison historique kantienne », in *Revue Germanique Internationale*, Paris, PUF, n° 6, septembre 1996.
8. FERRY (L.), « Kant, penseur de la modernité » in *Magazine littéraire*, avril 1993, n°309.
9. FITTBOGEN (G.), „Kants Lehre vom radikalen Bösen“, in *Kant-Studien*, t. XII, 1907.
10. FOUILLEE (A.), « Kant a-t-il établi l'existence du devoir ? », in *Revue de Métaphysique et de Morale*, Armand Colin, 12e année, T. XII, 1904.
11. GAUCHET (M.), « Les droits de l'homme ne sont pas une politique », in *Le débat*, Juillet-août 1980.
12. GEONGET (B.), « Le concept kantien d'insociable sociabilité ; éléments pour une étude généalogique : Kant entre Hobbes et Rousseau », in *Revue Germanique Internationale*, Paris, PUF, n° 6, septembre 1996.
13. GRÜN (K- J.), « Internationale Konferenz zu Kants Friedensidee und dem heutigen Problem einer internationalen Rechts und Friedensordnung in Frankfurt am Main », in *Kant-Studien*, 87. Jahrgang 1996,
14. GUEROULT (M.), « L'anti-dogmatisme de Kant et de Fichte », in *Revue de Métaphysique et de Morale*, Paris, Armand Colin, 1920.
15. HABERMAS (J.), « Du droit des peuples au droit des citoyens du monde », in *Le monde des débats*, n°1, Novembre 1999.
16. HARDER (Y. J.), « Kant et la question de la transcendance », in *Métaphysique et philosophie transcendantale selon Kant*, dir. M. Lequan, Paris, L'harmattan, 2006.
17. HOLZHEY (H.), « Les néo-kantiens et la philosophie de l'histoire de Kant », in *Revue Germanique Internationale*, n° 6, septembre 1996.

18. JASPERS (K.), « Le mal radical chez Kant », in *Deucalion* 4, n°36, 1952.
19. LEQUAN (M.), « Le repli kantien de la solution maximale d'une république mondiale vers la solution minimale d'une confédération d'Etats », in *Kant cosmopolitique*, Editions de l'Eclat, 2008.
20. LYOTARD (J.F.), « Discussion ou phraser "après Auschwitz" », in *Les fins de l'homme ; à partir du travail de Jacques Derrida*, Paris, Galilée, colloque de Cerisy, 23 juillet au 2 août 1980.
21. OSMO (P.), « Kant et la liberté de l'arbitre », *in Kant et la rationalité pratique,* dir. de M. Cohen-Halimi, Paris, PUF, 2003.
22. PHILONENKO (A.), « L'antinomie du jugement téléologique chez Kant », *in Revue de Métaphysique et de Morale,* Paris, Armand Colin, 82e année, n°1, janvier-mars 1977.
23. RIVELAYGUE (J.), « De quelques difficultés concernant la IIIe antinomie : finitude et causalité », in *La passion de la raison ; hommage à Ferdinand Alquié*, Dir. de J.-L. Marion, Paris, PUF, 1983.
24. REBOUL (O.), « Le mal dans la philosophie religieuse et politique de Kant » in *Canadian Journal of philosophy*, Canadian Association for Publishing in Philosophy, décembre 1973.
25. ROGOZINSKI (J.), « Un crime inexpiable (Kant et le régicide) », in *Rue Descartes,* Collège international de philosophie, Paris, Albin Michel, n°4, avril 1992.
26. " ", « L'enfer sur la terre ; Arendt devant Hitler », in *Revue de Sciences humaines*, 1989, n° 213.
27. RUYSSEN (T.), « Les origines kantiennes de la SDN », in *Revue de Métaphysique et de Morale*, Armand Colin, 31e année, n° XXXI, 1924.
28. " ", « Kant est-il pessimiste ? », in *Revue de Métaphysique et de Morale*, Paris, Armand colin, 12e année, T. XII, 1904.
29. , ", « La morale de Kant et le temps présent », in *Revue de Métaphysique et de Morale*, Paris, Armand Colin, 12e année, T. XII, 1904.
30. SAVADOGO (M.), « Kant et la politique », in *Kant-Studien*, 90. Jahrgang, 1999.

31. SAVIDAN (P.), « Le républicanisme de Kant », in *Kant et les kantismes dans la philosophie contemporaine 1804-2004*, dir. de C. Berner et F. Capeillères, Presse Universitaire du Septentrion, 2007.
32. SCHANZ (H.-J.), « Adorno : Auschwitz et la métaphysique », in Les *Etudes Philosophiques*, PUF, n° 4, Oct 2008.
33. SEIDENGART (J.), « Kant et le problème de la constitution d'une histoire de la raison d'un point de vue transcendantal », in *Kant et les kantismes dans la philosophie contemporaine 1804-2004*, Presse Universitaire du Septentrion, 2007.
34. TASSIN (E.), « Sens commun et communauté ; la lecture arendtienne de Kant », *Cahiers de philosophie*, Lille, 1987, n°4.
35. TOSEL (A.), « La fondation de la catégorie juridique chez Kant », in *Cahiers Eric Weil* III, *Interprétations de Kant*, Presse Universitaire de Lille, 1992.
36. VILLEY (M.), « Kant dans l'histoire du droit » in *Annale de philosophie politique*, N° 4, PUF, Paris, 1926.
37. WEIL (E.), « Kant et le problème de la politique », in *Annales de philosophie politique*, n° 4, *La philosophie politique de Kant*, PUF, Paris, 1962.
38. WOLFF (E.), « Les trois impératifs catégoriques et les trois postulats de la raison pratique chez Kant » in *Archives philosophiques*, 1966, Tome 29, n°1.

TABLE DES MATIERES

Philosophie
aux éditions L'Harmattan

Dernières parutions

GILLES DELEUZE, FÉLIX GUATTARI ET GILLES CHÂTELET – De l'expérience diagrammatique
Dupuis Joachim Daniel
Gilles Deleuze, Félix Guattari, Gilles Châtelet : trois penseurs déployant des concepts proches comme le geste et le diagramme. Cependant, ils se divisent sur la notion de métaphore produisant ainsi trois «systèmes» de pensée que les auteurs ont surnommé *Expériences diagrammatiques.* Il s'agit donc d'*habiter autrement* la pensée machinée par le capitalisme, le pouvoir, les médias grâce aux pensées militantes et exigeantes des trois philosophes.
(Coll. Ouverture Philosophique, 26.00 euros, 258 p.)
ISBN : 978-2-296-99362-4, ISBN EBOOK : 978-2-296-50599-5

PENSER L'ÉPISTÉMOLOGIE DE KARL POPPER
Nguimbi Marcel
Cet ouvrage interroge le penser épistémologique de K. R. Popper, à la fois dans ses fondements et dans son déploiement, en posant deux questions épistémologiques : celle du « paradoxe méthodologique » et celle de « l'exigence d'élargissement de la formule de la croissance du savoir scientifique ».
(Coll. Ouverture Philosophique, 19.00 euros, 196 p.)
ISBN : 978-2-296-99239-9, ISBN EBOOK : 978-2-296-50643-5

GEORGES BATAILLE – Chemins
Bruzzo François
Récits érotiques, essais philologiques, ethnologiques, critiques littéraires, philosophie, l'oeuvre de Bataille est passée au crible d'une pluralité de parcours, qui sont autant de perspectives et de techniques de discours : chemins interprétatifs où l'essai se mêle de fiction et où l'exégète se mêle à l'auteur glosé non content de seulement se mêler de son oeuvre.
(Coll. L'oeuvre et la psyché, 16.50 euros, 160 p.)
ISBN : 978-2-296-96302-3, ISBN EBOOK : 978-2-296-50680-0

EXPLORATIONS MÉTAPHYSIQUES
Veto Miklos
Les dix-neuf études de ce recueil ont préparé et accompagné la rédaction de *L'élargissement de la métaphysique*. Elles sont présentées selon six grands thèmes : Liberté et Amour, l'Image, Singularité et Unicité, Eidétique, l'Espace et le Temps, la Volonté. Elles illustrent et ébauchent une philosophie systématique, nourrie par les grands penseurs de l'Occident, notamment Kant, et consciente de sa dette envers la théologie chrétienne.
(Coll. Ouverture Philosophique, 47.00 euros, 478 p.)
ISBN : 978-2-296-99306-8, ISBN EBOOK : 978-2-296-50785-2

MARXISTES (LES) ET LA RELIGION – Essai sur l'athéisme moderne
Nouvelle édition : avant-propos de l'auteur, deux textes sur la laïcité et l'utopie
Verret Michel
Voici la quatrième édition, cinquante ans après la première, d'un texte qui connut une audience de curiosité et d'interrogations réciproques. Au-delà d'une critique «athéologique», le propos était de comprendre ce qui, sans Dieu, pouvait faire le fondement de la religion. L'effondrement du monde communiste, le retour en force des intégrismes religieux ont changé la donne. Un ancien texte, de nouvelles questions, c'est le sens de cette édition.
(Coll. Ouverture Philosophique, 33.00 euros, 320 p.)
ISBN : 978-2-296-99338-9, ISBN EBOOK : 978-2-296-50628-2

RECHERCHE (LA) EN PHILOSOPHIE
De l'intuition du thème à la soutenance de la thèse
Akakpo Yaovi
Cet ouvrage apporte des précisions sur les diverses étapes du parcours et du cheminement du philosophe apprenant, lorsqu'il doit réaliser et soutenir, au terme de sa formation, un travail de recherche. L'auteur fait des mises au point autant sur la méthode de recherche documentaire et la rédaction que sur la mise en page du travail.
(Coll. Pensée Africaine, 14.00 euros, 136 p.)
ISBN : 978-2-296-96446-4, ISBN EBOOK : 978-2-296-50547-6

SAVOIR (LE) EN RELIANCE
Les voies de la recherche
Melyani Mohammed - Préface d'André de Peretti
Cet ouvrage traite de l'intelligence reliante et pratique ou métis que développe l'univers mental du chercheur, de l'ingénieur, de l'étudiant ou de l'artisan en formation... Il s'agit de ce que Giambattista Vico, théorisant pour «La Science Nouvelle», dès 1725, appelait «cette étrange faculté de l'esprit humain qui permet de relier, de manière rapide, appropriée et heureuse, des choses séparées».
(17.00 euros, 196 p.)
ISBN : 978-2-296-99468-3, ISBN EBOOK : 978-2-296-50576-6

ÉDITION (L') DE LA PHILOSOPHIE EN FRANCE
DEPUIS LES ANNÉES 1970
Miroir du statut de la philosophie en France
Ferté Louise
Depuis une trentaine d'années, l'édition des sciences humaines, et plus particulièrement de la philosophie, est considérée comme un secteur « en crise », sans avenir économique. Les ventes et les parts de marché seraient en baisse, au profit notamment de nouveaux médias tels qu'Internet ou les supports électroniques. Quelles ont été les principales stratégies d'adaptation de l'édition philosophique et des maisons d'édition ?
(Coll. Inter-National, 19.00 euros, 190 p.)
ISBN : 978-2-296-99678-6, ISBN EBOOK : 978-2-296-50261-1

PAUL RICOEUR – Le monde et autrui
Dau van Hong Paul
Par le biais du langage nous trouvons le moyen de répondre à la question toujours en suspens : qu'est-ce que l'être ? Mais interroger le langage n'est jamais l'examiner seul, sans prendre en compte son inscription dans une parole ou dans un livre, qui est toujours adresse d'un homme à un autre homme. L'herméneutique du soi de Paul Ricoeur se trouve ainsi vouée à l'examen de cette double altérité, du monde et d'autrui. Le plus court chemin de soi à soi passe par ce long détour que dessinent le monde et l'autre.
(Coll. Ouverture Philosophique, 28.00 euros, 278 p.)
ISBN : 978-2-296-99207-8, ISBN EBOOK : 978-2-296-50146-1

HEGEL DÉMOCRATE – Autour de la *Philosophie du Droit*
Farinati Alicia Noemi - Préface de Jacques D'Hondt
Cet ouvrage situe précisément Hegel dans les controverses de son temps et du nôtre, et l'engage organiquement dans le développement mondial de la pensée. La philosophie de Hegel est d'une telle exubérance que même ses erreurs sont instructives. Bien des aspects de cet immense héritage sont inventoriés ici : l'État, l'individu, la famille, la société civile, l'histoire, la vie politique ancienne et actuelle, le passage à Marx...
(Coll. La philosophie en commun, 24.00 euros, 242 p.)
ISBN : 978-2-296-99164-4, ISBN EBOOK : 978-2-296-50221-5

HUMANISME ET DIALECTIQUE
Quelle philosophie de l'histoire, de Kant à Fukuyama ?
Ondoua Pius
L'objectif de cet ouvrage est de redonner vie autant que consistance à une lecture dialectique et historique du réel et de l'histoire. Les cinq textes s'attellent à réexaminer, à partir de la tranche historique de la modernité (les Lumières) jusqu'à l'actuelle contemporanéité (la mondialisation), la logique, le moteur et aussi l'acteur de l'histoire, chez des auteurs comme Kant, Hegel, Marx, Habermas et Fukuyama, entre autres.
(Coll. Ouverture Philosophique, 22.50 euros, 215 p.)
ISBN : 978-2-296-99342-6, ISBN EBOOK : 978-2-296-50379-3

TEXTES MYSTIQUES, DISCOURS IDENTITAIRES
Ropert François
Jean-Jacques Rousseau attribuait à l'amour de soi toutes les vertus et à l'amour-propre tous les vices. Il sut analyser très finement ces deux chemins et leur origine : la voie libératrice vient de la nature et de Dieu, la voie qui conduit à l'oppression de la société. La démocratie et la justice sociale ont-elles donc plus à voir avec la mystique que nous le pensons ?
(Coll. Discours identitaires dans la mondialisation, 16.50 euros, 158 p.)
ISBN : 978-2-296-99463-8, ISBN EBOOK : 978-2-296-50180-5

VERTU DE LA JUSTICE
Heidsieck François
La justice n'est pas tout entière dans la loi, car la loi veut être vivifiée par une intention de justice. Et cette intention est une vertu. Elle tient à la dignité de la personne et au respect de cette dignité mais l'auteur, pour éviter le vocabulaire

du formalisme kantien, préfère parler ici du sentiment de l'honneur. Cette étude s'achève sur une casuistique qui fait de la justice, à travers les conflits de devoir, une vertu à hauteur d'homme.
(Coll. Ouverture Philosophique, 12.00 euros, 102 p.)
ISBN : 978-2-296-99147-7, ISBN EBOOK : 978-2-296-50077-8

POSSIBILITÉ (LA) D'UNE MUSIQUE MODERNE
Logique de la modernité et composition musicale
Martí-Jufresa Felip - Préface de Peter Szendy
L'une des thèses centrales défendues dans cet ouvrage est que la pratique musicale aura été jusqu'à présent majoritairement «réactionnaire», c'est-à-dire non seulement gouvernée et portée par la logique du monde ancien (fonctionnalité intégrale, ordre et cohérence hyperboliques), mais encore le site d'une représentation glorificatrice de cette essence du sens prémoderne. Cet essai se veut un acte révolutionnaire, une participation modeste à l'aboutissement de la Révolution de la réalité engagée par la société humaine depuis au moins le XVIIe siècle.
(Coll. Nous, les sans-philosophie, 32.00 euros, 354 p.)
ISBN : 978-2-296-99672-4, ISBN EBOOK : 978-2-296-50147-8

PARADOXE DE DIEU ET DE LA FINITUDE (VOLUME 1)
Docte ignorance, perspectives monades
Morim De Carvalho Edmundo
Ce livre commence avec la Docte Ignorance, autour de la Vision de Dieu ou de ce tableau «grand format» qu'est la Création ou l'univers. Il s'arrête ensuite à l'enjeu des perspectives picturales où la vision humaine se fait plurielle et sert de lien aux alliances entre l'optique, la science et la théologie. Il finit par le jeu des «monades» entre Dieu et la matière, ou le corps, dans la solitude d'un enfermement qui se combine cependant à une ouverture au monde problématique.
(Coll. Epistémologie et philosophie des sciences, 49.50 euros, 534 p.)
ISBN : 978-2-296-99625-0, ISBN EBOOK : 978-2-296-50283-3

PARADOXE DE DIEU ET DE LA FINITUDE (VOLUME 2)
Dans les *Cahiers* de Paul Valéry
Morim De Carvalho Edmundo
Dieu est un paradoxe majeur de la pensée humaine et il n'est pas prêt de disparaître, car il peut renaître sous d'autres formes - le paradoxe est issu d'une nasse de contradictions dont il est la «solution» idéale. Pour Paul Valéry, Dieu est plus contradictoire que paradoxal. Cet ouvrage revient sur la vision de Dieu, au recensement de certains de ses paradoxes et contradictions et à l'énonciation du vrai Dieu par Valéry.
(Coll. Epistémologie et philosophie des sciences, 36.00 euros, 354 p.)
ISBN : 978-2-296-99626-7, ISBN EBOOK : 978-2-296-50284-0

L'HARMATTAN, ITALIA
Via Degli Artisti 15; 10124 Torino

L'HARMATTAN HONGRIE
Könyvesbolt ; Kossuth L. u. 14-16
1053 Budapest

ESPACE L'HARMATTAN KINSHASA
Faculté des Sciences sociales,
politiques et administratives
BP243, KIN XI
Université de Kinshasa

L'HARMATTAN CONGO
67, av. E. P. Lumumba
Bât. – Congo Pharmacie (Bib. Nat.)
BP2874 Brazzaville
harmattan.congo@yahoo.fr

L'HARMATTAN GUINÉE
Almamya Rue KA 028, en face du restaurant Le Cèdre
OKB agency BP 3470 Conakry
(00224) 60 20 85 08
harmattanguinee@yahoo.fr

L'HARMATTAN CAMEROUN
BP 11486
Face à la SNI, immeuble Don Bosco
Yaoundé
(00237) 99 76 61 66
harmattancam@yahoo.fr

L'HARMATTAN CÔTE D'IVOIRE
Résidence Karl / cité des arts
Abidjan-Cocody 03 BP 1588 Abidjan 03
(00225) 05 77 87 31
etien_nda@yahoo.fr

L'HARMATTAN MAURITANIE
Espace El Kettab du livre francophone
N° 472 avenue du Palais des Congrès
BP 316 Nouakchott
(00222) 63 25 980

L'HARMATTAN SÉNÉGAL
« Villa Rose », rue de Diourbel X G, Point E
BP 45034 Dakar FANN
(00221) 33 825 98 58 / 77 242 25 08
senharmattan@gmail.com

L'HARMATTAN TOGO
1771, Bd du 13 janvier
BP 414 Lomé
Tél : 00 228 2201792
gerry@taama.net

551247 - Décembre 2013
Achevé d'imprimer par